中国社会科学院创新工程学术出版资助项目

中国社会科学院马克思主义理论学科建设与理论研究工程系列丛书

马克思主义文艺研究

2016年第1期

主　　编　张　江

执行主编　丁国旗

主编助理　贾　洁

中国社会科学出版社

图书在版编目(CIP)数据

马克思主义文艺研究.2016 年.第 1 期/张江主编.—北京:中国社会科学出版社,2016.6

(中国社会科学院马克思主义理论学科建设与理论研究工程系列丛书)

ISBN 978 – 7 – 5161 – 8538 – 4

Ⅰ.①马… Ⅱ.①张… Ⅲ.①马克思主义理论—文艺理论—理论研究 Ⅳ.①A811.691

中国版本图书馆 CIP 数据核字(2016)第 152803 号

出 版 人	赵剑英
选题策划	田 文
责任编辑	陈 琳
责任校对	张爱华
责任印制	王 超

出 版	中国社会科学出版社
社 址	北京鼓楼西大街甲 158 号
邮 编	100720
网 址	http://www.csspw.cn
发 行 部	010 – 84083685
门 市 部	010 – 84029450
经 销	新华书店及其他书店

印 装	北京君升印刷有限公司
版 次	2016 年 6 月第 1 版
印 次	2016 年 6 月第 1 次印刷

开 本	710×1000 1/16
印 张	17
插 页	2
字 数	278 千字
定 价	66.00 元

创 刊 词

《马克思主义文艺研究》辑刊诞生了，她每一次与您见面需要半年的时间。

《马克思主义文艺研究》将充分利用中国社会科学院"马克思主义理论坚强阵地"这一优势，利用中国社会科学院"中国哲学社会科学最高殿堂"这一平台，团结全国马克思主义文艺理论研究队伍，凝聚力量，加强理论与现实的密切联系，推动马克思主义文艺理论的发展与繁荣。

《马克思主义文艺研究》将有针对性地对当代流行的各种文艺思潮、文艺倾向开展学术研究与理论研讨，对优秀的作品进行肯定，对错误的思潮进行批评，切实推动文艺创作走向繁荣，使文艺工作更好地服务于人民。

《马克思主义文艺研究》将不断扩大对马克思主义文艺最新成果的宣传与推介，通过主题研讨等形式，主动选择前沿及热点话题，吸引国内外学者尤其是国内年轻学者，加入到马克思主义文艺研究的队伍中来，发现人才，培养年青一代马克思主义文艺研究队伍，不断提升当代我国马克思主义文艺的阐释力、影响力。

就像一位蹒跚学步的小姑娘，《马克思主义文艺研究》所迈出的每一次端庄而沉稳的步伐，都需要您的扶持与帮助，她每一次美丽而优雅的出场，都需要每一个爱她的人给予温暖的呵护和无私的奉献。《马克思主义文艺研究》期待您的关注！

目　　录

个案研究

"马克思主义文艺批评"专题

论"文学批评三性"
——文学批评客观性、倾向性、多维性探讨

丁国旗[*]

摘要 本文对"文学批评三性"的客观性、倾向性、多维性进行了详细的分析阐释。客观性要求对文学批评持有一种科学理性的态度,这是由文学创作及文学活动规律所决定的;而倾向性的产生既有批评者的个性差异,同时更是批评者升华了的个人情感和认知,即立场、价值观、世界观、历史观的不同所造成的;多维性就是面对一部作品可以从不同的角度展开研究与评论,多维性的存在对于丰富作品的艺术与思想价值具有重要的理论意义。对"文学批评三性"的认识和了解,将扭转以往人们对于文学批评的模糊认识和诸多误解,促进文学批评的健康发展。

关键词 文学批评三性;客观性;倾向性;多维性

当下我国文学创作的数量是惊人的,然而红火的表面背后,却隐藏着太多的问题。习近平在文艺工作座谈会上的讲话就提到了这一现象:"在文艺创作方面,也存在着有数量缺质量、有'高原'缺'高峰'的现象,存在着抄袭模仿、千篇一律的问题,存在着机械化生产、快餐式消费的问题。"至于那些低俗不堪的作品,单纯追求感官娱乐、甘愿拜倒在亚当·斯密那只"看不见的手"下的创作,就更是满天乱飞,横行于世,充斥于公众的视野之中,新的媒体传播方式以及现代社会极其宽容的心态,也都

---

* 丁国旗(1968—),男,河南省荥阳市人,博士,中国社会科学院文学研究所研究员,研究室主任,主要从事马克思主义文学理论与文学批评、美学、文学基础理论研究。

在一定程度上纵容了这些作品的存在。网络新媒介时代，人人都可以成为作家，人人都可以通过网络发表自己的作品，而全球消费文化的洗礼，也使人们将当下所有的文化现象都视为一种消费，文学也被纳入到了单纯个人消费的行列之中，成为一种纯粹个人化的事情。消费社会语境下，只张扬个人的喜好，而很少考虑公众的道德、人性的高尚、人类的前途。而这些也正是当下文学批评在面对文学诸多问题时，无从应对的原因所在。消费文化无处不在，那些愿意守护精神家园的批评家处境可怜，已成为孤独面对夕阳西下的守墓老人。而更多的文学批评者，则是不知道为何批评，拿什么批评，又批评什么。于是批评变成为一种程式，变成为一种职业，像种田卖货一样成为养家糊口的赚钱手段。而批评家过于主观的批评，已使批评丧失了"批评"的意义，沦为一种为创作装点门面的摆设，对文学乱象毫无针砭之力。那么究竟什么才是真正的文学批评，本文想从文学批评三性，即客观性、倾向性、多维性三个方面，对这个看似简单的问题谈些自己的看法，以期厘清认识，推动批评工作健康有序地开展。

一 文学批评的客观性

任何作品都是独一无二的，因为它由独立的个体创作出来。正如世界上不存在两片完全相同的叶子，在文学世界里也没有在情节安排、情感表达、思想呈现、语言运用等方面完全一致的作品。虽然文学创作多样复杂，作品的呈现丰富多彩，但文学批评却不可以五花八门、随心所欲，文学创作对艺术创作的一般规律以及"文学"门类创作的特殊规律的遵循，决定了文学批评应该是一种类似于"科学研究"的工作。批评家必须去发现文学活动中某些规律性的或本质性的东西，必须对批评工作抱有科学客观的态度，有客观稳定的标准，这是文学批评安身立命的本分所在。可以说，客观性是文学批评的基本性质之一。

文学批评的客观性首先表现为批评是一种理性分析的过程。文学批评作为文学活动的重要组成部分，与文学创作需要重视作家个人的情感体验与独特理解不同，它要求批评主体按照一定的理论和标准，对批评对象进行分析、研究、鉴别、判断，从而去发现作家创作的优点和缺点，总结文学创作规律性的东西。这种对对象进行分析、研究、鉴别、判断的过程，是一种凝视静观、冷静分析的过程，是发现问题寻找答案的过程。因此，如果说创作是一种偏重于个体感性的活动，那么批评就是一种偏重理性分析的活动，虽然它也表现批评者个人的立场观点和价值取向，但这种表现是通过对作品细节的理性分析来完成的。另外，批评家对文学作品的解读总是建立在自己对作品充分鉴赏的基础之上，需要比一般的读者更多地熟悉作品，了解作品产生的背景与作家创作的意图等。批评者还要拥有更多的专业知识储备、理论修养以及足够的从事批评的逻辑思维训练。这些既是理论分析的前提，也是批评必须客观的前提。总之，文学批评作为一种批评，是通过摆事实讲道理来完成的，就像一个外科医生面对一位等待手术的病人，并不需要过多的感情介入，只要有高超的手术能力就可以了。

文学批评的客观性还在于如何批评要受到文学创作规律的制约。文学创作虽然有其强烈的个性化特征，但创作不同于写日记，可以随意发泄、随性涂鸦。实际上作品的故事情节安排、结构设定、典型人物塑造、语言运用等都必须在遵从创作规律的条件下进行，并始终围绕作家情感的审美表达、人物性格的合理变化来推进，这是文学作为一门艺术创造的根本要求。作品虽然是作家创作的，但并不意味着作家在创作过程中是万能的，可以主观地决定一切，改变一切。有资料显示托尔斯泰在《安娜·卡列尼娜》的结尾安排安娜以卧轨自杀的方式来结束生命的时候极为痛苦，当有人问他既然如此痛苦为什么不把结局改变一下，让安娜有一个好一点的生活。托尔斯泰的回答却是"我试过，但我做不到"。作品中人物的塑造与现实生活中孩子的成长是一样的，人物也要受到他所处的自然环境和社会环境的影响，恩格斯所提出的"典型环境中的典型人物"[①] 就是这个意思。人物一定是环境中的人物，他性格的形成、处世的方式都与其生存环境和成长过程密不可分。一个孩子出生以后所接触的人和事构成他的成长环境，他在该环境的影响下渐渐形成了自己独立的人格，学会了判断与思考，之后，他便会按照自己的方式待人行事。同样，小说中的人物也有一个慢慢长大的过程，只是他是被作家慢慢塑造出来的，而一旦作家给人物创造出了社会的、家庭的乃至地理的生存环境，人物便一定会形成与这样的环境相配衬的性格与行为方式，他也就不再听由作家的摆布，而会按照

---

① 恩格斯：《恩格斯致玛·哈克奈斯》，《马克思恩格斯选集》第 4 卷，人民出版社 1995 年版，第 683 页。

自己的方式生活、交友或恋爱；这时候作家已不能随意地支配人物，而只能顺应他。也就是说，如果托尔斯泰真要改变安娜的命运，那他就必须重新为安娜安排一次人生，要从她出场之初，就为她将来美好的结局安排好一切。

所有优秀文学作品的产生都是这样，作品中人物的生活属于人物自己，属于人物的出生环境及他周围的人和事对他的影响。祥林嫂的悲剧命运不是鲁迅给她的，鲁迅只是写出了她的故事，造成她悲剧的原因是旧时代的封建社会，以及辛亥革命前夕中国农村社会的基本状况。文学创作需要遵循艺术规律，而文学作品一旦完成，其所携带的可供分析解读的符号系统就会是相对稳定的，而文学批评也必然要立足于作品本身来展开，依照创作的基本规律来辨析。文学作品作为文学批评的对象是客观的，人物的生存环境及其性格的生成是客观的，作家在创作作品时遵守的创作规律也是客观的，这些决定了批评也应该具有客观性，它有规律可循，依规律而评，而不能乱弹琵琶。那些完全凭个人的感觉和体验就进行的批评是伪批评，没有一种科学精神与科学态度的批评，也一定会伤害创作，偏离主题，影响阅读。

文学批评的作用主要是推动作家更好地创作，帮助读者更好地阅读，同时又能在开展文学批评的过程中不断发现和总结文学运动的规律，推动文艺理论的发展。文学批评的对象是具体的作家作品，作家创作上的得失成败都可以在批评中被挖掘出来。因此，好的批评可以帮助作家总结创作上的优点，也可以指出他的不足和缺憾，使其在以后的创作中扬长避短。一部好的文学作品由于种种原因，也可能出现读者难以理解，难以接受，甚或根本读不懂的情况，这时候也需要通过文学批评的分析引导，消除作品与读者之间的隔膜，在作品和读者之间、作家和读者之间架起沟通的桥梁，帮助读者更好地阅读与欣赏作品，认识作品的价值。说出作品的好坏，摆出其好坏的事实和道理，在分析作品的过程中发现创作的规律、阅读的法则、作家的风格和特征，这就是文学批评在文学活动中的作用。文学批评的客观性要求我们，对批评要有所敬畏，要多掌握相关的专业知识，要熟悉文学批评的规律，要有丰富的艺术体验和感受，同时更为重要的是还要不断加强职业训练，有较高的逻辑分析与理性思考能力。

二　文学批评的倾向性

　　批评是客观的，但也是有倾向的。既然批评是由作为主体的批评家来完成的，那么批评家个人的立场、思想、情感、好恶就会在批评中自然流露出来，从而表现出批评家个人的倾向性，批评的倾向性是批评家的社会历史观和个人价值观共同促成的结果。由于文学批评首先要求是客观理性的分析，因此批评的倾向性并不表现为批评者个人基于生理、心理上的不同而出现差异，而是这种差异的升华，也就是说，这种倾向性是升华了的个人情感和认知，即立场、价值观、世界观、历史观的差异性表现。

　　任何作品都是有倾向性的，因为任何作品都是对现实生活以及作家思想情感的反映。文艺反映生活，并不是作家消极冷漠地对现实生活进行自然摹写，而是需要经过作家头脑加工、改造的一种能动的反映，是作家以一定的社会生活为原料而进行的一种创造性精神活动，它总是或隐或显地反映出作家对被描写对象的认识和评价，渗透着作家对人物的思想情感和态度。因此，作品既反映生活，也反映情感，反映倾向，是主观与客观融而为一的结晶。莫泊桑曾经说过："须知绝对的真实，不掺水分的真实是不存在的，因为谁也不能认为自己就是一面完美无缺的镜子。我们每个人都有一种思想倾向，教我们这样或那样去看待事物；同一桩事，这个人觉得是正确的，另一个就可能觉得是错误的。"① 批评也是如此，批评是对具有倾向性的文学作品的批评，因此，怎样发现与看待文学中所表现出的倾向，怎样评论作家艺术家在作品中所流露出的情感，以及作家在创作方法运用上的个人特点等等，背后都要有批评者的立场、价值观、世界观、历史观的介入与影响。《红楼梦》在不同的历史时期所遭遇的不同待遇，就是一个明显的例证。由最初的"淫书"到现在思想艺术上的典范之作，差距如此巨大，就是因为批评者的世界观价值观等的巨大差异所造成的。鲁迅先生在谈到《红楼梦》时说过一段非常有名的话："《红楼梦》是中国许多人所知道，至少，是知道这名目的书。谁是作者和续者姑且勿论，单是命意，就因读者的眼光而有种种：经学家看见《易》，道学家看见淫，

---

　　① 莫泊桑：《爱弥尔·左拉研究》，见中国社会科学院文学研究所编《古典文艺理论译丛》第八册，知识产权出版社 2006 年版，第 149 页。

才子看见缠绵，革命家看见排满，流言家看见宫闱秘事……"① 每个人所站的立场、所持的观点不同，自然便会得出不同的结果，批评必然要反映批评者的立场观点，从而表现出批评的倾向性。

文学的倾向性是越隐蔽越好，批评的倾向性则是越直截了当越好。关于文学的倾向性问题，恩格斯在评论玛·哈克奈斯的《城市姑娘》时说道："我决不是责备您没有写出一部直截了当的社会主义的小说，一部像我们德国人所说的'倾向性小说'，来鼓吹作者的社会观点和政治观点。我决不是这个意思。作者的见解越隐蔽，对艺术作品来说就越好。"② 在另一篇致敏·考茨基的信中，恩格斯同样指出："我决不是反对倾向诗本身。……可是我认为，倾向应当从场面和情节中自然而然地流露出来，而无需特别把它指点出来；同时我认为，作家不必把他所描写的社会冲突的历史的未来的解决办法硬塞给读者。"③ 显而易见，对于文学创作而言，作家虽然可以表达倾向，但这种倾向的表达需要通过作品自身来完成，即通过故事的推演、人物性格的变化等来完成，而不需要直接在作品中说出来。对文学作品而言，不去直接说出的倾向性是更高的对于倾向性的表现。然而与强调作品的倾向性需要"自然而然地流露出来"不同，文学批评的倾向性则必须"直截了当"地说出。我们仍然以讨论文学的倾向性这一问题为例，看看马克思主义经典作家在进行文学批评时是如何直接表达观点和态度的。

批评必须是明确的、直接的，只有这样才能实现推介优秀作家作品，贬斥庸俗作家作品，以及总结规律、推动创作的作用和功能。恩格斯对于在作品中直接表达倾向性的文学作品一直都持有毫不留情的批判态度，在《德国的革命和反革命》一文中，恩格斯批评了在 1830 年法国七月革命影响下，德国文学所发生的变化。他说："当时几乎所有的作家都鼓吹不成熟的立宪主义或更加不成熟的共和主义。用一些定能引起公众注意的政治暗喻来弥补自己作品中才华的不足，越来越成为一种习惯，特别是低等文人的习惯。在诗歌、小说、评论、戏剧中，在一切文学作品中，都充满所

① 鲁迅：《〈绛洞花主〉小引》，《鲁迅全集》第 8 卷，人民文学出版社 1981 年版，第 145 页。

② 恩格斯：《恩格斯致玛·哈克奈斯》，《马克思恩格斯选集》第 4 卷，人民出版社 1995 年版，第 683 页。

③ 恩格斯：《恩格斯致敏·考茨基》，《马克思恩格斯选集》第 4 卷，人民出版社 1995 年版，第 673 页。

谓的'倾向',即反政府情绪的羞羞答答的流露",他们只是一些散布"杂乱思想的作家"。① 他还批判那些"真正的社会主义"作家,说他们"无论是散文家或者是诗人,都缺乏一种讲故事的人所必需的才能","对叙述和描写的完全无能为力",是他们"诗篇的特征"②。在这里,恩格斯显然对那些由于缺乏才华而直观流露倾向性的创作进行了尖锐的批评,亮明了自己的态度,讥讽他们是"低等文人的习惯"。同时在评价巴尔扎克和左拉时,恩格斯更是明确而坚定地指出:"巴尔扎克,我认为他是比过去、现在和未来的一切左拉都要伟大得多的现实主义大师"③。关于歌德,恩格斯的批评与肯定则是兼而有之,认为"歌德有时非常伟大,有时极为渺小;有时是叛逆的、爱嘲笑的、鄙视世界的天才,有时则是谨小慎微、事事知足、胸襟狭隘的庸人"④。而列宁对托尔斯泰的评价也是中肯而清晰的,他说:"托尔斯泰的作品、观点、学说、学派中的矛盾的确是显著的。一方面,是一个天才的艺术家,不仅创作了无与伦比的俄国生活的图画,而且创作了世界文学中第一流的作品;另一方面,是一个发狂地信仰基督的地主……"⑤ 另外,马克思、恩格斯对文学的"莎士比亚化"的肯定,对"席勒式"的批判,如此等等,都非常鲜明清楚地表明了他们的观点、态度和立场,让我们看到了在评论作家作品时他们爱憎分明、"直截了当"的品格和勇气。

关于文学批评的倾向性问题,还有一点必须说明,这就是批评的倾向性并不意味着批评的政治性,更不是批评的党性。倾向性和政治性、党性是有区别的,倾向性的内涵与外延远远大于政治性或党性。新时期以前很长一段时间,我们要求文艺为政治服务,文艺从属于政治,以致造成文艺创作的限制越来越多,直至出现极"左"时期8亿人民8个样板戏的荒唐

---

① 恩格斯:《德国的革命和反革命》,《马克思恩格斯选集》第1卷,人民出版社1995年版,第492页。

② 恩格斯:《诗歌和散文中的德国社会主义》,《马克思恩格斯全集》第4卷,人民出版社1958年版,第237页。

③ 恩格斯:《恩格斯致玛·哈克奈斯》,《马克思恩格斯选集》第4卷,人民出版社1995年版,第683页。

④ 恩格斯:《诗歌和散文中的德国社会主义》,《马克思恩格斯全集》第4卷,人民出版社1958年版,第256页。

⑤ 列宁:《列夫·托尔斯泰是俄国革命的镜子》,《列宁全集》第17卷,人民出版社1988年版,第182页。

年代。新时期之后，我们党提出了新的"文艺为人民服务、为社会主义服务"的"二为"方针，以替代过去文艺从属于政治的口号，从而根本上扭转了文艺对政治的依附关系，大大拓宽了文艺的创作空间，解放了文艺创作的活力。因此，对文艺批评而言，只要是求真向善趋美的作品，我们都应该认为是有正确倾向的作品，都应该得到肯定。如果将倾向性仅仅界定为政治性甚至党性，将会阻碍文学正常健康的发展，同时对政治性和党性也会是一种误读和损害。总之，文学的倾向性可以包含党性、政治性，但党性、政治性只是倾向性的部分内容，对倾向性不能做狭隘的理解。当然，批评的倾向性虽然不是批评的政治性和党性，但文学批评却是有阶级性的，批评作为一种思想武器掌握在谁的手里，是非常重要的。对社会主义文艺而言，提倡弘扬主旋律、传播正能量的文学批评，应该是我们始终要坚持的文学批评的倾向性。文学批评的这种倾向性要求我们，要深入学习历史唯物主义，要加强思想修养，要树立正确的人生观、世界观、价值观，要充分认识文学对于人性塑造的陶染作用，以及对于审美价值的培育作用。只有这样，才能高屋建瓴，真正读懂作品，利用好文学批评这个武器，让文学批评为文学自身、为社会、为人类的未来服务；必须坚决抵制庸俗错误的文学批评倾向，因为错误的倾向性会将作家引向歧途，将读者引入斜路，让文学迷失方向。

三 文学批评的多维性

文学批评的多维性就是面对一部作品，我们可以从不同的角度展开研究与评论。虽然批评是客观的，但对作品的批评并不是单一的。虽然批评是有倾向性的，但有同样倾向的批评却可以从不同的角度来展开，所谓"横看成岭侧成峰，远近高低各不同"，批评的角度不同，评论者的兴趣点不同，所得出的批评的结论也就会不同，这就是文学批评的多维性。文学批评的多维性，使同一部作品可以从不同的方面得到批评者的关注与研究，这对展示作品的整体风貌以及创作诸方面的优劣得失都是有益的。文学批评的多维性是以文学批评模式的多样性来体现的，以下本文将对文学批评模式做一粗略的探讨。

所谓批评模式，学界没有明确的界定，但一般而言它应该是在某种具体文学理论指导或影响下形成的一种批评视角或读解方式。对于批评的具体模式，理论界探讨的比较多，尤其是对当代西方文学批评模式的研究。20世纪是西方各种文艺理论观念大爆发的世纪，因而也就相应地形成了各种各样的文学批评模式。关于文学批评模式，目前比较流行的观点是美国学者艾布拉姆斯在《镜与灯——浪漫主义文论及批评传统》中提出文学"四要素"之后，对文学批评所作出的四种模式的划分，分别是模仿说、实用说、表现说、客观说。在《镜与灯——浪漫主义文论及批评传统》一书中，艾布拉姆斯对这四种批评模式进行了非常详细的阐释和梳理，这里不再详解。① 当然由于《镜与灯——浪漫主义文论及批评传统》出版于1953年，因此国内有学者认为艾氏所论述的四种批评模式只是20世纪前期轮流上演的批评模式，而在20世纪后期还出现了一种"全新的、多视角的批评模式"即"文化批评模式"，这样"20世纪的西方文学批评就是在这五种模式的交替中进行的"②。然而在笔者看来，仅仅将"文化批评"模式加入到艾氏已经绘制的文学批评四模式图谱中，显然也还远远不够，因为艾氏的文学批评四种模式的提出，是建立在对传统文学理论与批评的总结之上，而发生在20世纪西方最新的理论与批评流派都不在其视野考察之内，倘若一定要在其四种批评模式的基础上增添新的批评模式，就不仅仅是加上文化批评模式而成为五种批评模式这么简单。从数量上说，恐怕要增加到十余种，甚至数十余种，才算符合20世纪西方文学批评发展的实际状况。因此，艾氏《镜与灯——浪漫主义文论及批评传统》中关于批评模式的探讨能够带给我们的启示，重要的不在于他给我们归纳出了多少种具体的模式，而在于他所提出的作品、作家、世界、读者的文学四要素观点可以成为我们梳理20世纪众多批评模式的一个分类标准，以便于我们对已经出现的数十种批评模式加以归类。有学者正是根据艾布拉姆斯的文学"四要素"说，将当代西方文学批评模式作出如下的分类与归纳：（1）强调文学与世界联系的：社会历史批评、西方马克思主义批评、女性主义批评、新历史主义批评、后殖民主义批评、文化批评等，这些批评强调外部世界中的社会、政治、经济、历史、文化、种族身份、时代精神、意识形态等因素与文学之间的关系；（2）强调文学与作者联系的：精神分

---

① ［美］M. H. 艾布拉姆斯：《镜与灯——浪漫主义文论及批评传统》，郦稚牛等译，北京大学出版社1989年版，相关内容见该书第一章。

② 洪永稳：《论20世纪西方文学批评的五种模式及其得失》，《合肥师范学院学报》2013年第4期。

析批评（心理学批评）、神话—原型批评等，这些批评强调作者的情感经历、个人心理或集体无意识心理对文学的影响；（3）强调文学与读者联系的：现象学批评、解释学批评、接受理论批评、读者反应批评等，这些文学批评都强调文学活动中读者的重要作用；（4）强调文学文本自身的：俄国形式主义批评、英美新批评、结构主义批评、解构主义批评等，这些批评强调对文学文本本身的结构、语言等形式因素的研究。① 应该说，这样的梳理与归纳一定程度上反映出了当代西方文学批评模式的基本概况。

当然关于文学批评模式的讨论与归纳远不止这些，除按照文学四要素提出或建构文学批评模式之外，许多理论家还从各自的理论立场出发提出了许多新的关于文学批评模式的具体分类或种类，这里再列举一些以更好地说明这一情况。美国霍斯特大学的英语教授韦尔伯·斯克特在《文学批评的五种模式》一文中，通过洞察当代和过去的文学批评的各种流派，提出并系统分析了道德模式、精神分析模式、社会学模式、形式主义模式和原型模式这五种批评模式，并对这些批评模式的起源、发展、本质和局限性都作出了详细的梳理和介绍。② 该文基于对当代和过去文学批评流派的高度概括所提出的五种模式，一定程度上有其合理性，但这五种模式的提出如果对照起来看，并没有全面反映出文学史上文学批评的整体风貌，尤其是对当代西方文学批评的概括与分析，给人以挂一漏万之感。另外，著名的后殖民理论家萨义德在其《世界、文本与批评家》一书中则提出了"世俗批评"这一批评模式，作为又一个第五种批评形式，"用以替代实用批评、文学史、文学鉴赏和诠释以及文学理论这四种在他看来在智性上不再能很有效地发挥作用的传统批评形式"③。萨义德的文学批评模式从界定上来说，视角显然要广大得多。而为大家所熟知的英国当代马克思主义文学理论批评学者伊格尔顿也在他的《二十世纪西方文学理论》中提出了"政治批评"这一形式，虽然"政治批评"在他这里主要是针对文学理论而言，但将其用在具体的文学批评上恐怕也不会有人反对，因为在伊格尔

---

① 《当代文学批评模式的阐释和应用》（http：//www. docin. com/p_ 622596030. html）。

② ［美］韦尔伯·斯克特：《文学批评的五种模式》，《东疆学刊》（哲学社会科学版）1987年第4期。

③ ［美］丹尼尔·奥哈拉：《现世性和他世性批评——爱德华·萨义德与理论的崇拜》，见Williams, Patrick, ed. *Edward Said*. Vol. 4. London：Sage Publications, 2001, p. 13. 转引自赵建红《第五种批评形式：萨义德的"世俗批评"》，《外国文学》2008年第2期。

顿看来，"文学，就我们所继承的这一词的含义来说，就是一种意识形态"。① 以上这些例子再次证明，对于文学批评模式的探讨或许本身就像是西西弗斯的巨石一样永无止境，对其模式数量的考证显然没有太大意义，也如伊格尔顿所说："试想一个文学批评包括多少方法吧！你可以讨论这位诗人的有气喘病史的童年，或研究她运用句法的独特方式；你可以在这些'S'音中听出丝绸的窸窣之声，可以探索阅读现象学，可以联系文学作品与阶级斗争状况，也可以考察文学作品的销售数量。这些方法没有任何重要的共同之处。"②一种批评模式实际上就是一个批评方法，有多少种方法也就意味着有多少种模式，每个人都可以从自己的角度出发提出各种各样的批评模式，这才是文学批评多维性的真实面貌。

过去一谈到文学作品，我们能够想到的就是作品的思想内容与艺术成就，而文学批评多维性的存在将打破我们对于作品分析的原有局限，为丰富和开拓文学批评的手段与思路打开局面。文学批评的多维性要求我们，要全面地看问题，对于一部作品既可整体把握，也可局部分析，既可从作者出发，也可以从读者入手，既可讨论与社会的关系，也可以专注于文本分析，当然也可以根据现实的需要或具体的作品作出更为具体的批评。文学批评的角度是开放的，要允许发现一部作品不同的美，通过不同维度的分析，帮助读者认清作品，帮助作者总结经验教训。文学批评的多维性大大丰富了作品的内涵与价值，也为文学批评开辟出更为广阔的阐释空间。

以上本文从"文学批评三性"的客观性、倾向性、多维性探讨了文学批评的性质这一基本问题。客观性要求在评价作品时要尊重艺术创造规律，做到实事求是；倾向性要求在分析作品时要充分发挥批评主体的能动性，将批评的价值尺度运用到批评中，站稳立场，把握好方向；而多维性要求在批评中要以开放发展的眼光，充分发现作品的潜能和价值，全方位展示作品的魅力。客观性、倾向性是文学批评的基本性质，是任何批评所必须具有的；多维性是文学批评延展出来的性质，是对多次批评总结把握的结果；客观性、倾向性、多维性共同构成文学批评的本质特性。关于"文学批评三性"的探讨，对于当下我国文学批评实践活动具有重要的理

---

① ［英］特雷·伊格尔顿：《二十世纪西方文学理论》，伍晓明译，北京大学出版社 2007 年版，第 21 页。

② 同上书，第 199 页。

论价值与意义。很多时候人们不把批评当回事，忽视了批评家个人对于相关专业知识及专业以外知识的学习与了解，忽视了批评者个人的人格修养与境界的提升；有很多人，甚至一些专业从事批评工作的也认为谁都可以当批评家，以致造成批评界整体水平的下降，一些不学无术的人混迹于批评行列。因此，"文学批评三性"的提出，可以作为一面镜子，照出存在于批评界的诸多问题，改变学界对于文学批评的诸多误解和模糊认识。去年习近平同志在文艺工作座谈会上的讲话表达了对文学批评的重视，并且提出了文学批评的历史的、人民的、艺术的、美学的四个观点，明确指出了具有中国特色的社会主义文艺批评的应有立场、基本观点。结合本文对"文学批评三性"的解读，笔者认为，要做好文学批评工作并非易事，它需要文学批评工作者有较高的学术修养，良好的职业操守，坚实的理论支点，服务艺术献身艺术的精神追求；文学批评绝不是随随便便的事情，它关乎我国文学的未来发展，关乎文学能否真正"以人民为中心"，做到为人民服务、为社会主义服务等等诸多大是大非的问题。

"大众批评"的边界与功用

贾 洁[*]

摘要 本文重新阐释了"大众批评"的概念，彻底抛开以身份来划分批评类型的陈规，改从写作笔法的角度予以定义，认为大众批评是以大众读者为导向的偏向于民粹笔法而非精英笔法的文艺批评文章。因为身份具有流动性和可疑性，相对而言，写作笔法具有较为稳定的特征。本文还从"消解身份分层"、"打破灵韵崇拜"、"克服学术异化"等几个角度详细阐述了大众批评的功用。大众批评在推动社会的思想民主建设方面具有重大意义。

关键词 大众批评；身份；笔法；思想民主

一 何谓"大众批评"?

该如何诠释"大众批评"这个概念呢？在解答该问题之前有必要先来回顾一下几位前辈批评家对"批评"的划分。首先，是阿尔贝·蒂博代在其《六说文学批评》中将批评分为自发（有教养者）的批评、职业（专业工作者）的批评和大师（艺术家）的批评三类，蒂博代的这一根据撰写者的身份而作的分类影响深远；至 T. S. 艾略特的《批评批评家》一文，划分了四类批评家的批评，跟蒂博代的大同小异：报刊特约批评家的批评、偏重个人情趣爱好的辩护者的批评、学院与理论批评家的批评、诗人

———————

* 贾洁（1981— ），女，江苏如东人，现为中国社会科学院文学研究所助理研究员。本文为 2013 年度上海市哲学社会科学规划课题青年项目"批评家的任务——从本雅明到伊格尔顿"（2013EWY002）的阶段性研究成果。本文同时也受到了第 53 批中国博士后科学基金的资助。

的批评;① 此外，阿诺德·豪泽尔在其《艺术社会学》中提及批评有两大类，即日常的见诸报端的批评和学术性的专业的批评，学术批评的撰写者通常为史学家和大学教师;② 国内学者王宁、南帆等人对批评的分类也做过研究。例如，受当代大众文化研究的影响，南帆在其《文学批评手册》中同样依据撰写者的身份列举了"大众批评与专家批评"的概念。

那么，本文所提的"大众批评"是不是也是一个有关身份的概念呢？跟大众对立的身份一般被称为精英，具体的称谓为知识分子、专家、学者等等。瓦尔特·本雅明的知识分子身份基本上无人质疑，他的一系列文学和文化批评文章早已被学术界奉为经典。人们似乎已经遗忘了他的那些脍炙人口的大作的出处，《普鲁斯特的形象》最初于1929年发表于《文学世界》杂志，《贝尔托·布莱希特》最初于1930年6月由法兰克福广播电台播出，《弗兰茨·卡夫卡》最初发表于1934年12月的《犹太观察报》，如此等等，不一而足。雷蒙德·威廉斯在其文化研究里程碑式的作品《漫长的革命》中着重论述了大众报刊的发展，他认为大众报刊充满活力的发展过程有着丰富的意义，它是对之前所谓"知性生活"发起的革命中的一部分，对于"我们文化上的全面扩展有着非常重要的意义"③。从这个角度来说，知识分子本雅明的众多刊于大众刊物和媒介的以大众读者为导向的批评文章原来是反精英或知识分子的"知性生活"的。也就是说，倘若一定要根据撰写者的身份来划分批评的类型，就必须接受这个本雅明式的矛盾。特里·伊格尔顿教授在写专业批评之余，也会写一些面向大众读者的小书《威廉·莎士比亚》、《爱尔兰的真相》、《如何读一首诗》等等。他把前一种批评写作称为"精英主义"笔法的写作，而把后一种称为"民粹主义"笔法的写作，并认为"民粹主义无须与精英主义水火不容"④。

因此，是否可以探讨这样一种可能，突破通过身份来划分批评类型的圭臬，而以文章的书写笔法来替代，以大众读者为导向的偏向于民粹主义笔法而非精英主义笔法的文艺批评文章，我们便称之为"大众批评"。身

---

① 参见［英］托·斯·艾略特《批评批评家》，李赋宁等译，上海译文出版社2012年版，第2—5页。

② Arnold Hauser, *The Sociology of Art*, NY: Routledge, 2011, p. 476.

③ ［英］雷蒙德·威廉斯：《漫长的革命》，倪伟译，上海人民出版社2013年版，第183页。

④ Terry Eagleton & Matthew Beaumont, *The Task of the Critic: Terry Eagleton in Dialogue*, London: Verso, 2009, p. 194.

份具有流动性，像恩格斯、威廉·豪威尔斯、赖希·拉尼茨基等人都是自学成才的从货郎到专家的文学批评家，相对而言，笔法具有较为稳定的特征。对于民粹笔法与精英笔法可以表述得更具体通俗一些，即深入浅出、浅入浅出、深入深出、浅入深出四种，两种"深出"对应精英笔法，两种"浅出"则对应"大众批评"所采用的民粹笔法。从写作笔法的角度来定义大众批评概念所起到的作用，笔者接下来将一一详述之。

在此须注意的一点是，随着网络移动新媒体的发展，当下的舆论氛围较之从前稍显宽松，相应地，批评客体骤增，似乎任何人都可以即兴地针对某个话题发表一言半语，不少精英知识分子对这种狂欢式的批评大张挞伐，将之认定为主观随意、流于浅薄，并很有可能淹没真正的批评家的声音。笔者表示，本文所论述的大众批评指的是言之有物、言之成文的"浅出"型批评，在 BBS、微博之类的地方所发表的批评性的只言片语难以被归为大众批评，不过，若某文化事件引发了铺天盖地的批评性质的简短留言，那么这些留言或许可以被统视为一篇有分量的言之有物的大众批评文章。

二　消解身份分层

先来看两段批评诺奖得主莫言及其小说的文字：

其一，"2012 年 10 月 11 日，从傍晚到十九点以后，一批批的电话就进来了。笔者正和几位同事及两位作家在一家餐厅聚会，在场的每个人都接二连三地接到了内容相同的来电。'你认为莫言会获奖吗？理由是什么？'……一种观点：'我认为莫言不可能获奖，也不应该获奖。理由主要是两点，一是他的公共态度……二是他的作品中有着明显过度的野蛮、嗜血、丑陋的描写……"①

其二，"我揣测莫言好像并不理解婚外情，他写蓝解放爱上庞春苗……这段婚外情里有忏悔、原谅和完满，似乎忏悔才是莫言赞誉婚外情的立足点，这并未超出世俗理解。在小说史上……福楼拜和托尔斯泰写得深刻……到现代，格雷厄姆·格林在《恋情的终结》中借女

---

① 吴俊：《歧义的莫言的暧昧》，《文艺研究》2013 年第 4 期。

主角说：'如果我就是个骗子和婊子，那么这个世界上总有人会爱骗子和婊子的，对吗？'不质疑道德本身的对错，这些伟大的作家总是站在深刻那一边。"①

两段文字娓娓道来，流畅自然，没有连环出现的突兀难懂的理论术语，就像茶余饭后的交谈那般通俗明了。追查两段文字的出处，第一段摘自当代著名文学批评家吴俊发表在专业学术刊物上的《歧义的莫言的暧昧》一文；第二段摘自豆瓣网的一篇文章《论莫言该不该拿诺贝尔》，作者署名苏更生。通观两篇文章，吴俊教授所写的当然更周密、更严谨，看似一路漫谈，读下来却又丝丝入扣，不失为"深入浅出"型批评的佳作。不过从这两篇文章，都可以直观我所称的"大众批评"的"浅出"型的书写风格。

其实，翻阅各类日常报刊的批评专栏，这类风格的文章俯拾皆是。我们还会发现日常报刊对于作者的标注是极其简单的，通常只署个姓名，不会像学术类刊物那样简介作者的身份及其他相关信息。因为身在学术圈，大部分情况下，我们一眼就能分辨出日常报刊上的那些具有高度可读性的文章哪些出自我们较熟悉的学者专家之手，哪些是圈外人所作，即便这些文章在内容和笔法上高度一致。但假设我们从未涉足学术圈，我们仍然能够具有如此犀利的辨识能力吗？恐怕诸多的作者姓名在我们眼中只是一个个让人无动于衷的名词，仅此而已。对福柯而言，作者姓名成了一种修辞策略。福柯认为作者的名字是"功能性的，因为它用作一种分类的方式。一个名字可以把许多文本聚集在一起，从而把它们与其他文本区分开来"②。而在这背后，"谁在说有什么关系呢"③？谁在乎你是教师、研究员，还是售货员、小商贩呢？一切身份皆可抛诸脑后。当我们指称一篇批评文章为大众批评时，正是在消解身份以及身份所带来的话语权上的不平等。

身份是社会学的一个核心概念，按照韦伯的观点，身份即是根据社会声望对人进行分层。所谓知识分子、专家、学者之类的精英与大众的区分

---

① 苏更生：《论莫言该不该拿诺贝尔》（http：//book. douban. com/review/5816244/）。

② 福柯：《作者是什么?》，逄真译，载王逢振等编《最新西方文论选》，漓江出版社1991年版，第450页。

③ 同上书，第459页。

便由此而来。欧洲学术界有一个笑话讲的是，在法国，开玩笑是件很庄重的事情，在从事法国幽默之前，你必须先拿到好几个学位，就像德里达那样。这反映的正是身份与话语权之间的利害关系。比之大众，知识分子的精英身份到底是如何赢得的呢？说到底，就是多了几个学位，要成为精英知识分子通常首先要求读到博士学位。在一般观念中，学位是对某人所拥有的学识的肯定，学位越高通常代表此人的知识储备量越大、理性思维能力越强。但是拉塞尔·雅各比却在其《最后的知识分子》一书中讥讽道："博士学位是获得一个重要学术地位、过上知识分子生活的资格证书；除了调研和写作，为了获得这张证书，还得在精神上煎熬多年。"① 回想一下，我们在获得学位证书之前和获得之后的那一刹那，在学识上有了任何方面的突飞猛进吗？并没有。美国激进作家马克斯·伊斯曼在完成了哲学博士学位的所有相关要求后，甚至没有去领学位证。试想一个人虽然没有学位，但却从未停止求知的步伐，在本质上他其实跟一个握有学位的人没有什么差别。尤其是到了现在这样一个网络时代，只要想学习知识基本上就能学到，利奥塔表示大学教授"在传播既有知识方面并不比数据库网络更胜任"②。

人们对持有学位者的尊重或许更多的是因为它体现了一种可信赖的持之以恒、坚定不移的求知品质。正如本雅明从波德莱尔的散文中发现的"拾垃圾者"的形象，本雅明一眼便在这个形象里认出了文人，"他聚敛着城市里每日的垃圾，任何被这个城市扔掉、丢失、被它鄙弃，被它踩在脚下碾碎的东西，他都分门别类地收集起来。他仔细地审查骄奢淫逸的统计材料，整理废物的堆放处。他把东西分类挑拣出来，加以精明的取舍；他聚敛着，像个守财奴看护他的财宝，这些垃圾将在工业女神大嘴的吞吐中成形为有用的或令人欣喜的东西"。③ 在本雅明看来，文人所做的事情与拾垃圾者的工作存在一致性。知识分子寻求有用的知识的过程同样是一场披沙拣金的辛苦历程。本雅明还指出了拾垃圾者的革命性，认为拾垃圾者有

① Russell Jacoby, *The Last Intellectuals*: *American Culture in the Age of Academe*, NY: Basic Books, 2000, p. 18.

② 转引自［英］弗兰克·富里迪《知识分子都到哪里去了》，戴从容译，江苏人民出版社2005年版，第7页。

③ Walter Benjamin, *The Paris of the Second Empire in Baudelaire*, in *Selected Writings*, Vol. 4, 1938–1940, MA: Harvard University Press, 2006, p. 48.

可能是起义者的同志，那么"究竟是拾垃圾者这类社会渣滓给大城市提供了英雄，还是用'垃圾'创造了自己作品的诗人才是英雄呢"？本雅明接着写道，"现代性理论对二者都予以承认"①。从这句话可以推导出一个判断，即知识分子的精英身份在现代社会已经十分可疑了。葛兰西更是泛化了知识分子的概念，说"所有的人都是知识分子"②；此外还有萨义德分外强调知识分子的业余性。这些理论都在某种程度上消解了精英知识分子与大众之间的身份对立，从而凸显一种身份上的平等。

作为一项具体的社会和政治要求，平等是拉开现代社会序幕的一系列重大革命的产儿。对社会平等的信仰，一直是社会主义思潮的最显著特点，"寻求报酬、地位及特权方面的平等，使其足以把对社会的不满情绪降低到最低程度，足以保证个人之间的公平，足以使机会平等"③。就文艺批评领域而言，上文列举了两段批评莫言的"浅出"型文字，认为通过写作笔法对批评进行分类，哪怕是精英知识分子所写，只要采用了"浅出"型笔法，都应归为大众批评之列。这种抛开身份分类的观念上的改变，是迈向话语权平等时代的一个重要起点。

三　打破灵韵崇拜

与上述"浅出"型批评相对的为"深出"型的批评，这类批评基本上都会征用大量的理论模式与理论语言。譬如，同样是批评莫言的文章，对于其政治立场的暧昧以及其作品对丑陋面的过度描绘，张旭东教授批评如下：

> 在莫言的世界中，现象世界很少得到再现，而是被"形式—叙述"空间所吞没，并由一种无情的虚构逻辑转化为寓言性形象。在这个意义上，颠倒的反而成为真实的。莫言小说的"叙事"，显然并非作为反映"真实"的渠道，但也正是在其作品的"叙事构造"中，后

① Walter Benjamin, *The Paris of the Second Empire in Baudelaire*, in *Selected Writings*, *Vol.* 4, 1938 – 1940, MA: Harvard University Press, 2006, p. 48.

② ［意］葛兰西：《狱中札记》，曹雷雨等译，中国社会科学出版社 2000 年版，第 4 页。

③ ［美］亚历克斯·卡利尼克斯：《平等》，徐朝友译，江苏人民出版社 2003 年版，第 39 页。

社会主义中国的诸种碎片化现实，找到了自身形式与道德的确定性……①

该段节选自张旭东教授《"妖精现实主义"与"社会主义市场经济"的叙事可能性——莫言〈酒国〉中的语言游戏、自然史与社会寓言》一文。对比前文批评莫言的两段文字，我们可以发现该段文字所使用的理论术语乍一看令人应接不暇，"'形式—叙述'空间"、"寓言"、"真实"、"后社会主义"、"碎片化"……，通观全文，要全然领会这篇充满理论术语的批评，必定要是学习过专门的文学文化理论的人。所幸该文的一大优点在于，只要学习了相关的理论知识，作者所要论证的观点和论证过程并不让人费解，反让人感受到他分析问题的独到的视角。因此该文也可谓是一篇有代表性的"深入深出"型的批评文章。

采用精英笔法的"深入深出"型批评遵守固定的写作规则，偏爱复杂严谨的理论论证，旨在客观周到地阐明自己的最新研究成果。这种批评追求的是论点上的独一无二性，彰显的是一种学识及评价权力上的权威感，与大众批评保持距离，这让笔者联想到本雅明的"灵韵"（aura）说。本雅明认为随着现代科技和生产力的发展，艺术生产也进入了机械复制的时代，对原作的"灵韵"造成巨大的冲击。"灵韵"在本雅明那里指原作的独一无二性，它是和仪式崇拜及权威性相连的，而机械复制时代使艺术作品的这种灵韵消失了，本雅明对此表示了惋惜。但本雅明赞扬了技术进步时代，大量机械复制艺术的出现打破了被复制对象的统治地位，扩大了欣赏范围和交流速度，从而能够实现激励和启蒙公众的政治功能，"艺术的整个社会功能发生了变革，它不再建立在仪式的基础上，取而代之的是以另一种实践为基础：政治。"② 同时，机械复制恢复了艺术作品应有的社会活力和审美价值，也是顺应了商品经济发展的需要。这个道理同样适用于大众批评的兴起。随着教育终身化的实施、网络信息化工程的普及、大众文化的勃发等等，"深入深出"型批评的某种"灵韵"正在消逝。一方面，只要读者愿意上网查阅理论术语，他们就能把握"深奥"背后的意

① 张旭东：《"妖精现实主义"与"社会主义市场经济"的叙事可能性——莫言〈酒国〉中的语言游戏、自然史与社会寓言》，陈丹丹译，载《天涯》2013 年第 1 期。

② Walter Benjamin, *Work of Art in the Age of Reproducibility*, in *Selected Writings*, Vol. 4, 1938 - 1940, MA: Harvard University Press, 2006, p. 257.

义；另一方面，深奥的批评不符合一般读者的接受兴趣，因为它们不具备大众批评那样的可读性，在某种程度上被读者主动放弃阅读。反倒是那些消遣理论钻研者的影视或小说作品让人们津津乐道，看看美剧《生活大爆炸》和英国作家戴维·洛奇的《换位》、《小世界》就知道了。

大众批评打破了"深入深出"型批评几近仪式化的理论书写模式。在大众批评看来，任何艰深的文学文化理论概念都可以用通俗易懂的语言阐述来替代，这也是专攻批评理论的人之所以能够学术入门的原因。伊格尔顿早前在一次访谈中指出，文学理论不像核物理那样深奥，它是可以被弄懂的。① 由此，明晰易懂的大众批评剥除了遮掩着"精英笔法"的面纱，摧毁其灵韵，用本雅明的话说，这其实是"'世间万物皆平等的意识'的增强"②。在大众批评的话语体系内，或许充斥着简明甚至平白的陈词俗语，但这恰恰是一种联系方式的潜在工具，它们为了实现话语的一种更紧密的联系状态而降低自己的蕴含深度，起到化学价的作用，创造出了一个充满联系与交汇点的语言场，永远不会与人们的认知脱节，从而极大地强化和扩大了批评效应，激励人们参与到思想民主的建设中来。写作大众批评的作者，"正因为他真正地言之有物，所以，他总是以最简洁、最明了的方式表达自己的思想；因为他的目的是让读者对他的思想产生强烈的共鸣"③。

当然，笔者在这里并非要贬低采用精英笔法的"深入深出"型批评，以凸显大众批评的优势。尽管雷蒙德·威廉斯也将不事与读者沟通归结为一种失败，他这样写道："有一种失败同样很常见，却经常在理论上不被注意，在那里可以明显看到走向新描述的努力，而沟通却被忽视了。"④ 但笔者认为，"深入深出"型批评在推动理论家高效思考错综复杂的问题方面具有大众批评难以匹敌的能量。譬如克里斯蒂瓦受巴赫金对话理论的影响提出了"文本间性"这一理论；又如布尔迪厄借鉴福柯的权力—话语学说提出了"艺术场"理论；等等。这些理论无疑帮助人们进一步深刻认识

---

① Terry Eagleton & Matthew Beaumont, *The Task of the Critic*: *Terry Eagleton in Dialogue*, London: Verso, 2009, p. 191.

② Walter Benjamin, *Work of Art in the age of Reproducibility*, in *Selected Writings*, Vol. 4, 1938 – 1940, MA: Harvard University Press, 2006, p. 256.

③ ［德］叔本华：《叔本华论说文集》，范进等译，商务印书馆 2000 年版，第 323 页。

④ ［英］雷蒙德·威廉斯：《漫长的革命》，倪伟译，上海人民出版社 2013 年版，第 44—45页。

了有关问题的实质。因此，应该说两类批评并行不悖，各有千秋，不存在孰优孰劣的问题。唯一值得注意的地方是，只要你愿意学习一定的理论术语，你在阅读采用精英笔法的"深入深出"型的批评文章时，会发现它们仍然具备相当的明晰性，你能够准确地把握文章的主旨。然而还有一些同样采用精英笔法的批评文章，术语艰深，表意混乱，读到最后惊觉毫无理论建设性，让人大跌眼镜，这便是接下来我们要讨论的一种批评，即"浅入深出"型批评。

四 克服学术异化

"每一个平庸无奇的作者都试图用一副面具来掩饰自己的自然风格"，叔本华在论述文学艺术时指出，他们"试图要读者相信他们的思想要比事实上深刻得多、丰富得多。他们的文体矫揉造作，遣词冗长累赘，对于必须表达的思想，总是拐弯抹角地说出来……他们的目的是把自己的作品装饰得仿佛十分博学深邃……所有这些努力都旨在掩盖可笑的小耗子出生的真相，或者说，掩饰经过如此巨大痛苦挣扎后才分娩出来的竟是这可怜的小东西"①。叔本华的这段话可谓是对"浅入深出"型批评的绝佳写照。在莫言获诺贝尔文学奖前后的这段时间，莫言研究大热，翻阅各类学术刊物，有不少批评文章都在某种程度上印证着叔本华的话。譬如，其中有一类颇具代表性，它们用复调、狂欢、解构、精神分析、异质哲学等理论去分析莫言的小说，行文极尽佶屈聱牙之能事，最后结论的落脚点却未超越这些理论概念本身。读者在艰难跋涉穿越了重重理论术语的屏障之后，不免感叹，原来这些文章只是在用莫言的小说去例证一些西方理论家的原创理论而已。改换成分析余华、阎连科、郭敬明或别的哪位作家的作品，这种例证同样百分百成立。不过，最要紧的问题还不在此，最要紧的问题在于，这种"例证"的工作，实际上那些原创理论家们早已完成。因此，我们不得不承认这样一种悲哀的事实，即这些看似博学多才的批评文章背后的作者实际上一无所思。

当劳动成为无意义的活动，按照马克思的观点，这是劳动者与其劳动行为本身的异化。"浅入深出"型批评正是批评写作中异化的产物。它一

---

① ［德］叔本华：《叔本华论说文集》，范进等译，商务印书馆2000年版，第319—320页。

方面故弄玄虚，身陷理论或理论术语的拜物教不能自拔；另一方面又毫无意义，是一种蒙蔽主义的写作方式。一旦意识到了批评写作的异化，就应该注意加以防范和克服。遏制"浅入深出"型批评的最有效途径就是转变笔法，写"浅入浅出"型的大众批评文章。客观诚实地直面自己在思想探索道路上的真实水平，才有真正进步的可能。

五　结语

本文从写作笔法的角度来定义"大众批评"这一概念，主要是受到了西方马克思主义理论批评家本雅明、雷蒙德·威廉斯、伊格尔顿、齐泽克等人的启发。本雅明和伊格尔顿都曾对批评家的任务做过概要性的思考，从本雅明存世的短章《批评家的任务》一文中可以看出他雄心勃勃，本打算写出一部论批评家的任务的长篇著作，可惜该计划因其英年早逝未能得以实施；伊格尔顿在其《瓦尔特·本雅明或走向革命批评》一书中明确提出，马克思主义批评家的首要任务，是积极投身并帮助指导大众的文化解放。① 要说明的是，虽然伊格尔顿的这一提法很容易让人联想到毛泽东的《在延安文艺座谈会上的讲话》中的内容，但二人的思想实际上相去甚远。按照伊格尔顿的思路，大众文化解放的真正实现意味着社会会产生更多的论辩，整个社会只会变得更复杂而不是更简单，② 能够避免类似于中国"文化大革命"这样的大规模的悲剧的发生。伊格尔顿对大众文化的重视无疑得益于其导师威廉斯的影响，威廉斯看到了大众文化所包含的民主力量因而大力推崇，伊格尔顿则从理论工作者的角度进一步指出，"文学理论是一种真正的民主活动，……任何人都可以参与进来"③。他在多种场合严肃声讨某些学院知识分子有意为之的一种故弄玄虚的蒙蔽主义的写作方式，大力倡导思想的民主。不仅如此，他本人身体力行，采用民粹笔法写出了大量深入浅出的批评著述。他也大为赞赏齐泽克的写作方式，认为齐泽克的作品文风幽默，深入浅出，能将理论与日常进行一种狂欢化的

---

① Terry Eagleton, *Walter Benjamin or Towards a Revolutionary Criticism*, London：Verso, 2009, p. 97.

② Terry Eagleton & Matthew Beaumont, *The Task of the Critic：Terry Eagleton in Dialogue*, London：Verso, 2009, p. 279.

③ Ibid., p. 194.

交织。

伊格尔顿所声讨的蒙蔽主义的写作方式，按照布尔迪厄或美国社会学家古尔德纳的观点可被解释为，文化精英们利用手中的文化资本对大众进行文化专制。古往今来，文化精英与大众的这种对立已经成了一种司空见惯并习以为常的现象。英国文学批评家约翰·凯里指出，"自命不凡的知识分子觉得，大众似乎不仅是堕落的、危险的，还是不完全有生命的。他们对大众有一种普遍的主观臆测，即大众缺少灵魂"。① 随着 20 世纪各项民主运动的展开，网络时代的来临，大众的言论自由程度也越来越高，这进一步加剧了精英知识分子对大众言论的恐慌。一方面，当然是出于知识分子对社会的责任感，对于大众的某些盲目的批评言论本能地感到愤怒与忧心忡忡；另一方面，他们时不时也会惊奇地发现大众似乎越来越不能与群氓画等号了，因而加剧了他们对自身文化精英地位的危机感。所以，总有一部分知识分子热衷于用精英笔法谈论一切大小问题，实施对大众的文化专制，维护自身的精英地位。这一举动显然有违现代社会的民主精神。

根据弗雷多·帕累托的精英流动理论，精英原本就来自大众群体，民主一些说，精英其实也是大众中的成员。推动"大众批评"的写作可以推动精英知识分子向大众回归，这可不是屈尊俯就，更不是假借回归之名以期驯化大众的思想，而是抛开身份的差异，共同探讨、相互辩论，话语权平等，共同推进思想民主的建设。笔者的这一论述可以在雷蒙德·威廉斯那里找到理论根基。威廉斯推崇"共同文化"（common culture），所谓共同文化意味着共同的责任、共同的参与和共同的掌握，是通过合力创造而被人们共同地享有的文化。② 大众批评正体现了"共同文化"的精神。

在笔者提出抛开身份转以写作笔法来定义"大众批评"的概念之前，写作"深入浅出"型批评文章的精英知识分子们可能更愿意将这些文章称作"大众化的批评"。根据《古今汉语词典》，"大众化"的"化"的意义为"动词词缀，表示变成某种性质或状态"③。也就是说精英所称的"大众化的批评"与大众所写的批评在性质上是一样的，表现状态上也一样，

---

① ［英］约翰·凯里：《知识分子与大众》，吴庆宏译，译林出版社 2008 年版，第 11 页。

② ［英］特里·伊格尔顿：《什么是共同文化》，马海良译，载《历史中的政治、哲学、爱欲》，中国社会科学出版社 1999 年版，第 140 页。

③ 杨自翔等主编：《古今汉语词典》，商务印书馆 2000 年版，第 601 页。

都是通俗明了的批评文章。鉴于上文多处提到的精英身份的流动性和可疑性，可见根据写作笔法来定义"大众批评"反倒是抓住了概念的关键和本质特征。对于大众批评这个课题，学界一直以来均未给予系统的理论探讨，笔者提出这个话题，也是希望能抛砖引玉，留作进一步讨论之用。

马克思主义文学批评视域中
自律与他律的辩证法

韩清玉*

摘要 文艺实践中自律与他律都是实然性的存在，如何实现二者的辩证统一成为现时代文艺工作者的重要课题。从马克思主义的经典理论形态，到西方马克思主义，再到当代中国马克思主义，纵观马克思主义文学批评的诸种形态，其所建构的文学批评范式兼具文学自身与社会历史的双重属性，体现为"美学的"和"历史的"、艺术性和革命性、审美精神与人文精神等理论特征，实现了文学的自律与他律关系的辩证法，体现了马克思主义文学批评的科学性。

关键词 审美；社会—历史；科学性；实践品格

习近平总书记在 2014 年 10 月 15 日召开的文艺工作座谈会上指出，文艺工作者要努力创作生产更多传播当代中国价值观念、体现中华文化精神、反映中国人审美追求，思想性、艺术性、观赏性有机统一的优秀作品。要做到这些，既要自觉坚守艺术理想，又要认真严肃地考虑作品的社会效果。在习近平看来，好的文艺作品应该是把社会效益放在首位，同时也应该是社会效益和经济效益相统一的作品。这其中，经济效益成为当代文艺生态的重要因素，所以习近平提出，文艺不能当市场的奴隶，不要沾

---

* 韩清玉（1981— ），男，山东梁山人，文学博士，现为安徽大学哲学系讲师，山东大学文艺美学研究中心博士后，主要从事马克思主义文艺理论、文艺美学等领域研究。本文为安徽省社科规划项目"艺术自律理论的演进逻辑及其反思"（项目号：AHSKQ2014D129）和安徽大学博士科研启动项目"从'美学的革命'到'革命的美学'——法兰克福学派艺术自律思想研究"（项目号：02303319）的阶段性成果。

满了铜臭气。因此，优秀的文艺作品，最好是既能在思想上、艺术上取得成功，又能在市场上受到欢迎。习近平总书记的这一期待，反映了马克思主义文艺批评的关键问题，即如何对待文艺活动中自律与他律的关系，换言之，文艺实践中自律与他律都是实然性的存在，如何实现二者的辩证统一就成为现时代文艺工作者的重要课题。

或许本文所讨论的话题前面应该加上"中国"的修饰语，这是因为我们所力图实现的马克思主义文学理论的中国化，在追求理论话语的体系性的同时，并没有形成具有实践效用的文艺批评范式。相形之下，西方现代文艺批评理论诸如精神分析、原型批评、女权主义、新历史主义等等，则在新时期文学批评中轮番上阵。与此同时，在中国语境下，马克思主义文学理论理应成为最具生命力的，也正是如此，我们对马克思主义文学批评的阐释力有了更多的期待。正如马汉广所指出的，"假如我们能够在现实中很好地运用马克思主义文论的基本原理，并结合当下中国的文艺实践，进行卓有成效的批评指导，那就是我们的马克思主义文论研究最大的成就"。① 自然，马克思主义文学批评的实践性，是建基于其理论建构的科学性。换言之，深度挖掘马克思主义在面对文学自身基本问题的理论言说，就会发现构成了自律与他律之间关系的辩证法，并且这一理论指向在马克思主义文学批评的若干形态中是一以贯之的。

一 "美学的"和"历史的"

马克思主义是关于社会发展的总体性学说，文艺思想只是这一理论体系的组成部分。或者说，马克思主义经典作家首先是社会学家、思想家，他们的文学建树只是他们建构社会革命学说的需要；也是基于此，我们通常把马克思主义文艺理论看作是社会历史批评的范式。但是，我们认为，在马克思、恩格斯那里，首先对文学自身的规律给予充分的关注，即使是在讨论文学的社会历史性，也是透过文学的形式表达发现社会状况的。从这一点可以说，马克思、恩格斯的文学理念和批评实践已经实现了文学自律与他律关系的辩证法，这一点可以从"美学的"和"历史的"批评标准

---

① 马汉广：《马克思主义文论与中国当代文艺批评实践》，《黑龙江社会科学》2013 年第 4 期。

加以分析。

　　"美学的"和"历史的"观点最早是恩格斯于 1847 年提出的，而在1859 年写给斐·拉萨尔的信中更为明确地提出这一思想："我是从美学观点和历史观点，以非常高的、即最高的标准来衡量您的作品的。"① 这是恩格斯评论完拉萨尔的剧本《济金根》之后作的总结。他的批评实践是如何践行这一标准的呢？首先恩格斯解释为什么这么久才回信给拉萨尔，"由于现在到处都缺乏美的文学，我难得读到这类作品"，这里恩格斯认为《济金根》在当时是值得花费时间大书特书的美的作品。接下来他从形式的角度赞叹情节的巧妙安排和从头到尾的戏剧性。在谈到韵律的时候，恩格斯关注到了剧本与舞台演出的效果问题，继而就提出了自己的文学理想："较大的思想深度和意识到的历史内容，同莎士比亚剧作的情节的生动性和丰富性的完美的融合。"② 结合剧本的内容，恩格斯对其表现形式进行批评："要更多地通过剧情本身的进程使这些动机生动地、积极地，所谓自然而然地表现出来。"③ 恩格斯在这里所阐明的，其实就是要以文学或审美的形式表达历史和现实。在历史内容的评论上，恩格斯从农民运动和宗教改革的宏大叙事中抓住了对人物的"有代表性的性格作出卓越的个性刻画"这一点。进一步地，恩格斯结合人物的历史角色与悲剧效果，提出了"历史的必然要求和这个要求的实际上不可能实现之间的悲剧性冲突"这一著名论断。

　　实际上，比恩格斯的这封信早一个月，马克思就拉萨尔的剧本《济金根》写了信。马克思的批评套路几乎与恩格斯一致，先从形式谈起。除却韵律，马克思更从具体生动的悲剧冲突来批评剧本的结构和情节。马克思指出拉萨尔最大的缺点是席勒式地把个人变成时代精神的单纯的传声筒，而应该追求更加莎士比亚化。马克思认为剧本在人物个性的描写方面缺乏特色，并就作品的细节给出了建设性的意见。

　　通过以上分析我们不难看出，马克思、恩格斯对剧本的评论是以"美学的"和"历史的"为一体的批评标准，把社会历史的内容融入文学的形式中。因此，我们反对在论述马克思、恩格斯的文学批评思想时把二者分开来讲。"以马克思主义的美学观点和历史观点评论文学，不仅能把握文

---

① 《恩格斯致斐·拉萨尔》，《马克思恩格斯选集》第 4 卷，人民出版社 1995 年版，第 561 页。
② 同上书，第 557—558 页。
③ 同上书，第 558 页。

学的审美特征而且能把握文学的社会本质；不仅能揭示文学的创作规律，而且能揭示文学的发展规律。"① 它的科学性由此彰显。

毛泽东文艺批评的理论资源是承袭马克思、恩格斯的文学批评思想的。毛泽东站在人民的立场来看待文艺问题，其文艺思想自然是具有浓厚的政治导向性的。就是说，毛泽东文艺思想是在中国革命场域中形成的，这一明确的历史指向决定了毛泽东的文艺思想必然是向政治的历史生成。这是否意味着对毛泽东的文艺思想只能存有政治性的读解呢？当然不是。一个最基本的事实在于毛泽东文艺思想的考察对象仍然是文艺活动本身。也就是说，毛泽东对文艺活动的论述是以尊重艺术规律为前提的。传统对之的解读往往是将其纳入他律论的单一框架中，现在我们要做的是发掘毛泽东文艺思想中是否具有超出自律/他律的理论潜质。这自然不是一种庸俗的调和方法，而是带有唯物辩证法意义的深层解读。这一解读最为直接的理论意义在于：在中国化的马克思主义语境下，找到一种辩证的思想资源，为当下文学理论形态建构提供强有力的理论参照。

毛泽东对文艺的政治属性定位是直言不讳的。他认为："在现在世界上，一切文化或文学艺术都是属于一定的阶级，属于一定的政治路线的。为艺术而艺术，超阶级的艺术，和政治并行或相互独立的艺术，实际上是不存在的。"② 承继马克思主义创始人的文艺思想，毛泽东认为无产阶级的文学艺术是无产阶级整个革命事业的一部分。关于艺术内容与形式的辩证法中，毛泽东坚持以内容的革命性为前提。诚如他所强调的，如果内容是反动的，越具有艺术性的作品就越应予以排斥。在《讲话》中，毛泽东提出了文艺批评的两个标准，并指出政治标准第一，艺术标准第二。长时期以来，人们把它绝对化为只强调政治，而否定艺术，这样有关阶级性、政治性的理论和观点在毛泽东文艺思想研究中占据了话语主导权。而我们更应该把它们理解为一个标准的两个方面，这并不是有意为之圆场和美化。在《讲话》中，毛泽东紧接着解释为政治和艺术的统一，内容和形式的统一，革命的政治内容与尽可能完美的艺术形式的统一。他认为缺乏艺术性的艺术品，无论政治上怎样进步也是没有力量的。"革命的政治内容和尽可能完美的艺术形式的统一"既是文艺批评的标准，也是用来指导文学创

① 唐正序等：《马克思主义文艺批评学》，四川人民出版社 1999 年版，第 164 页。
② 《毛泽东选集》第 3 卷，人民出版社 1991 年版，第 865 页。

作实践的准则。

马克思主义美学秉承"历史的"和"美学的"相结合的艺术批评标准，"美学的"正是对艺术审美形式所作的要求，艺术创作只有坚持艺术自律，才能符合"美学的"之评价标准。毛泽东的《在延安文艺座谈会上的讲话》也提出文艺工作者要创作群众喜闻乐见的艺术作品，这不能看作是对群众审美趣味的刻意投合，而是艺术自律的延伸指向。"喜闻乐见"是艺术在遵从自律的审美法则前提下凸显其艺术性后的必然效应。此时的艺术才是成功的艺术，因为成就艺术的不仅仅是创作者，还包括接受者。这就是说，以人民为主体的毛泽东文艺思想不是以牺牲审美性、娱乐性为代价。

文学是人学，文艺为人服务，是文艺最大的自律，接下来就是文学为哪些人服务的问题了。毛泽东对文艺服务对象的规定性判断是文艺历史属性的表现；而对艺术规律的尊重则显现出了其思想的可贵之处。这是一个基本的美学难题，也是最具张力的理论命题。这一理论显现方式为当下文学理论建构指明了方向，即在彰显一个理论视角的同时不能忽视另一个视角。

二 艺术性与革命性

西方马克思主义文学批评流派对艺术自律与他律的关系各抒己见，莫衷一是。这其中，法兰克福学派特别是其中的重要成员阿多诺和马尔库塞对这一问题的观点是深有意味的。他们秉持艺术自律观念，但这一观念又不是 19 世纪唯美主义所倡导的"为艺术而艺术"，而是把艺术自律作为实现社会批判的重要力量。正是在批判理论的背景下，阿多诺和马尔库塞的艺术自律思想在具体的自由追求指向上更为明晰，甚至即使在如此具体的美学命题上都显现出革命性或政治美学的特征。因此，虽然标榜"艺术自律"，阿多诺和马尔库塞力图践行的却是艺术自律与他律之间的辩证关系。

艺术自律性与人的自由问题的探讨在康德美学中已趋向深入，后世美学大致是沿着康德的思路前进的，即以主体的自由感为纽带。如果说艺术自律性能够承载人之自由的话，那么在具体的实现上体现在两个方面：一是艺术与现实的关系；二是艺术形式。作为法兰克福学派艺术自律思想的两大核心问题，"艺术与现实"指涉的仍是艺术自律性命题的外部关系；

而艺术形式则是艺术自律性本身的自我关联，甚至可以说，艺术形式与艺术自律性本就是一个问题，在多个层面上两者都可以实现话语转换，这一转换的根本意义在于赋予形式以革命性力量，更好地实现社会批判和承载人之自由追求的社会性价值。虽然"艺术与现实"问题是艺术与外部的关系，但是它并不外在于艺术，用阿多诺的话来说，艺术与社会的聚合是实质性的，仍是艺术本身的问题，也是艺术自律思想要解决的问题。

在批判理论家那里，艺术认识现实的方式不应该是照相式的或者透视的描写，"而是通过其自律的构造（法则）来表现的，这些构造被现实的以经验为依据的形式隐藏着"。① 相对于苏联马克思主义美学的现实反映论，阿多诺和马尔库塞在"艺术与现实"问题上更为复杂。首先，艺术是与现实对立的，是对现实的否定。艺术对现实的否定性在阿多诺那里是否定辩证法的具体展现，也是建立在整个批判理论对社会的否定性认识的基础之上的，可以说，批判理论的内在逻辑构成了艺术否定现实的合法性所在。正是因为现实是不合理的，所以艺术只能是对过去的追忆抑或对未来的梦幻，"在世界历史上，它是一种对灾难的想象性补偿，是一种在必然性魔力下不曾实现的、或许根本不可能实现的自由"。②

但是，否定性也只是艺术与现实关系的一个方面，艺术还有对现实肯定的一面。马尔库塞认为，艺术必须是现实的，必须是生活的组成部分；而作为生活的一部分的艺术，本身就是对现存生活的刻意否定，——否定他的全部不合理的内容。从这一思维逻辑出发，在艺术中出现了两重现实：即那种人们对它抱以"否定"的现实（历史现实），和人们向它表示"肯定"的现实（艺术现实）。这两个"现实"之间是对立的关系，后者是对前者的否定与超越。否定与超越是同时进行的，"破"和"立"结合在一起。只有分辨出两个现实的不同意义，才能准确地理解马尔库塞的这句话："艺术作品在谴责现实的同时，再现着现实。"③ 句中的第一个"现实"是不合理的既存现实；第二个现实则是艺术所力图构建的理想世界。马尔库塞意义上的"再现现实"，被阿多诺看作是艺术所具有的约定性

---

① Theodor W. Adorno, *Notes to Literature* (*Volume* I). New York: Columbia University Press, 1991, p. 227.

② Theodor W. Adorno, *Aesthetic Theory*. London and Boston: Routledge & Kegan Paul, 1984, p. 196.

③ ［美］赫伯特·马尔库塞：《审美之维》，广西师范大学出版社 2001 年版，第 196 页。

（promissory）。而艺术构建理想世界，也是对马克思在《1844 年经济学哲学手稿》中"人也按照美的规律来构造"的积极呼应。

结合"社会批判"这一价值指向，细察法兰克福学派的形式概念，就会发现其带有的革命性色彩。这一点阿多诺讲得非常明确："虽然艺术中的形式特征不应该从直接的政治条件角度来解释，但它们的本质含义就包括政治方面。所有真正的现代艺术都追求形式的解放。……艺术虽然对政治不感兴趣，但会（从另一种意义上）参与到政治中去。当然，在当前社会结构已经完全一体化的语境下，形式本身是一种具有破坏性的抗议。"① 这就是说，形式承担了艺术自律性的价值诉求，成为社会批判的武器。形式被阿多诺规定为改变经验存在（empirical being）的法则，这经验存在就是艺术所要否定的现实，而形式则表征着艺术所要肯定的自由。马尔库塞也认为，作为艺术自律性本身的内在构成，审美形式使艺术与"给定的东西"区别开来，这"给定的东西"正是阿多诺意义上的"经验存在"，因此，是形式产生了美学的"异在效应"，这也就意味着，艺术的批判实践是通过形式进行的。阿多诺在这一问题上是与艺术否定现实的观点结合在一起的。就其一般意义上来讲，压抑性的社会现实是作为艺术的内容（或质料）出现的，虽然艺术是一种形式化的展示，但这并不意味着是对现实的清除，艺术形式包含经验存在物的本质要素。在这里，我们不难发现阿多诺与马尔库塞的细微差别：马尔库塞一直在强调内容如何被淹没在形式中；阿多诺却要努力表明这样一种理论倾向：作为内容之积淀的形式并非只求其本身的独立自足，内容应该在其中得以艺术化地展现。"当形式成功地恢复了积淀在其中的内容的生命力之后，才能判断其在审美意义上完成。"② 即使这样，阿多诺意义上的艺术还是形式，因为艺术作品对于现实内容的表达不是直接的，而是采取迂回间接的方式，并且越是以自我组织的形式来表达，其否定性力量则愈为强大。

可见，阿多诺和马尔库塞的艺术自律思想既出乎艺术之外，又是入乎艺术之中的。所谓"出乎艺术之外"是指他们从压抑的社会现实所导致的人的不自由出发，用艺术自律性印证着人的自由；"入乎艺术之中"则是

---

① Theodor W. Adorno, *Aesthetic Theory*, London and Boston: Routledge & Kegan Paul, 1984, pp. 361 – 362.

② Ibid. , p. 202.

指他们把艺术自律性与艺术形式紧密地联结在一起，艺术自律性与艺术形式凝结成为一个问题，在阐扬形式专制、内容与形式的辩证统一中，艺术自律得以完满实现，艺术在形式铺就的光明大道中抵达"自由王国"。可以说，艺术在自律性问题上的纠结在阿多诺和马尔库塞美学中表现得尤为突出：一方面，他们认为实现社会批判的他律性目的必须内化于形式专制的艺术自律性中方能更好地实现；另一方面，他们又把艺术与社会之间的关系看作是艺术自律性的异质契机（heterogeneous moment），这一异质性因素在否定艺术自律性的同时也成就了艺术的自律性。所有这些，都充分表明了艺术自律性作为一个美学命题的复杂性。

即使阿多诺和马尔库塞在这一问题上是清醒的，也并不意味着艺术自律性问题上的纠葛在此已经得到了解决。以艺术的自律性为途径实现艺术之外的目的，当把艺术自律作为工具时，在某种意义上就是对艺术自律性的抹杀。这种纠葛是艺术自律思想的理论困境，在其现实性上，阿多诺也发现了另一种困境："如果艺术放弃自律性，它就会委身于已有的秩序；但如果艺术想要固守在其自律的范围之内，它同样会被同化，在其被指定的位置上碌碌无为。"[1] 可见，阿多诺对艺术处境的这种困惑与我们所谈论的悖论不是在同一个层面上的，或者说，在他们那里，理论层面的自律性的悖论已经不是问题，因为在他们眼里艺术的社会性是一种内在质素，艺术自律性所承载的社会价值也就是艺术分内的担当了。阿多诺意义上的困境是，艺术到底是在何种意义上与社会发生关联，是屈从还是反抗？在这里阿多诺向我们传递的却是艺术在现实面前的一种无力感。到这里，我们不得不面对艺术自律性命题在价值论意义上的有效性问题，就是说，阿多诺和马尔库塞所力图搭建的审美自由乌托邦能否实现？阿多诺明言："如果艺术的乌托邦真的成为现实，那么艺术将会终结。"[2] 在这里，阿多诺预设了一种悖论：审美乌托邦的建构是以追求自由为出发点的，然而如若这一乌托邦果真能够实现，艺术也就走向了灭亡。而在马尔库塞那里，这已经不能构成悖论，因为艺术为人类搭建的自由乌托邦根本不可能实现。

---

[1] Theodor W. Adorno. *Aesthetic Theory*, London, Boston: Routledge & Kegan Paul, 1984, p. 337.

[2] Ibid., p. 47.

三 审美精神与人文精神

长期以来，在"物质决定意识"这一理论前提下，文学的反映论在对文学本质的追问中占据主导地位，对社会现实的客观反映成为文学价值的唯一诉求，其工具论色彩相当明显。这一对文学审美特性的漠视显然不符合文学自身的规律，也不利于文学的健康发展。正是在这一理论语境中，钱中文于1984年提出了文学"审美意识形态"论，认为审美的本性才是文学的根本特性。而后童庆炳发文支持这一观点，并把文学定义为"显现在话语蕴藉中的审美意识形态"，世纪之交他又提出"审美意识形态应该作为文艺学的第一原理"。王元骧对文学审美意识形态论的实践论意义进行挖掘，并把人学观点与意识形态观点结合起来，认为"人学本体论"与"文学本体论"的恰合是审美意识形态论走向完善的一项重要工作。

审美意识形态论把文学的审美性看作其根本特性，突出文学艺术的独立性，对于长期以来的文学反映论来说，起到了纠偏的作用，具有一定的理论意义和价值，产生了很大影响，被称为中国的"审美学派"。对"文学是审美意识形态"究竟作何理解？审美意识形态论者不否认文学具有意识形态性质，但是就文学的存在形态而言，与哲学的抽象形态断然有别，其独特性正在于审美特性，文学的意识形态性是审美特性的一般表现。正如钱中文所说："上世纪80年代提出'文学审美意识形态'的逻辑起点不是意识形态，而是'审美意识'。"[①] 早在20世纪90年代初，朱立元就已经从方法论的高度提出："研究艺术、认识艺术的最主要之点是要注意艺术本身的特殊矛盾，即构成艺术区别于其他事物的特殊本质。这正是马克思主义文艺学的重要任务。"[②] 可以说，"文学审美意识形态"论者抓住了文学的审美特质这一特殊本质。当然这一创造性的提法也受到了不少诟病，单就文学的自律与他律的关系而言，有学者指出，如果说"审美特性的凸显"是审美意识形态论的特色，在这一"去政治化"、"去意识形态化"的理论阐述中，"没有看到对文学与政治关系和文学与意识形态关系的应有的和必要的理论表述，没有看到怎样通过审美来改善、优化和加强

① 钱中文：《对文学不是意识形态的"考论"的考论》，《文艺研究》2007年第2期。
② 朱立元：《历史与美学之谜的求解》，学林出版社1992年版，第324页。

意识形态和文艺的意识形态性的理论阐释"。①

事实是否如此呢？首先，意识形态是一个抽象的概念，文学对意识形态的作用是以文学的形式予以实现的；其次，前述"文学审美意识形态"的持有者并非绝对的审美主义者。早在 1995 年，钱中文即已提出重建新理性精神。他如此解释新理性精神：重新理解与阐释人的生存与文学艺术意义、价值的立足点，新的人文精神的立足点。② 同时钱中文也指出，这一精神极端重视审美，但不是所谓的"纯粹的审美"。也就是说，在审美与人文之间，他试图实现一种辩证：文学以审美的形式承载新理性精神的价值诉求。同样，童庆炳文学研究中也非常关切人文价值的维度，这一倾向愈在晚近的著述中表现得愈为明显。在对当下文艺理论困境的反思中，他敏锐地提出这样一个话题：文学研究如何深入历史语境？他指出："如果文学研究都能进入历史语境，在具体的历史语境中揭示作家和作品的产生、文学现象的出现、文学问题的提出以及文学思潮的更替，那么文学研究就会取得'真实'的效果，在求真的基础上，才能进一步求善求美。"③特别是在临终前发表的一篇论文中，童庆炳更是结合习近平总书记的讲话精神，从文学的时代性高度讨论文艺家的历史责任，他认为："我们在研究各种学问之外，之所以还需要文学，是因为文学与学问各有各的功能，文学的历史理性应当与人文关怀保持张力。"④

当然，对文学的审美性如何强调都不过分，只是文学研究应该是开放性的，多层面的。审美意识形态论的发展和完善，必须由文学审美的单一向度走向文学研究的多向度。根基于"文艺本体论"的文学研究，也应该（事实上已经做到了）把"人学"纳入其理论视野。这是因为"'人学本体论'不仅为'文艺本体论'提供了理论依据，而且还可以通过两者的对话而走向有机的统一，并使我们评论文艺作品有了坚实的客观真理性的标准。"⑤

---

① 陆贵山：《文艺理论与文艺批评》，作家出版社 2010 年版，第 389 页。

② 钱中文：《新理性精神文学论》，华中师范大学出版社 2000 年版，第 3 页。

③ 童庆炳：《文学研究如何深入历史语境——对当下文艺理论困局的反思》，《探索与争鸣》2012 年第 10 期。

④ 童庆炳：《中国特色社会主义文艺思想的时代性——兼谈中国当代文艺家的历史责任》，《北京师范大学学报》（社会科学版）2015 年第 2 期。

⑤ 王元骧：《对"审美意识形态论"的再反思》，《西南大学学报》（社会科学版）2009 年第 5 期。

　　总之，从马克思主义的经典理论形态，到西方马克思主义，再到当代中国马克思主义，纵观马克思主义文学批评的诸种形态，其所建构的文学批评范式兼具文学自身与社会历史的双重属性，实现了文学的自律与他律关系的辩证法，体现了马克思主义文学批评的科学性。当然，马克思主义文学批评理论也是开放的，更是具有实践品格。如何将文学自律与他律的辩证法运用于批评实践，仍是摆在我们面前的重要课题。

价值观视域下文艺批评失范的
症候及其治理

蔡 勇*

摘要 当前中国文艺批评存在担当不足、媚俗炒作、肤浅苍白、单薄偏执等失范现象，折射出某些文艺批评者在价值判断和选择上的困惑和迷失。因此，需要采取恰当措施进行治理矫正，教育引导文艺批评者树立正确价值观，推动文艺批评健康发展。

关键词 文艺批评；失范；治理；价值观

新世纪新阶段，中国文化体制改革不断推进，文艺批评界主流价值积极健康向上，广大文艺批评工作者辛勤耕耘，求真弘善扬美，为社会主义文化大发展大繁荣作出积极贡献。然而，由于多种原因，文艺批评领域也出现了价值理想动摇，职业道德失范的乱象。相关部门应当采取恰当手段予以治理矫正，文艺批评工作者需要自觉树立和践行正确价值观，共同推动社会主义文艺批评事业和谐发展。

* 蔡勇，华中科技大学马克思主义学院博士研究生，湖北美术学院马列课部讲师，主要从事马克思主义文艺理论研究。本文系 2015 年度湖北省教育厅人文社会科学研究一般项目"艺术批评职业道德失范的价值观归因及其治理策略研究"（批准号 15Y124）；湖北省教育科学"十二五"规划 2013 年度立项课题"论艺术伦理教育在思想政治理论课中的有机渗透"（批准号 2013B138）；2014 年度湖北美术学院大学生思想政治教育科研项目"价值观视域下的艺术类大学生职业道德培养"（批准号 201411）的阶段性成果。

一　当前文艺批评失范的症候描述

当下中国，经济体制深刻变革，社会结构深刻变动，利益格局深刻调整，思想观念深刻变化，包括文艺批评失范在内的文化乱象也随之裹挟而至，"担当不足"、"媚俗炒作"、"浮浅苍白"、"单薄偏执"等是文艺批评失范的典型症候。

1. 文艺批评的担当不足

文艺批评指批评家在欣赏的基础上，运用一定的价值立场对艺术现象所作的分析和评价，要害是评判精神。褒扬肯定的欣赏和评价是文艺批评的一种类型和基本要素。但是"就根本性质而言，批评其实更多的是面对残缺与问题的不满和质疑、拒绝和否定。真正意义上的批判意味着尖锐的话语冲突，意味着激烈的思想交锋"。[①] 文艺批评肩负着为文艺事业保驾护航、匡正祛邪的重任，必然要求批评者有责任担当，面对假恶丑，敢于"亮剑""棒喝"。然而，放眼望去，不得不承认，这是一个呼唤中国之莱辛的时代，如易英喟叹："从整体上看，近年来的美术批评在活跃程度上远不及20世纪80年代后期。……应该像造就大艺术家那样造就出大批评家，……，但这个目标似乎还非常遥远。"[②] 像《美术》那样，以"中国当代艺术审美理想和西方现代主义、后现代主义"为题，自2001年起，持续7年，发表近80篇论文讨论文艺批评的盛况，实属难得。这也是一个文艺批判精神萎缩的时代，"推销员太多，质检员太少；说空话的太多，说实话的太少；说鬼话的太多，说人话的太少；垂青眼的太多，示白眼的太少"。[③] 难怪王西麟先生质问"没有反思意识只有歌颂意识就不对了，知识分子的责任感跑哪儿去了?"[④] 时下，某些假借文艺之名实则玷污文艺的文化垃圾之所以大行其道，鲜遇阻力，抛开政府部门监管不力因素，恐怕与文艺批评缺少批判锋芒，变成银样镴枪头，集体"哑火"、"失语"有相当关联。

2. 文艺批评的媚俗炒作

文艺批评贵在独立和公正。然而，有些文艺批评者在"权"、"钱"面

---

① 李建军：《批评家的精神气质与责任伦理》，《文艺研究》2005年第9期。

② 易英：《偏锋》，湖南美术出版社2005年版，第56页。

③ 李建军：《批评家的精神气质与责任伦理》，《文艺研究》2005年第9期。

④ 王西麟：《他们的批判精神丧失了》，《北京青年报》2008年8月17日。

前缴械投降，"吃人家的嘴软，拿人家的手短"，面对某些要员、富人并不出色甚至拙劣的作品，动辄冠以"巨著"、"力作"之类评价，廉价好话随便送，无原则吹捧。还有的批判家颇像张天翼笔下的华威先生，忙碌奔走于形形色色的会议，乐此不疲地做人情批评家、风头批评家、鉴定批评家，评委批评家，上镜批评家、红包批评家。如果报酬可观，他们甚至愿意失却文艺的虔敬之心，昧于批评的真诚之心，充当商业炒作的"吹鼓手"或"唢呐王"。朱其感慨："现在批评家已经不愿意再免费给艺术家写文章了……批评家和艺术家之间真正的交心和灵魂交流的时代再也不会有了。……现状就是艺术的生产化、交易的资本化、展示和评论的营销化，艺术水准的平均化、艺术精神的虚无化。"① 更为可怕的是，有些文章评论美其名曰"文艺批评"，实则是明星奇闻轶事、影视创作花絮，作品软性广告之类的宣传炒作，从根本上背离了文艺批评的学理性、思想性，纯属文艺批评的"假冒伪劣"。

3. 文艺批评的浮浅苍白

文艺批评绝非易事，批评家须有理论、实践、阅历、经验等多种积淀，还要有灵气、锐气、勇气的助力，才能挖掘深度，拓展广度，达至高度，写就富于生命活力的批评文字，这是"板凳坐得十年冷"的辛苦活和寂寞事。近年来，一股急功近利之风在文艺批评界扩散蔓延。有些批评者不甘寂寞，热衷于"走捷径"、"探门道"，"宁要无知的起哄与人为的速成明星，不要伟大的经典，不要艺术与学术的深刻性、严肃性与创造性，更不要说艺术创作上的艰苦卓绝与不应逃避的付出代价"②。独立思考、潜心钻研的工作者少了，忙于"拉关系"、"造圈子"的"批评活动家"、"明星批评家"多了。有些批评者既不熟悉文艺理论，也疏于文艺创作和实务训练，急于上阵出名，这样的文艺批评难免隔靴搔痒，不得要领。有些以"学院派"自命的批评家习惯于西方"新名词"爆炸，"新概念"堆积，立志让读者不懂，读之味同嚼蜡。有的批评家聚焦瞄准那些名家进行"研究"，为了加强批评的"针对性"，勉强穿插进去一些作家作品的名字，以一种"六经注我"式的批评，制造出一张张"普洛克路斯忒斯之床"。还有些文艺批评者心态浮躁，喜欢"阳台观景"式的生活体验，

---

① 朱其：《艺术资本在中国》，《中国美术》2007 年第 11 期。
② 王蒙：《呼唤经典》，《人民日报》2010 年 6 月 8 日。

"发掘内宇宙"式的创作方法，突击创作，懒得打磨，一蹴而就，以急就章的"半成品"，甚至"伪劣产品"应市。① 更有个别知名批评家建立起规模庞大的工作室，很少自己动笔，雇用一堆助手和"枪手"，以满足订单需求，自己只管签字和收钱，欺世盗名。如此氛围和机制下催生的文艺批评，其质地分量可想而知。

4. 文艺批评的单薄偏执

文艺批评应该生动活泼，富有张力。依据真善美等不同切入点，文艺批评大体可以分为"印象—欣赏式"、"社会—道德式"、"文本—规则式"、"冥思—顿悟式"四种模式，真正的文艺批评应该是四类批评模式的有机统一。② 综观文艺批评史，追求真善美的统一是文艺批评的价值理想和最高境界，古今中外，概莫能外。只是在不同时代、不同地域、不同文化中，文艺批评的侧重和偏向有所区别。比如，从思想传统看，西方更多地强调"以真统美"，东方更多地注重"以善制美"，在中国这样一个泛伦理国家，非艺术家阶层常常把文艺当成辅助性存在，从道德教化角度确定褒贬，这有现实合理性，但也有偏执之处。改革开放前的文化专制主义强加畸形政治功能与虚假道德内涵于艺术，政治教化功能宰制压倒一切，给中国文艺包括文艺批评带来深重灾难。因此，对极"左"艺术思想的批判和警惕是合理和正当的。新时期，我们需要做的是协调文艺批评诸功能关系，恢复文艺批评作为一个体现创造性和多样性思维活体的丰富存在，攻其一点不及其余就是单薄偏执。令人遗憾的是，当下文艺批评似乎在以另一种形式重走单薄偏执之路，比如，现代中国文学"去政治化"过程中，出现新偏向，新遮蔽。③ 有些文艺批评者一见到"政治"、"道德"便避之不及，标榜所谓的"审美至上"、"艺术独立"、"为艺术而艺术"，追求"零度创作"，远离主流价值、"宏大叙事"去搞所谓的"纯自我表现"、"个人叙事"；有的批评家坦言其作品不再负有"载道"、"言志"的责任，把人类艺术真善美的大方向和科学的马克思主义思想体系一并怀疑和抛弃，犯了"把小孩和脏水一起泼掉"的简单偏执的形而上学错误。

---

① 张昌尔：《文艺职业道德建设简明读本》，湖北人民出版社 2004 年版，第 52 页。
② 胡家祥：《心灵哲学与文艺美学》，中国社会科学出版社 2007 年版，第 217—221 页。
③ 朱德发：《现代中国文学研究"去政治化"管窥》，《山东师范大学学报》2014 年第 4 期。

二 失范现象的价值观归因

以上种种失范乱象，似乎只是某些文艺批评者的工作态度和职业道德问题，折射出来的却是他（她）们在价值判断和选择上的困惑和迷失。人是能够自我反思，追求和创造价值，满足自身需要的社会存在。所谓价值观，是指人们在认识事物价值的基础上，形成的关于事物价值的总的看法和根本观点。人是价值观念的主体，又是价值观念的形塑物，作为深层文化—心理结构的价值观一经确立，便会构成人们一定的价值倾向，进而指引人们的实践活动。文艺批评从本质上讲，是有关主体依据一定价值标准，评价艺术作品是否具有价值以及具有何种价值的社会实践活动。可以说，文艺批判者秉持怎样的价值观就会有怎样的或彰显或潜隐其价值观的文艺批评。因此，剖析当前文艺批评失范，应该且必须从解读文艺批评者的价值观入手。归结起来，正是价值观偏差的三个向度——"从价值迷惘到价值错位，从价值'中立'到价值虚无，从价值消解到价值扭曲"造成了文艺批评的诸多失范。

1. 从价值迷惘到价值错位

所谓价值，是指"客体的存在、属性及其变化同主体的尺度是否相一致或相接近"。①简言之，价值是客体满足主体需要的一种主体性关系。作为现实生活中的文艺批评家，他（她）们的需要是多维的，多维的价值需要之间存在着矛盾和冲突。全球化时代的开放中国，各种文化思潮相互激荡，解构主义、非理性主义、存在主义等渗透到文学、音乐、绘画、建筑等艺术领域，对中国艺术产生很大冲击。应该看到，这些思潮在反对普遍主义、强权主义，追求个体自由发展，注重文化的主体性以及多元价值的共生，给艺术引入新的理论范式等方面有其积极意义。但是，这些思潮作为西方文化精神危机的表现形式，有其不可克服的局限性，特别是虚无、悲观、颓废的特质，给个人和社会的价值观带来负面影响。让人揪心的是，有些文艺批评工作者鉴别能力不足，囫囵吞枣，奉为圭臬，任由自己的价值园地成为西方思潮的"试验田"和"跑马场"。

从社会变革看，一方面，社会从单质向多质或异质化转型，人们有了

---

① 李德顺：《价值论》，中国人民大学出版社 2013 年版，第 27 页。

价值选择的自由空间，批评家价值选择的独立性、差异性显著增强。另一方面，新旧中西诸价值观的破立流变，矛盾冲突，也让批评家感到前所未有的价值迷惘。譬如，拜金主义、消费主义与真善美价值理想斗争激烈。在名利诱惑面前，是坚持艺术精品意识，还是突击创作，"短平快"多赚钱？到底是赶场混脸熟"出名要趁早"还是静心创作"慢工出细活"？面对中国人的"哈欠"、"傻笑"、"痴呆"系列在国外备受追捧，名利双收，批评家迷惘了，是该坚持自己的审美标准还是改弦更张？到底是追随西方后现代主义艺术思潮，亦步亦趋还是坚守中国传统审美理想？不幸的是，有些文艺批评工作者未能坚守，随波逐流，选择错位。

2. 从价值"中立"到价值虚无

任何艺术作品作为批评对象，总是价值附身，而且审美价值、社会—道德价值、认识价值总是相互缠，文艺批评从本质上讲就是价值评价。然而，由于受唯美主义、反理性主义思潮的影响，有些文艺批评家认同所谓的价值"中立"理论，他（她）们尽管勉强承认文艺批评有价值评价的要素，但是更加服膺庸俗存在观，不歌颂真善美，也不鞭挞假恶丑，将文艺批评降格为所谓的不阐述、不分析，不预设价值立场的"白描"。有些文艺批评把表现人的"动物本能"作为开掘人性深度的最后和唯一的终极目标；有人对畸形的艺术活动进行总结和引导，认为后现代性的伟大使命，就是要培植快感，让身体从各种各样的依附中解脱出来。正是秉持这样的价值"中立"观，这些文艺批评家才会有前面提及的"对假恶丑不作为"，简单的不作为，追问下去就是不想为，不能为。这种庸俗存在观，据说典出黑格尔的一句名言，实则是误读，黑格尔倒是说过："人类绝对的和崇高的使命，就在于他知道什么是善和什么是恶，他的使命便是他的鉴别善恶的能力。总之，人类对于道德要负责的。"[①] 在文艺批评问题上，所谓价值"中立"路子是注定走不通的，诺贝尔奖获得者缪尔达尔指出："努力逃避价值观念是错误的，并且注定是徒劳的和破坏性的，价值观念和我们在一起，即使把它打入地下，它们仍然指导我们的工作。"[②] 帕克说："艺术家和艺术爱好者，如果不能够显示普及的善，他们就是夸耀自

---

① ［德］黑格尔：《历史哲学》，上海世纪出版集团 2001 年版，第 224 页。
② ［瑞典］缪尔达尔：《亚洲的戏剧——对一些国家贫困问题的研究》，谭力文等译，北京经济学院出版社 1992 年版，第 13 页。

己的天才，夸耀自己的愉快也是徒劳无功的。"① 无数事实告诉我们，所谓的"价值中立"和"艺术独立"最易沉沦为自我迷恋、无病呻吟、无聊颓废，最终滑入价值虚无的泥潭，匍匐在赤裸裸的金钱拜物和生理快感脚下，难以自拔。

3. 从价值消解到价值扭曲

西方后现代艺术思潮特征之一即"解构"、"平面化"、"去深度"。"深度模式"即承认事物现象背后存在着本质和意义的思维模式。后现代主义认为，所谓本质是认识不了的，所谓价值意义不过是人们的主观构建和文本阐释，不存在客观普遍本质和普遍价值，倡导要从本质走向现象，从普遍真理走向"互文"的个体体验。② 德里达干脆说，"放弃一切深度，外表就是一切"。③ 对传统价值观的崇拜及信任受到重创，传统真善美的意义深度在后现代解构哲学艺术中被消解了。后现代解构哲学对人性深度也进行了解构，导致人文精神的放逐，转而生发对物欲的追求。道德虚无主义则夸大道德的相对性，否认善恶之间的界限，认为人类行为无所谓正当与错误，怎样都行。道德不过是寻求自我利益的借口，任何证明或批评道德判断的可能性都不存在，强调道德判断是每个人自己的事情。曾公开申明"一切艺术都是不道德"的王尔德写道："艺术是道德所无法约束的，因为艺术着眼于美丽的事物。"④ 尼采认为："艺术是对道德约束和道德广角镜的摆脱，或者是对它们的嘲讽。"⑤ 甚至干脆宣布自己是一个非道德论者，其极端逻辑是"道德乃是对生命意志的背叛，只要我们信仰道德，我们就是在谴责生命"。⑥ 价值消解造就"什么都可以"，"怎么都行"的相对主义艺术价值观，艺术批评既有的价值标准被普遍怀疑、否定，逐渐失却对艺术活动的影响力与约束力，不可避免地陷入价值扭曲的泥泞，而价值扭曲"把坚贞变成背叛，把爱变成恨，把恨变成爱，把德行变成恶行，把恶行变成德行，把奴隶变成主人，把主人变成奴隶，把愚蠢变成明智，

---

① ［美］H. 帕克：《美学原理》，广西师范大学出版社 2001 年版，第 270 页。

② 王治河：《后现代哲学思潮研究》，北京大学出版社 2006 年版，第 142 页。

③ 杨寿堪、王成兵：《实用主义在中国》，首都师范大学出版社 2002 年版，第 189 页。

④ ［英］奥斯卡·王尔德：《王尔德全集》第四卷，中国文学出版社 2000 年版，第 446 页。

⑤ ［德］弗里德里希·尼采：《悲剧的诞生》，周国平译，生活·读书·新知三联书店 1986 年版，第 366 页。

⑥ ［德］弗里德里希·尼采：《权力意志：重新评估一切》，张念东、凌素心译，商务印书馆 1991 年版，第 295 页。

把明智变成愚蠢"。① 事实上，个别文艺批评工作者的价值观已经扭曲和畸变，出现了"荣耻、美丑、善恶、是非"颠倒错乱的情况。某些庸俗、恐怖、暴戾，挑战人性、道德、法律的行为艺术，在一些所谓批评家的聒噪下，纷纷以"时尚艺术"、"前卫艺术"或"后现代艺术"之名，沉渣泛起，岂不悲哉。

三 价值观教育引导的治理策略

价值观的教育引导问题是一个系统工程，具体到文艺批评工作者这一特定群体，涉及面也非常广泛和复杂。在理论教育上，价值观教育工作需要辩证处理几对关系；在实践引导上，需要抓好重点人群，完善制度。

1. 教育原则

（1）多样性与主导性的辩证关系。当前中国多样价值观念将长期共生并存，并且以不同方式对社会不同群体发生作用。这种价值观多样性有其存在的合理性，而且这种价值观差异性也是艺术丰富多彩、永葆生机活力的源泉。然而，任何一个国家和社会，终究需要建构相应的核心价值观。葛兰西曾将意识形态等主导价值比作水泥，"保持整个社会集团的意识形态的统一中，意识形态起了团结统一的水泥作用"。② 阿尔都塞说，任何一个国家"如果不在掌握政权同时对意识形态国家机器并在这套机器中行使领导权的话，那么它的政权就不会持久"。③ 当前，举国上下都在培育和践行社会主义核心价值观，没有一元价值观对多样价值观的导向与整合，就会导致社会价值观无序和紊乱，文艺界当然不能成为"免疫地"和"盲区"。令人振奋的是，2012年3月2日，中国文联九届二次全委会审议通过了以"爱国、为民、崇德、尚艺"为内容的"文艺界核心价值观"和《中国文艺工作者职业道德公约》。④ 爱国，是文艺工作者的精神气节；为民，是文艺工作者的价值取向；崇德，是文艺工作者的基本操守；尚艺，是文艺工作者的职业追求。《中国文艺工作者职业道德公约》是广大文艺

---

① 《马克思恩格斯全集》第42卷，人民出版社1982年版，第155页。
② ［希］尼科斯·波朗查斯：《政治权力与社会阶级》，叶林等译，中国社会科学出版社1982年版，第218页。
③ 陈越：《哲学与政治——阿尔都塞读本》，吉林人民出版社2003年版，第338页。
④ 《文艺家有了自己的职业道德公约》，《光明日报》2012年3月3日。

工作者践行文艺界核心价值观的行为规范，其内容是"坚持爱国为民、弘扬先进文化、追求德艺双馨、倡导宽容和谐、模范遵纪守法"。艺术领域处理一元化与多样化、主导性和多样性的关系，要防止理论上和实践中的偏差，既要防止"去意识形态化"，又要防止"唯意识形态化"，更不能"泛意识形态化"；既不能用多样化冲击指导思想一元化，也不能借口一元化来"纯洁艺术"。要把主导和多样统一于社会主义文化建设的生动实践中，主导并不是强求一律，多样不等于听之任之、放弃导向。要在包容多样中立主导，在尊重差异中谋共识，在交流交融中一以贯之，形成既"百花齐放、百家争鸣"又朝着共同目标前进的生动局面。

（2）宽容和批判的辩证关系。文艺批评是难度极高的光荣事业，一个真正伟大的批评家，既要有"我不下地狱谁下地狱"的精神和气概，又要有"春风化雨，润物无声"的高超技巧，谈何容易，我们不可对批评家求全责备，要求文艺批评一开始就政治正确，老道洗练，尽善尽美，文艺批评特别需要有宽松自由的环境，鼓励创新，容许失败。但是，宽容并不意味着摒弃原则，放纵错误，以此为"民主"、"开明"，甘当"好好先生"，"太平绅士"。艺术本身具有娱乐功能，丰富多彩的娱乐是中国社会告别文化贫瘠、开放进步的一个标志。但是，娱乐不等于文化的全部，不能将娱乐就变成了"愚乐"，漠视艺术不可或缺的教化与审美职能。我们坚决反对打着后现代主义旗号，为了迎合某种狭窄的大众文化趣味，进行所谓的"戏说"、"歪说"、"大话"，肆意解构，将理想主义、爱国主义、集体主义、英雄主义、奉献精神变成戏谑、调侃、嘲讽和撕裂的对象，在文艺批评中宣扬历史虚无主义、价值虚无主义。社会转型和变革时期，往往是价值观、意识形态斗争博弈的时候，在文艺批评领域，正确的价值观不去传播占领，错误的价值观就必然孳生蔓延。虽然错误价值观在目前中国文艺批评领域并不占据主导地位，但其表现出极大的吞噬与同化效应，漠视对文艺批评的批评，就是伤害文艺批评；忽略对各种错误价值观的抵制和批判，构筑文艺批评精神高地就会变成空话，推动社会主义文化大发展大繁荣就会失去支撑，对文艺批评和文艺批评工作者既要有关心呵护的胸怀，又要敢于拿起"批评武器"，关键在于把握"度"。

（3）广泛性要求与先进性要求的辩证关系。在市场经济条件下，文艺批评家凭借自己的劳动，获取合理的报酬是正常的，写文章，作评论为"稻粱谋"天经地义，优劳优酬无可厚非，这是一般的广泛性要求。但文艺批评又有其特殊性，其创作和生产必须强调和突出其社会效益，以高尚的精神塑造人，以正确的舆论引导人，指明先进文化前进方向，这是特殊的先进性要求，我们反对的是，某些批评家放弃价值操守，把功利（金钱）价值放在价值标准谱系的最高处，唯利是图，罔顾社会价值。正如赵勇所言"在当今中国这样一个价值观念紊乱、失去价值判断又热衷于价值中立的时代，我们也就更需要现代性的知识分子来承担起'立法者'的重任，更需要记住知识分子的批判使命，肩负起知识分子的道义责任"。① 价值观说到底是思想认识问题，解决价值观问题具有长期性、复杂性和艰巨性。除非是重大政治立场问题，一般价值观认识偏差问题，宜采取因人而异、对症下药的办法，循序渐进，耐心细致做好思想转化工作，坚信假恶丑也许猖獗一时抑或热闹一时，但终归"媚久生厌"，从一个比较长的时段里考察，真善美终究战胜假恶丑，因此，允许艺术工作者认识有过程，思想有反复，不能简单粗暴，更不能搞什么"强迫命令"、"立竿见影"和"解决思想问题不过夜"等一套极"左"的做法。

2. 引导路径

（1）抓好重点人群的引领和感召。加强艺术职业道德建设，培育和践行文艺界核心价值观，需要有榜样的引领和感召。高层次艺术领军人物、专业艺术工作者是社会主义文化建设的中坚力量，艺术院校青年学子是社会主义艺术事业的生力军，这三类人群的表现甚为要紧。要引导广大艺术工作者特别是名家名人自觉践行文艺界核心价值观，增强社会责任感，弘扬本真精神和职业道德，发扬严谨笃学、潜心钻研、淡泊名利、自尊自律的风尚，努力追求德艺双馨，坚决抵制创作不端、情趣低俗等不良风气。从 2004 年起，为弘扬德艺双馨精神，加强文艺队伍建设，中央宣传部、人事部、中国文联共同主办"全国中青年德艺双馨文艺工作者"评选活动，迄今为止，已举办三届，授予近一百位艺术大师、大家荣誉称号，取得巨大社会反响，激励广大文艺工作者为繁荣发展社会主义文艺事业贡献智慧和力量。美中不足的是，入选的文艺批评工作者人数太少，希望后面的评选有所倾斜，营造一种"当文艺批评家光荣"的社会氛围。

（2）完善文艺批评的评价体系和激励机制。坚持把遵循社会主义先进

---

① 赵勇：《批判精神的沉沦——中国当代文化批评病因之我见》，《文艺研究》2005 年第 11 期。

文化前进方向、人民群众满意作为评价文艺批评的最高标准，把群众评价、专家评价和市场检验统一起来，形成科学的评价标准。要建立公开、公平、公正的文艺批评表彰机制，精简评奖种类，改进评奖办法，提高权威性和公信度，褒优贬劣，激浊扬清。加大对优秀文艺批评的推广力度，运用主流媒体、公共文化场所等资源，在资金、频道、版面等方面为弘扬主流价值的批评力作提供良好条件。设立专项艺术基金，支持青年批评家成长，推介传播优秀批评作品。加大知识产权保护力度，依法惩处侵权行为，维护著作权人合法权益。总之，只有把握轻重缓急，区分对象，循序渐进，引导鼓励文艺批评工作者在遵守基本行为准则的基础上，不断追求更高层次的道德目标；在追求正当经济价值的同时，更多考量道德、社会价值，拾级而上，培养和造就一支庞大的德艺双馨的文艺批评家队伍，助力社会主义文化大发展大繁荣。

当前我国开展马克思主义
文艺批评的指导意义

刘晓飞 *

摘要 文艺批评帮助人们对文艺作品进行正确的鉴赏和接受，以辩证唯物主义和历史唯物主义作为科学的世界观和方法论，真实而深刻地把握着文艺现象。马克思主义文艺批评是不断丰富和发展的，它坚持"历史的和美学的观点"，把它作为文艺批评的最高标准，这既符合文艺的社会意识形态本性，又充分尊重和深刻反映了文艺的特性或特殊规律。面对当前我国的文艺现象，必须有针对性地进行文艺批评，对需要解决的文艺思想问题进行科学分析。

关键词 马克思主义 文艺批评 指导意义

马克思主义文艺批评理论传入中国几十年来，在曲折中不断追寻着自身独特的历史价值和意义，是中国现当代文艺演进和文艺批评发展的历史选择，是文艺批评的根本出发点。它以其鲜明的批判立场和突出的批评实绩，主导着中国新文艺的发展方向，推动着我国文艺活动的发展。一定的文艺的繁荣和发展，总是在思想的和艺术的时代性冲突、历史性斗争中实现的。毛泽东同志说："文艺界的主要的斗争方法之一，是文艺批评。文艺批评应该发展。"（《在延安文艺座谈会上的讲话》）

改革开放以来，随着社会经济的发展，我国文艺事业也发生了深刻的变化，涌现出一系列新的文艺现象。在这一历史进程中，坚持理论体

---

* 刘晓飞，女，汉族，山东淄博人，现在西北民族大学马克思主义学院任教，研究方向为思想政治教育理论与方法研究。

系建构的开放性，与时俱进，建立富于时代特色的批评体系，成为马克思主义文艺批评强大生命力的根源所在。文艺批评这一有秩序的进程既是一个不断提高和丰富的发展过程，也是一个由浅入深的发展过程，评价一部作品，首先要对作品做到较为全面的认识，分析文艺作品中所具有的各种思想和品格，尽量在真实性、思想性、艺术性、时代感的统一中评价作品。

一　紧抓文艺批评的特性

1．加强真实性

恩格斯提出在文学作品中要创造"典型环境中的典型人物"，在文艺作品在细节真实的前提下，反映生活的本质真实。这既是对文学创作的要求，也是文艺批评衡量的重要尺度。

2．深化思想性

马克思主义经典作家认为作品的思想"倾向应当从场面和情节中自然而然地流露出来，而不应当特别把它指点出来"。因为这种特别"指点出来"的倾向往往是作者没有进入艺术境界的表现，如果这两者能够"同莎士比亚剧作的情节的生动性和丰富性"达到"完美融合"，那么作品的思想力量才能有所附丽，从而拥有坚实的基础。

3．突出艺术性

马克思、恩格斯的文艺批评强调"莎士比亚剧作的情节的生动性和丰富性"、"莎士比亚化"、"个性化"等重要的美学命题。艺术性不仅是形式的问题，同时也是内容和形式的完美统一。

4．融入时代感

时代作为历史的范畴，文艺作品只有准确把握住特定历史时期矛盾斗争的特殊性，正确地描绘出特定阶级条件下特定环境的特定面貌，才能具有高度的真实性，也才能富于时代新鲜感。时代感往往与历史结合在一起，不少作品就是把过去和现在、历史和现实交叉起来写的，血肉丰满，内容厚实，有较强的纵深感。

文学批评就其本质来说，是一门"揭示文学艺术作品的美和缺点的科学"，"批评总是根据文学所提出的事实而发挥的，文学作品是批评结论必要的材料"。批评家要在热爱文学、了解作家的基础上,通过对作品的鉴赏,充分地感受艺术形象,以及作品的思想性和艺术性,从而以独到的眼力和卓著的水平,发现和总结作品的精华与特色。

二 文艺批评的原则

1. 文艺批评必须从现实生活出发

马克思、恩格斯认为,文艺批评应该以客观的现实生活为依据,文艺作品是现实和历史生活的反映。文艺作品不能从作家主观意图出发,也不能从批评家的主观意志出发,要从历史或现实出发。如果批评离开了客观的实际生活,文艺作品就将是无法正确地认识和评价的。因此对文艺作品的分析、评价是以对现实生活的认识和理解为基础、前提和依据的。

2. 文艺批评必须坚持客观、公正的态度

文艺批评的态度是和批评者的思想立场、批评方法联系在一起的。我们从马克思、恩格斯当时对许多作家艺术家的评论、批判中可以看出,都是在公正态度的原则基础上分别予以对待的。实事求是的,而不是凭空捏造的,是探求真理的,而不是主观随意的。

3. 文艺批评要提出针对性的意见

马克思认为对待论战的对手,只能靠真理去战胜它。别林斯基曾经说过,文艺批评不是对作家、作品进行讨伐的檄文,更不是外科医生的手术刀。鲁迅也说过,对待文艺批评不能采取抢起板斧乱加砍杀的办法。文艺批评是观念形态的东西,必须以充分说理的态度来对待。

4. 开展批评与自我批评

批评和自我批评是解决人民内部矛盾、促使革命的文学艺术发展的动力。能否正确地对待和坚持批评和自我批评,是与能否树立马克思主义世界观密切关联的,毛泽东说:" 我们有批评和自我批评这个马克思列宁主义的武器。我们能够去掉不良作风,保持优良作风。"马克思主义是人类最先进的学说,马克思主义文艺批评是我们文艺界必须运用的最锐利的武器。我们要学习和运用好马克思主义文艺批评学习马克思主义文艺批评对于前人的文艺批评的批判、继承和革新。

三 当前我国文艺批评面临的挑战

为生活写真，为人民立言，是文艺批评的核心价值所在，文艺要为人民服务，这是由马克思主义的美学观、历史观所决定的。文艺作品既要反映人民精神生活，又要引领人民精神世界的。文艺批评要入情入理地进行总体分析，从哲学思维层面进行批判。

电视剧艺术以其覆盖面广、影响力大、渗透性强，创造了进入亿万寻常百姓家的空前广阔的影像新世界，改变着当代中国人的生活方式和审美思维方式，在整个国家的文化建设和美学建构中发挥着其他艺术形式难以企及和替代的重要作用。当下我国影视艺术一味追求票房和收视率，一些影视作品缺思想、缺智慧、缺精神的现象普遍存在。现在电视综艺娱乐节目是失衡的，炒作相亲、婆媳争斗、小两口吵架，电视剧产量过大、题材重复，伴随着"眼球为王"、票房或收视率至上的影视创作旨趣，影视批评中出现了"批评商业化"的问题，缺失了高瞻远瞩的人文忧患和旗帜鲜明的价值立场。

一部优秀文艺作品的最佳社会效益和经济效益的产生，即其价值的最终理想实现，不仅有赖于作品自身的思想精深、艺术精湛，而且有赖于作品面世后批评家们辩证的哲理思辨及其指导下的科学的文艺批评。影视批评必须上升到哲学高度，清醒地认识到"存在的"并非都是"合理的"。只有坚持美学评析与历史评析的和谐辩证统一，影视批评才能对作品作出实事求是、入木三分的科学评价，才能超越作品实现感性认识基础上的理性升华，也才能帮助观众提高审美修养。

文化化人，艺术养心，重在引领，贵在自觉。文艺批评是激发文艺作品的引领作用、深化人民群众的文化自觉意识的最适宜的媒介。上升到哲学思维高度的文艺批评，不是跟在社会时尚潮流的后面做诠释性的工作，而是自觉站在社会思潮的前端，引领思想，揭示文艺作品独特的文化品格和美学个性，探寻文艺创作和鉴赏思潮的历史走向，积极价值都在于提高人的素质、提升人的精神境界。在影视作品中，不要轻易解构传统，改编应在忠实于原著的前提下，把握人物的精神气质和意蕴，忠实于影视艺术所特有的审美规律。要用新鲜的时代思维成果加固有生命力的价值观、加固优秀传统文化之根，以一颗敬畏之心看待历史，看待优秀传统文化。

文艺批评的科学性，集中体现在准确地给予不同思想品位、不同美学格调的文艺作品，体现中华民族倡导的价值和伦理道德，满足人民群众多层次多样化的精神需求，由科学的文艺批评把经受住了历史和人民检验的、精选出的"有思想的艺术"与"有艺术的思想"完美和谐统一的优秀文艺作品推上去，以引领整个民族的精神航程。

追求健康的美感与卓越的思想启迪的和谐统一，是文艺批评美学的历史标准的最高境界。艺术不仅可以激发人的创造性思维，而且可以培养善良的人性、美好的情感。一切艺术的灵魂，最后都是思想深化为受众的精神美感。文艺批评与文艺作品应该携手营造一种看不见、摸不着的文化氛围，使每个人都能深入其间，感受到心灵的洗涤、灵魂的升华。这种氛围体现着一个社会、一个时代的文明水准，这种氛围涵养着一个国家、一个民族的文化软实力，能够将精神藏富于民，成为抵御各种风险向前行进的不竭动力和智慧源泉。

参考文献

［1］姚晓雷：《论新世纪文学理想表现的枯竭》，《探索与争鸣》2011 年第 2 期。

［2］杨铿：《马克思恩格斯列宁斯大林论文艺批评》，文化艺术出版社 1983 年版。

［3］黎秀娥：《马克思主义文艺批评的当下意义》，《科学·经济·社会》2011 年第 4 期。

［4］张炯：《马克思主义文艺理论及其面临的挑战》，《徐州师范大学学报》2010 年第 3 期。

［5］王佑江：《文艺批评理论的卓越建树》，《黄冈师范学院学报》2000 年第 1 期。

［6］冯健男：《马克思主义文艺批评要点浅识》，《河北师范大学学报》1983 年第 2 期。

［7］陆贵山：《马克思主义文艺批评的理论与实践》，《江苏行政学院学报》2010 年第 1 期。

国际形式：被忽视的
马克思主义文艺批评话语

徐明君*

摘要 在马克思主义中国化与新启蒙思潮的背景下，民族形式是延安时期马克思主义文艺批评的一种典型话语，其实践基础是新秧歌剧以及新秦腔、新平剧等具有民间特征的艺术形式。延安时期的马克思主义文艺批评话语也具有国际化特征。活报剧等农村剧团的艺术形式不仅印证了"生活是文艺源泉"的观点，还以"真人真事"的表演形式与左联的报告文学形式有着内在联系。作为来源于国际的艺术形式，"真人真事"是一种翻身农民话语，延续了左联精神，具有西方马克思主义的内在特征。

关键词 马克思主义文艺批评；民族形式；国际形式

20 世纪文学理论在"语言学转向"的总体背景下经历了"形式转向"与"话语转向"两个阶段，前者以俄国形式主义、英美新批评、结构主义、符号学为代表，而后者则是文化研究新思潮。在语言学层面，形式与话语有着密切联系，我们不仅要对文本进行话语分析，还要关注"制度"、"行为"、"冲突"、"社会运动"、"日常生活"等诸多非话语的层面。马克思主义是一种国际化的政治思想潮流，其文艺批评话语也有着这种背景的影响。抗战时期，由于"反左倾"的政治取向，民族形式无疑是中国化马克思主义文艺理论的一种主流批评话语，国际化反而不为重视。本文以活报剧来阐释国际形式作为中国马克思主义文艺批评话语的实践与内涵。

---

* 徐明君，辽宁省社会科学院哲学研究所副所长、副研究员，文学博士，北京语言大学博士后。本文为中国博士后科学基金第 57 批面上资助项目（2015M570981）阶段性成果。

一 民族形式：中国化的马克思主义文艺批评话语

在日军全面侵华的背景下，中国共产党的政策中增加了民族主义意识，这在一定程度上有助于纠正"左"倾错误。大革命失败后的左翼文艺和苏区文艺虽然以纠正五四新文化为目标，但二者都是眼光向外，只不过一个朝向欧美，一个朝向苏俄。毛泽东的《新民主主义的政治与新民主主义的文化》一文明确以"中国化"来纠正"五四"的西化倾向。五四新文化运动是启蒙运动，陈伯达、艾思奇、柳湜、张申府、何干之、胡绳等左翼知识分子发起的新启蒙运动是五四新文化运动的继承和发展。这些新启蒙运动的倡导者在思想上的共同点之一就是普遍重视民族文化。他们对民族历史文化的重新定位和认识，构成了抗战时期知识分子文化自觉的重要内涵，也推动了文化界对"中国化"问题的探讨。

由于国民党利用传统文化建立统治阶级话语，中国共产党并没有完全否定五四文化。20世纪30年代"全盘西化论"和"本位文化论"的争论在中国思想文化界引起了很大反响。对于这两种文化主张，新启蒙运动的发起者认为这两种文化论调都有偏颇之处。新启蒙运动所要创造的新文化，既非毁弃中国传统文化，也非完全接受外来西洋文化，而是要创造一种新文化。共产党确立鲁迅先生为文化旗手，这与当时蒋介石倡导的否定新文化、尊孔复古的文化思潮针锋相对，从而赢得了接受过五四新思想洗礼的知识界、学术界绝大多数人的赞同和拥护，更高地举起新民主主义文化旗帜。到1940年前后，"新启蒙"的概念完全被"新民主主义"这一更具阐释力的概念所取代。

汇合到延安的共产党人大都尝过"左"倾错误的苦果，并将其归咎于意识形态领域对马克思主义理论的教条化理解。因此，他们在建立新的革命根据地后及时在理论上重新解释了"马克思主义中国化"的意义——"马克思主义必须通过民族形式才能实现"[①]。这一范式从"中国化"出发，其后结伴而行的"民族形式"、"中国气派"、"大众化"、"新文化"等符号，均成为中共意识形态建构的文化象征形式，建立并支撑着"五四"论述与意识形态建构之间的互动关系。毛泽东原则性地提出"民族形式"，原本意图改

---

① 《中共中央文件选集》第11册，中共中央党校出版社1991年版，第658页。

变中共意识形态中存在的马克思主义教条化弊端，但这个提法很快就在延安内外产生了巨大反响并引起争论，尤其在文艺理论界。

针对国民党专制的"抗建文艺"，国统区的左翼文艺通过提倡传统文化来争取民主。1940年以后，国民党政府加紧了法西斯统治，人民失去了公开针砭时弊的自由，历史剧成为左翼作家不得已的文化选择。纪念伟大爱国诗人屈原，无疑带有号召国民奋起抗战、反对投降、鼓舞士气的效应。1941年，郭沫若新编历史剧《屈原》上演。利用历史剧《屈原》的感召力，共产党接通了与传统文化的联系，在争取文化合法性方面又一次取得了胜利。① 同时，对屈原的研究也成为学术界的热点话题。如闻一多先生积多年研究经验，提出对屈原与国家、人民的关系的新认识。郭沫若在重庆《大公报》上发表《关于屈原》一文，把屈原当作中国诗人的代表，认为他的死是以身殉国，是为国家而死。闻一多先生的"以身殉国"与屈原的影响是分不开的。

延安文艺界更关注的是"民族形式"创造与建立"中国作风和中国气派"的关联。柯仲平认为："每一个民族，都有自己的气派。这是由那民族的特殊经济、地理、人种、文化传统造成的"，"最浓厚的中国气派，正被保留、发展在中国多数的老百姓中"。② 在实践中，柯仲平是通过民众戏剧来体现民族形式的。在法国、俄国民众戏剧的影响下，中国的民众戏剧运动曾在上海等地轰轰烈烈地开展起来。延安民众剧团的前身是1938年5月成立的陕甘宁边区民众娱乐改进会，创建的目的主要是利用和改进传统的民间艺术，创造与民族抗战相适应的艺术形式。由于陕甘宁边区民众娱乐改进会成立后开展的民歌征集和戏曲演出活动获得了解放区民众的广泛认同，因此，柯仲平决定吸收已经在延安为普通民众进行演出的"乡土剧团"和"群众业余剧团"的成员，将陕甘宁边区民众娱乐改进会进行改组后成立以戏剧创作和演出为主的文艺社团。1938年7月，改组完成后的民众剧团在延安公演了由马健翎和张季纯编剧的《一条路》和《回关东》两部"号召民众奋起抗日"的现代秦腔戏，轰动了延安。后来梅兰芳先生获知伟大领袖毛主席说过"秦腔是对革命有功的戏"后率领剧团来到西安，

---

① 刘忱：《文艺策略与文化进步——抗战时期中国共产党文艺策略的文化解读》，《中共中央党校学报》2005年第4期。

② 柯仲平：《谈"中国气派"》，《新中华报》1939年2月7日第4版。

决心学习民众剧团，让京剧也能很好地表现现代生活。在理论上，民众剧团用自己的实际行动，批驳了延安一些人认为戏曲不能宣传革命内容，戏曲无艺术价值的观点和做法。柯仲平在延安文艺座谈会上的发言受到表扬，毛泽东《在延安文艺座谈会上的讲话》中关于普及与提高的内容，主要得之于民众剧团的实践经验。

中国共产党的文艺观有一定的传承性。陈伯达认为，五四启蒙运动第一个伟大的功绩，是"敢于公开地向数千年来神圣不可侵犯的孔教，进行自觉的挑战"；第二个功绩是"对于白话文的提倡"，五四之所以能给旧社会以极大的震动，能成为文化上的群众运动，就是因为它"用新的思想形式表现出来"[①]。美籍汉学家洪长泰在考察1918年至1937年中国民间文学运动的兴起时，指出当时"民间文学家们认为，儒家思想在中国已经变成一种生存方式，在它的控制下，没有哪一类真正的民间文学体裁能够得到充分发展。所有的文学样式都必须服从儒教社会的道德教化需要，判断文学价值的唯一标准是至圣先贤的古训遗教。这一整套旧观念就是众所周知的'载道说'，与民间文学家们提倡的天籁自由、顺乎性情的文学主张背道而驰。它的实质是'五四'知识分子强烈反对的'礼教'和这种礼教对上层文学想象力的扼制"[②]。延安文艺对"文学"的全部认识要上溯到苏区时期，但苏区时期的文学只有改编的"红色歌谣"和不成熟的"红色戏剧"。可见，中国共产党的这种文艺认识自觉地延续了五四民间文艺传统。

在抗日战争初期，左翼文艺界提出了"国防文学"和"民族革命战争的大众文学"的口号而不提"民族主义文学"的口号，而在延安文艺界，当民族话语成为主流话语时，仍然不提或者很少提及"民族主义文学"而是将焦点放在"民族形式"的讨论上，因为"民族主义文学"突出了"民族"与"国家"的关联，旨在使"民族主义"的话题成为维护统治阶级意识形态的工具，而"民族形式"则突出"民族"概念与"人民大众"的关联，强调马克思主义与中国革命实践的结合。延安文艺界关于"民族形式"的讨论摆脱教条主义的危害，从民族文化自身来思考一些重要的文艺理论问题，形成一些有价值的成果。《文心雕龙》第四十五篇《时序》

---

① 陈伯达：《论五四新文化运动》，《认识月刊》创刊号，1937年6月15日，第71、77页。

② ［美］洪长泰：《到民间去——1918～1937年的中国知识分子与民间文学运动》，董晓萍译，上海文艺出版社1993年版，第281—282页。

从历代文学创作的发展变化情况，来探讨文学与社会现实的密切关系。延安大众文艺与汉赋、唐诗、宋词、元曲、明清小说具有同等地位，是一个时代的典型文艺形式，而"民族形式"无疑是延安大众文艺形成的话语基础。

美国文艺理论家詹姆逊以黑格尔和马克思的辩证法和历史观为指导，运用弗莱的文化观点和法国的结构主义，写出了《马克思主义与形式》（1971）一书。该著作将形式的构成和文学的内在逻辑结合起来，赋予形式以具体的内容——一个时代的范式，一个时代的文化精神——逻辑。英国学者伊格尔顿还指出："形式通常至少是一种因素的复杂统一体：它部分地由一种'相对独立的'文学形式的历史所形成；它是某种占统治地位的意识形态结构的结晶……马克思主义批评所要分析的正是这些因素之间的辩证统一关系。因而，在选取一种形式时，作家发现他的选择已经在意识形态上受到限制。他可以融合和改变文学传统中于他有用的形式，但是，这些形式本身以及他对它们的改造具有意识形态方面意义的。一个作家发现身边的语言和技巧已经浸透一定的意识形态感知方式，即一些既定的解释现实的方式。"① 延安文艺的"民族形式"选择自然也反映了中国共产党人的美学观。

二　国际形式：被忽视的马克思主义文艺批评话语

出于纠正五四新文化的偏颇，40 年代的新启蒙主义，30 年代的"文艺大众化"运动都强调了民族民间文化的重要性，这也是构建马克思主义文艺批评话语的思想背景。瞿秋白是在左联的大本营——上海和中央苏区都工作过的文艺战线领导人。他认为大众非常喜爱"旧式体裁的故事小说，歌曲小调，歌剧和对话剧等"，左翼文学要有意识地利用这些旧体裁，但"应当做到两点：第一，是依照着旧式体裁而加以改革；第二，运用旧式体裁的各种成分，而创造出新的形式"②。瞿秋白的这个论点很接近于20 世纪 40 年代的"民族化"讨论。尤为可贵的是，瞿秋白不同于一般的

---

① ［英］伊格尔顿：《马克思主义与文学批评》，见陆梅林选编《西方马克思主义美学文选》，漓江出版社 1988 年版，第 686 页。

② 瞿秋白：《普洛大众文艺的现实问题》，《文学》第 1 卷第 1 期，1932 年 4 月 25 日。

权宜"利用"旧形式去作宣传的革命文学家，他在《大众文艺的问题》一文中提出建立与革命一道成长，与群众一道进步的"革命的大众文艺"。这与鲁迅先生所认为的"连环画"也能产生莎士比亚的观点非常相近，后在《讲话》中有所体现。

对各类艺术形式的采用，左联的眼界较为开阔，具有新时期的世界视野。左翼作家阳翰笙提出大众化的形式有移动剧团、木人戏、歌谣曲调、插画小说等，这里不仅有旧形式，还有新形式。冯雪峰进一步将民间旧形式和国际新形式结合起来，认为一方面可以利用大众文艺的旧形式，如小调，唱本，连环图画，说书等，一方面可以采用国际普洛革命文学的新的大众形式，如报告文学，墙头小说，大众朗诵诗等，还可以创造壁报文学。夏衍提出还应该采用从西欧和日本引进的新型文学形式，如"连环图画的鼓动小说，移动剧场，木人戏，十六厘米的电影，绘画，Poster，Handbill，漫画"等。[1] 在诗歌领域，田间等人提倡的街头诗是受了苏联马雅可夫斯基等革命诗人在苏联内战时期将短小的诗作展示在街头橱窗做法的影响。

这些艺术形式不仅冲破了"文艺"的定义，还对马克思主义文艺批评话语有着深远影响。1931 年 11 月，左联执委会通过了《中国无产阶级革命文学的新任务》决议，其对艺术形式的一些表述是从形式大众化的角度加以考虑的：作品的体裁也以简单明了，容易为工农大众所接受为原则。现在我们必须研究并且批判地采用中国本有的大众文学，西欧的报告文学，宣传艺术，墙头小说，大众朗诵诗等等体裁。[2] 这在"本体论"角度提高了一些艺术形式的地位。瞿秋白把所谓的"工农兵通信运动，战时的报告文学"等等这些通常不被包括在具有想象力的"文学"领域中的作品，纳入大众的文艺运动中并使得它成为表达"大众意识"的工具的努力，不仅是一种新的"大众文艺运动"的表达，并且同时也由此阐发了一个新的"大众文艺"的定义。[3] 而报告文学作为左翼文艺的重要形式自然得到了高度重视。

报告文学文体吸附的意识形态因素与中国左翼作家联盟的性质及其政

---

① 沈端先（夏衍）：《文学运动的几个重要问题》，《中国新文学大系》，第 292 页。

② 《中国无产阶级革命文学的新任务》，《文学导报》第 1 卷第 8 期，1931 年 11 月 15 日。

③ 齐晓红：《当文学遇到大众——1930 年代文艺大众化运动管窥》，《文学评论》2012 年第 1 期。

治文化策略，在很大程度上实现了契合。童庆炳先生受伊格尔顿的启发，认为：“艺术家们选择什么样形式，如何运用某种形式，都不是与思想意识无关的小事。形式的选择与运用往往反映了时代的、阶级的意识形态，也充分地体现了艺术家个人的感知现实生活的方式和对生活的认识的深度和广度。”“形式中有意识形态的投影。”①报告文学并不是一种纯文学的体裁，左联也不是一个纯文学性质的组织。左联这样的政治亚文化群体必然会导引着报告文学等一些有着某种反主流传统，又有一定现实秩序颠覆功能的文类。报告文学与左联的结缘，是特殊的文学样式与无产阶级文学特殊需求之间所达成的一种“双向选择”。吴福辉认为“正式由外国传入‘报告文学’这个名称（从英语 Reportage 译出），并有意识地提倡这种文体，是和三十年代的‘左联’分不开的”。②作为战斗的体裁，报告文学自然成为左翼文学优选的一种“利器”，而报告文学也正是在革命文学的助推中异军突起的。

在延安，曾流行戏剧中的报告文学——活报剧。抗战初期，毛泽东的《论持久战》刚发表，戏剧家立即编演了活报剧《三阶段》。当时解放区广为演出的《参加八路军》活报剧，积极借鉴民族戏曲、歌舞、诗歌的文艺特点，因而又被称为歌舞音乐活报。《穷人乐》是晋察冀解放区阜平县高街村剧团于 1944 年秋天创作的一部“真实地反映了高街村群众从苦难到翻身过程”的戏剧。由于《穷人乐》的内容是“农民生活中发生的真人真事”，并由“翻身群众自己组织的农村剧团”集体创作的，因而受到了农民的广泛欢迎。于是，中共中央晋察冀分局于 1944 年 12 月作出决定，将《穷人乐》作为“执行毛主席所指示的文艺为工农兵服务的新成就”而在晋察冀解放区全面推广。实际上，《穷人乐》活报剧的典型，并因为和社会生活的密切联系、体现了《讲话》精神而成为一个重要话语事件。

在“穷人乐”为代表的群众文艺运动背后，有一个重要的支撑点，那便是“真人真事”创作。报告文学都可以说是延安“真人真事”创作的先声，只不过延安时期的“真人真事”主要歌颂边区的英雄模范人物，30年代的“报告文学”则主要暴露社会的黑暗，但两者看待“真人真事”的创作视野是一致的。相对于“虚构文学”，经过艺术加工的“真人真事”

---

① 童庆炳：《文体与文体的创造》，云南人民出版社 1992 年版，第 292 页。
② 钱理群、吴福辉等：《中国现代文学三十年》，上海文艺出版社 1987 年版，第 388 页。

往往比单纯"虚构"的文学更有力量。可见，"真人真事"的优点在于"真实"的感召性和"及时"的引导性。从实际创作的情形看，报告文学的优势也主要在两个方面：一是基于"真实"形成的震撼性，有"类新闻"的效果。二是能够"及时"反映社会问题，引起读者共鸣。报告文学能把艺术直接与政治任务结合起来，由"农民自己演自己的事"、"歌颂着自己的翻身"的活报剧演出也能在以农民主体的观众中普及革命道理和激发斗争热情。

英雄模范人物在边区产生的初衷，在某种程度上，就是利用"真人真事"对一般大众产生的感召作用。周扬在谈"真人真事"创作时说："我们写的真人真事大半是群众中的英雄模范人物和英雄模范事迹，他们本身就是新社会中的典型，就带有教育的意义"。[①]边区英雄模范人物往往伴随着各种群众运动产生，活报剧通过宣传英雄模范人物，及时地起到了向大众传递社会最新动向的作用。通过"真人真事"将作家、工农兵和文艺联系起来，这是30年代左翼文学没有触碰的问题，它可以说是延安"真人真事"创作的特点。有学者认为："真人真事"创作是创造"典型"的必要途径——这实际已经指出了"真事真事"的理论渊源——左翼文艺运动中"社会主义现实主义"理论的发展和具体应用。[②]塑造"典型环境中的典型人物"是马克思主义文艺理论的特点，"真人真事"可以说进行了这方面的创新。

"穷人乐"成功的经验，是让群众真正成为"文艺运动"的主角，他们不再是被动的接受者，而一跃成为文艺的创造者（创）和执行者（演）。工农兵通信员运动的开展和报告文学的写作，是左联实施"文艺大众化"策略的具体举措。"工农兵通信"运动作为中国普罗文学学习国际普罗文学的经验的一部分，是左联执行委员会于1931年发布的《无产阶级革命文学的新任务》中提出的，茅盾还认为瞿秋白的"文艺大众化"思想是受到苏联的"工农兵通信"运动的影响。实际上，在"真人真事"的活报剧演出中，报告文学和工农兵通信员运动有机地结合起来。如果我们仔细考察"穷人乐"演出成功后的边区群众文艺运动，"真人演真事"的

---

① 周扬：《谈文艺问题》，见《周扬文集》第1卷，人民文学出版社1984年版，第502页。
② 张真：《从真人真事提高到典型——学习革命的现实主义和革命的浪漫主义相结合的札记》，《中国戏剧》1958年第24期。

事迹屡见不鲜，如1944年12月9日，阜平县著名劳动英雄胡顺义亲自登台演出话剧《胡顺义》；1945年，定唐县游击区东下素村自编自演了《血债》等。这些还只是有记录的"真人演真事"，如果考虑到"穷人乐"方向树立后蓬勃发展的乡村戏剧，这种做法存在的数量会更大。

　　"真人演真事"作为"穷人乐"方向的重要内容被推广，最初的根本原因是乡村剧团演员缺乏，很多时候"演员扮演别人，总是演不像"，而戏剧表现的对象又是观众熟悉的"真人真事"，因此对演员的要求比虚构作品其实更高。这种条件下，"真人演真事"就成为解决演员问题的重要手段。在抗日战争的历史阶段里，乡村剧团在创作和演出过程中，也努力追求"真人演真事"。这种做法延续了左翼文艺传统。虽然左联存在着政治上的"左"倾盲动，组织上的宗派主义，创作上的公式化、概念化，理论上的机械唯物论和庸俗社会学，但其最优秀的精神传统表现为理想追求与底层关怀，是一种西方马克思主义的精神特质。在"底层文学"正当兴盛之际，孟繁华说"我对左翼文学充满了憧憬和怀念"①。所以，这种具有国际形式渊源的戏剧艺术成为构建中国马克思主义文艺批评话语的重要实践基础。

---

① 孟繁华：《游牧的文学时代》，作家出版社2009年版，第200页。

当代中国文学的理论自信与
马克思主义文论话语领导权的重建

泓　峻[*]

摘要　以中国化马克思主义文论为主体与核心的 20 世纪中国文论，作为"新文学"不可分割的一个组成部分，曾经深刻地影响了作家的文学创作与批评家的文学批评，进而深深地介入到了中国"新文学"历史的塑造。然而，人们对它的重要性的认识远远不够。20 世纪 80 年代以来，中国化马克思主义文论对其他人文学科、对作家与批评家的影响力都在下降，在文学理论内部，也逐渐丧失了其话语领导权。造成这种状况的原因是多方面的，但中国当代马克思主义文论研究者不敢于、不善于去进行话语权的竞争，在一些重要的文学现场处于缺席的状态，是最为重要的原因。当代中国文学的理论自信的确立与中国化马克思主义文论话语领导权的重建是一个密切相关的问题，而这一切对于中国当代文学的健康发展意义重大。

关键词　"新文学"；中国化马克思主义文论；理论自信；话语领导权

——

任何一种有价值的文学理论，就其最初的生成而言，都既建立在对文

---

* 泓峻，本名张红军，文学博士，山东大学威海校区文化传播学院教授，博士生导师。主要从事文艺理论研究。

学一般性问题思考的基础之上，同时也与特定时代、特定地域内人们的文学创作与批评实践密切相关。文学创作、文学批评与文学理论之间，一方面相互依存，另一方面相互检验：一部文学作品要经过文学批评的检验之后才能真正在文学史上立足，一种批评话语只有经过理论的检验之后才能够确立其批评的有效性，而一种关于文学的理论，如果完全没有创作实践支持，也是很难真正令人信服的。因此，我们完全可以把一个时代的文学创作、文学批评与文学理论看成一个有机的文学生态系统，文学理论家、批评家、作家之间，既会因各自工作性质与职责的不同而相对独立，又会构成一个时代不可分割的文学共同体。

就中国而言，20世纪初以来，伴随着整个社会的现代化进程，我们创立了自己的"新文化"，也创造了自己的"新文学"。而所谓的"新文学"，实际上既包括新的文学作品形态，也包括新的文学批评形态与新的文学理论形态。它们共同标志着"新文学"曾经的成就，也是"新文学"继续生长与发展的根基。在"新文学"展开的过程中，当许多理论家与批评家试图进入"当下"的文学作品与文学现象之中，进行意义的阐释、形式的分析以及价值的评判时，使用得最多、最顺手的，其实还是与作品共生的"新文学"自己的理论，因为这种理论与那些在西方语境中生成后被原原本本移植进来的理论，或者是在中国古代文学语境中生成的理论相比，运用起来往往显得更贴切，更容易切入到文学作品与文学现象内部，对当下的文学作品与现象解释起来更加有效。

文学作为一种文化现象，既需要面向未来，需要对当代社会作出反应，也应当有自身可以坚守的传统。文学作品如此，文学理论也如此。实际上，即便时代语境已经发生了很大的变化，也极少有人会去否认"五四"以来众多优秀文学作品作为一种根基，对当代汉语文学写作的重要意义。然而，关于"五四"以来形成的新的文学理论之于当下汉语文学写作的重要性，无论是作家、批评家、还是理论家，其认识都是不足的。这与当今中国文学界普遍存在的在理论上缺乏自信的状况有关。这种理论上的不自信，不仅仅表现为对理论在文学创作与文学批评中所能够发挥的积极作用常常发生怀疑，而且还包括许多人对那些曾经与中国的"新文学"相伴而生的理论没有足够的信心。在一部分作家、批评家甚至是理论家看来，"新文学"在自己发展过程中所形成的文学理论，似乎都是过时的或者是错误的；反过来，那些在西方语境中形成之后被直接引进过来的文学理论——特别是形形色色的现代主义、后现代主义文学理论，或者是在"新文学"产生之前生成的各种中国古典文学理论，都是正确的，比"新文学"建立以来形成的理论都具有价值。这种认识，既不符合文学史的实际，对于中国当代文学理论的构建，以及中国当代文学的健康发展，也都是极为不利的。

二

如果谈论 20 世纪中国"新文学"自己的理论形态，中国化的马克思主义文学理论，是一个无论如何都不应该被忽视的存在。无论从事实判断的角度讲，还是从价值判断的角度讲，都可以说这一理论既是 20 世纪中国文学理论的主体，也是 20 世纪中国文学理论的核心。20 世纪中国文学理论建设的最大成就，就是马克思主义文学理论的引入与落地生根。因此，如何评价中国化马克思主义文学理论的成就，与如何评价 20 世纪以来"新文学"理论建构的成就，是两个密切相关的问题。对"新文学"自身形成的理论抱有自信，很大程度上就是对中国化的马克思主义文学理论抱有自信。

马克思主义文学理论作为一种外来的理论，在与中国具体而丰富的文学创作实践、文学批评实践，以及中国自身固有的传统文学观念进行接触、碰撞、交流、整合之后，实际上已经形成了许多既具有理论深度，又独具理论特色的命题：

现实主义是马克思主义文学理论的一个基本立场。20 世纪 20 年代中期以后，随着国外马克思主义文艺思想的传入，鲁迅、茅盾、周扬、胡风等中国的马克思主义文论家，把"五四"时期形成的现实主义文艺观与国外马克思主义文论的相关思想加以对接，同时结合中国自身的文学实践需要以及本土固有的文学观念，在强调文艺的真实性这一理论前提下，形成了侧重点各不相同的现实主义文论模式。其中有的理论侧重于"实录"精神，有的理论侧重于用文学干预社会改良社会，有的理论则试图从作家写作伦理的角度切入，寻求文学进入历史深处的途径。

在马克思主义文论体系中，文艺与人民的关系问题，是一个更为根本的问题。这一问题在中国化马克思主义文论发展过程中得到了充分的重视与系统的论述，其成果，集中体现在《在延安文艺座谈会上的讲话》这一经典文献之中。20 世纪 30 年代过后，当中国的"左翼"文学已经有了一段自己的历史之后，怎样使它既保持革命性，保证其在理论与实践上与世界无阶级文学及现代性的精神关联，又能够真正走进劳苦大众，特别是占中国人口大多数的农民的生活，帮助他们改变自己被压迫与被奴役的命运，同时还能够遵循艺术规律，创造出真正具有艺术价值的文学作品，就成为亟待解决的问题。毛泽东的《讲话》中所阐释的"人民文艺"的思想，以及这一思想所引导的延安文艺实践，为上述问题的解决，提供了一个最为现实的答案。

"意识形态"这一哲学概念在马克思主义文艺学思想中一直占有举足轻重的地位。"审美意识形态"这一理论命题 20 世纪 80 年代在中国形成，则与中国文艺理论界对"文化大革命"中极"左"文艺思潮的反思与批判有着直接的关系。这一命题试图在文艺的意识形态属性之上，附加一个审美的维度，强调文艺作品表达的既是具有普遍意义的知识、思想，同时也是个体的感情评价与感性体验，文学艺术活动是无功利性与功利性、形象性与理性、情感性与认识性的统一，其中，人的主体性应当得到充分地尊重。这种思想，既是中国的理论家们同经典作家、同国外马克思主义文学研究学者进行对话的产物，同时也是在特定的历史语境中，为解决中国文艺理论与文艺实践所面对的具体问题而产生的，同时还可以与中国古典文学的审美传统进行对接。[1]

如何对待本民族传统文化，曾经是国际共产主义运动中面对的一个十分复杂的难题，也是无产阶级文学在创立与发展过程中面对的一个十分现实的问题。对这一问题，不同的马克思主义文艺理论家有不同的理解。中国左翼理论家开始认真思考文学与传统文化的关系问题时，是在文学的民族性这一概念下展开的，其时间大概在 20 世纪 30 年代中期。因此，对中国的马克思主义文论而言，文学的民族性与文学对传统文化的继承，常常纠结在一起。延安时期，以毛泽东为代表的中国共产党人对文艺民族性问题的强调，同时也是与对"马克思主义中国化"这一问题的思考联系在了一起的。其间提出的许多主张，如文学艺术要有"中国作风与中国气派"、面对传统时要"去其糟粕，取其精华"，以及后来提出的"推陈出新"等

---

[1] 相关论述可参见本人《中国化马克思主义文论的特色》（《文艺报》2014 年 12 月 12 日）一文。

等，对于"新文学"正确处理与传统文化的关系，确立自己的民族身份，提供了有益的借鉴。而近年来，在新的历史条件下，传统文化的继承与发扬光大，成为国家的文化战略、民族精神的培养的内容与重要手段，因此，习近平总书记在去年召开的文艺工作座谈会上的讲话，要求文艺工作者通过自己的作品"传承和弘扬中华优秀传统文化，传承和弘扬中华美学精神"。

上述理论命题，在它们生成的过程中，以及形成之后，都曾经作为一种文学信念，深深地影响了作家的文学创作与批评家的文学批评，进而深深地介入到了中国"新文学"历史的塑造。"新文学"的许多方向性选择，许多创作成就的取得，与这些理论的引导有着直接的关系。

以毛泽东的延安文艺思想的影响来讲，在 20 世纪文学史上，一个可以看得见的事实是：延安文艺座谈会之后，迅速崛起了包括丁玲、周立波、赵树理、艾青、萧三、何其芳、贺敬之、吴伯箫、刘白羽、郭小川、魏巍、李季、柳青、公木、田间、舒群、欧阳山、草明、杜鹏程、严文井、沙汀、马烽、穆青等在内的一大批作家，他们有的转换了原先的创作方向，获得了新的艺术生命，有的则在实践毛泽东文艺思想的过程中崭露头角，在日后成为新中国文学的中坚力量，代表着中国"新文学"的新的思想高度与艺术高度。

延安文艺座谈会所引起的中国"新文学"的变化，实际上还包括整体创作风格的转变。有人曾将现代文学史上二三十年代与四十年代的诗歌意象进行过比较，发现二三十年代诗歌中大量运用的意象是悲秋、残春、冬夜、孤鸿、衰草、夕阳、垂柳、古道，以及风、花、雪、月等等，而四十年代诗歌中大量运用的意象则是太阳、黎明、春天、红旗、火把、火焰、军号、战马、大刀、炮弹、鲜血、雷霆、闪电、暴风、骤雨、大海、高山、长城等等。正因为如此，二三十年代的文学显得低沉忧伤、凄绝哀婉，而四十年代的文学则激越高昂，体现出一种斗争的火药味和进取的精神。[1] 四十年代受毛泽东延安文艺思想影响而形成的刚健、明朗、宏阔的文学风格，不仅是"新文学"风格的一种新发展，而且作为一种主体风格，成为后来新中国文学很长一段时期的基调。

至于几种不同的现实主义文学观念对中国当代文学的影响，文学民族

---

① 龙泉明：《论中国 40 年代新诗的意象化运动》，《学习与探索》1996 年第 5 期。

性问题提出以后中国文学发生的转变，以及 20 世纪 80 年代审美意识形态论作为一种文学理论同文学创作、文学批评之间所形成的强烈共振，也都有目共睹。如果没有以上这些理论命题所产生的深刻影响，中国的"新文学"将会完全是另外一种状态。正是从这个意义上说，以中国化的马克思主义文论为主体与核心的"新文学"理论，与新文学处在一个共同体当中。同时，从解释学的角度看，这一理论也是打开"新文学"大门，进入其精神世界与艺术世界的一把最为合适的钥匙。

三

一直到 20 世纪 80 年代，中国"新文学"发展都有一个十分重要的特征，那就是理论先行。可以说，所谓的"新文学"，是被设计出来的，新文学的发展过程也是一个不断地被设计与调整的过程，一个作家的创作风格，一个批评家的批评立场，乃至于一个文学流派的整体文学倾向，往往与其信奉的文学理论密切相关。而某个文学流派与作家的突然转向，如前后期的创造社、延安文艺座谈会前后的丁玲，也都与其文学观念的转变，特别是对马克思主义文学理论的接受直接相关。以中国化的马克思主义文论为主体与核心内容的文学理论，曾经深深介入到了"新文学"品格的塑造，并支撑了文学批评。而且，作为一种人文思潮，许多时候，中国的马克思主义文学理论还引领着整个人文领域的发展，在整个社会文化思想格局中占据着中心的地位。这种状况的形成，既与 20 世纪中国特殊的时代环境有关，也与中国的马克思主义文学理论始终坚持文学的人民性立场，提倡用文学去表现人民大众的生活，让文学创作满足人民大众的精神需求；始终坚持将文学问题放在大的社会背景中加以思考，并试图通过文学问题的思考，介入到社会的政治、文化建设中去等努力有关。

然而，20 世纪 80 年代以后，马克思主义文学理论却逐渐丧失了理论话语主导权，被日渐边缘化。在这个过程中，一方面，马克思主义文学理论越来越难以产生超越自己学科范围的影响力，不再能够对其他相邻学科的发展提供理论资源与思想启发；另一方面，在理论—创作—批评这一文学格局中，包括马克思主义文学理论在内的整个文学理论，对作家与批评家的影响力也在下降。如今，用理论去规范创作与批评已经不再可能，中国当下的现实是，许多作家连批评家的批评都不以为然，对于文学理论界的情况与理论界讨论的话题，就感到更加隔膜，更加漠视。与此同时，许多批评家对文学理论界的话题也缺乏兴趣，认为理论对于批评而言可有可无。而中国化的马克思主义文学理论，则更是被一些作家与批评家看作是僵化的、过时的、限制自己创造力发挥、干预自己创作自由的一种力量，尽力加以回避。

更为尴尬的是，在文学理论内部，中国化的马克思主义文学理论原来占据的主体与核心的地位，也受到了严峻的挑战。与各种西方现代主义、后现代主义思潮相比，甚至与中国古典文论相比，马克思主义文学理论发出的声音变得越来越微弱，从事马克思主义文学理论研究的学者也越来越少。而且，在从事马克思主义文学理论研究的学者中，多数人实际上是在研究西方马克思主义文论，真正把注意力放在 20 世纪中国马克思主义文学理论研究上面，对其理论内涵进行总结，把其基本理念与立场作为自己的文学理念加以坚持的学者；坚持将马克思主义文学理论运用于中国当下的文学现实，努力去创新与发展中国化马克思主义文学理论的学者，可以说是凤毛麟角；而面对各种非马克思主义的文学理论主张与文学现象，敢于直言不讳地批评的理论家，就更加少见。

造成这种状况的原因是多方面的。

首先，改革开放以后，思想的多元，导致马克思主义文学理论必须面对其他理论话语的竞争。在这个过程中，其他理论话语表现得十分强势，盖过了马克思主义文学理论。一段时期以来，中国的思想界对西方话语的过于迷恋，文艺理论界在追逐西方理论话语的过程中，逐渐迷失了方向。另一方面，20 世纪 90 年代以来，中国文论界在试图对抗西方理论话语的过度膨胀时，祭出了中国古典文论的大旗，在非西即中的二元选择中，有着对中国古典文论话语的价值估计过高，对其在用以解释中国"新文学"时的局限性认识不足的偏颇。

同时，中国马克思主义文论研究者自身，也有许多应该反思的地方。

20 世纪 80 年代以后，一方面，文学本身从社会思想与文化的中心退出，纯粹的文学批评与文学理论研究因此而被边缘化；另一方面，高校为文学理论学者提供了一个自成体系的生存空间，文学理论学者不用追求社会的影响力，也不用考虑对作家与批评家的影响力，只要按照现行高校学术体制所认可的学术规则从事研究与写作，照样可以获得成就感与丰厚的现实利益。这种学术体制及其所设定的评价指标，导致的直接后果就是文学理论界的日趋学院化，文学理论研究者形成一个封闭的圈子，缺乏与批评家、作家以及当下的文艺作品、文学现实对话的兴趣与动力。① 这种学术体制，同样对研究马克思主义文学理论的学者产生了很大的影响。在这种情况下，马克思主义文学理论原先具有的从广大人民群众的根本利益与需要出发去思考文学问题，以文学问题的思考去介入文学的改造与现实社会改造的理论传统没有被很好地坚持下来。

马克思主义文学理论在文学理论内部丧失话语主导权，与文学理论在整个人文学科中被边缘化，以及文学理论对作家、批评家的影响力的下降之间，不能说是一种直接的因果关系，但也不能说完全无关。当文学理论失去了马克思主义文学理论所追求的宏阔理论视野与现实关怀精神，在一个封闭的圈子里追求理论的自足性，甚至文学理论研究完全被现行的高校学术体制所异化，成为学者们获取现实的学术利益的手段时，其日渐式微，日渐边缘化的命运，几乎是必然的。

与此同时，中国化的马克思主义文学理论话语与其他文学理论话语一样，都存在着不能随着急速发展的时代作出相应调整，与当下的文艺现实相距较远，比较隔膜的问题。最近二十多年来，无论是在世界范围内，还是在中国，现实语境的变化与文艺状况的变化都是十分惊人的。特别是互联网技术的飞速发展，导致文学作品在文本存在形态、生产方式、传播方式、接受方式等方面都与之前产生了很大的差别。媒体融合所引发的文学传播观念和创作实践的大调整，也对原先的文学理论范式提出了很大的挑战。当文学与影视、文字与图片影像声音、虚构写作与纪实写作已经深深融为一体，难分彼此的格局形成之后，原先文学理论的概念体系与研究范式都表现出了极大的局限性。而包括中国的马克思主义文学理论在内的当代文学理论研究，对这种新情况的应对，是不能令人满意的。

四

然而，马克思主义文学理论话语主导权的丧失，最重要的原因还是在于中国当代的马克思主义文学理论研究者缺乏理论自信，不敢于、不善于

---

① 相关论述可参见本人《回归文学的现场，重塑理论的尊严》（《中国艺术报》2015 年 5 月 8 日）一文。

去进行话语权的竞争，在一些重要的文学现场处于缺席的状态。

比如，在当前的批评界，"去""非"主义话语盛行：去历史化、去政治化、去中心化、去中国化、非意识形态化、非虚构等等说法不一而足。其中有些说法也许是针对中国当代文学的某些具体问题提出来的，仔细听一听他们所讲的话，并非完全没有道理。然而，作为一种文艺现象的命名，这些词语不仅是不准确的，甚至根本就是违背文艺理论常识的，很容易产生误解。作为一种价值导向，就更加容易引起误导。对于马克思主义文学理论而言，文学与历史的关联、文学与意识形态的关联、文学与政治的关联，实际上是一些常识性的问题。然而，当有人提出去历史化、去政治化、非意识形态化等主张的时候，很少有人站在马克思主义文学理论的立场上加以回应。①

对文学创作界而言，近些年很大的一个问题是"伪现实主义"作品流行。如果对 20 世纪末到现在这 20 来年的中国文学做一个整体回顾的话，以"打工文学"、都市世俗生活小说、官场职场小说、"反腐文学"的兴起，是颇为引人注目的。近年来，更有人倡导"非虚构写作"。对于文坛的这种写作取向，批评界有人用"现实主义的回归"对它进行命名，也有人形象地把它对文坛的影响称为"现实主义创作潮"，"现实主义冲击波"。

应该说，无论是"打工文学"、"反腐文学"，还是"非虚构文学"，都确实出现了一些既贴近现实生活，具有浓厚人文关怀精神，同时又能够站在一定历史高度，对社会现实进行理性思考的优秀作品。但是，如果以为走出历史写作与私人写作，表现当下人的生活，以当代人关注的热点问题为题材的作品就一定是现实主义作品；或者把虚构理解为现实主义文学的反面，认为文学作品中虚构的成分越少，文学的现实主义精神体现得就越强烈，则是对现实主义这一概念的极大误解。

其实，选择历史题材还是当代题材，主要表现日常生活与私人生活，还是主要关注社会重大事件与重大问题，人物、故事、情节是虚构的还是在现实生活中真实发生过的，都不是现实主义文学理论关注的最为核心的问题。现实主义文学理论关心的最为核心的问题是文学真实性问题，而在

---

① 相关论述可参见本人《回归文学的现场，重塑理论的尊严》（《中国艺术报》2015 年 5 月 8 日）一文。

现实主义文学理论的概念体系中，"真实性"指的绝不是文学作品中的内容是真实发生过的，而是指文学作品能够穿越社会生活的表层，深入到人类历史的深处与人类心灵的深处，发现一个时代社会发展面对的各种问题的实质，把握时代精神的细微变化，表现特定人群在社会发展变化过程中内心深处经历的真实的情感体验。现实主义文学所要求的这种"真实性"，依赖于作家对社会人生细致入微的观察与体验，依赖于作家在错综复杂的社会生活现象面前冷静的思考判断能力，依赖于作家对历史负责的精神与"铁肩担道义"的道德勇气。

如果用这些标准去衡量的话，中国当代文学还存在很多问题，许多作品还不具备现实主义的品格，特别是许多作家的精神世界离优秀现实主义作家的境界还有很远的距离。

认真分析中国当代所谓现实主义创作潮出现的原因，固然与中国当代文学20世纪80年代与90年代之交的一段时间里，实验小说、新历史小说、私人化写作存在的问题有关，与中国社会"三农"问题、贫富差距问题、官场腐败问题的凸显有关，但同时也与整个社会的日益市场化、文学期刊与文学作品出版日益商业化等大背景有关。在所谓的"现实主义创作潮"中涌现的许多作品，有着很明显的商业运作的痕迹。许多作家和出版商一道，把很大精力放在了对当下读者阅读心理的揣摩上，而不是放在对现实的深入观察与研究分析上。因为在文学作品出版商业化的大背景下，谁把握了读者的阅读心理，谁就把握住了销售量，把握住了商业利益。由于一些作品文学的世界与当下浮躁喧嚣的生活世界距离太近，与真实事件发生的现场距离太近，因而也就无法获得冷静审视人生、反思日常经验、批判现实的距离。而对人生的冷静审视，对日常经验的深刻反思，以及对现实保持一种批判的态度，恰恰是现实主义文学必须具有的品质，是现实主义文学精神的精髓与魅力所在。

更为糟糕的是，由于过分考虑商业利益，过度迎合读者阅读心理，使得当代许多现实题材的文学作品，在"底层"、"反腐"、"纪实"等名义下，糅进了许多不避烦琐、不忌道德底线的性描写、性暗示，同时也有许多暴力、凶杀、血腥场面的渲染。不少作品更是渗透着官本位、拜金主义、视女性为玩物等落后的、错误的乃至腐朽的思想。以满足一部分读者不良的阅读趣味为手段而追求市场效应的文学写作，实在是一种对读者、对社会极其不负责任的做法，这与许多优秀的现实主义作家那种用文学解剖现实、干预生活，改造人性的人文情怀完全背道而驰。而那些在"真实"的幌子下，编造千篇一律的类型化叙事，虚构一些没有生活依据的离奇情节的作品，其创作态度与写作手法，更是与现实主义毫不相干。把这些作品放在现实主义的名下，实在是对现实主义这一名称的亵渎。

在这种情况下，中国的马克思主义文学理论研究者，要么默不作声，要么对作家、批评家所作出的"现实主义的回归"、"现实主义冲击波"的判断加以附和，很少有人从马克思主义文学理论的原则出发，发出不同的声音。

文学作为一种文化，既需要面向未来，需要对当代社会作出反应，也应当有自身可以坚守的传统。不能够与现实有效对话的文学，不具有前瞻性的文学，会出现各种问题。与此同时，没有形成自身传统，或者是完全放弃自身传统的文学，也很难具备优秀文学所应有的厚重感与艺术魅力，赢得受众的尊重与文学史的承认。以中国化马克思主义文学理论为主体与核心的"新文学"理论，与新文学相伴而生，不仅是发现与表达"新文学"传统的一支重要力量，而且其本身就是"新文学"传统的一个十分重要的组成部分。其理论立场乃至于许多具体的结论，都不仅没有过时，而且还可能是解决当下文学存在的问题时十分具有参考价值的传统资源。如果我们将所有这些中国当代文学的理论传统都弃之不顾，或者对这些理论传统整体上缺乏信心，必将使中国当代文学被急速变动的时代潮流席卷而随波逐流，失去自己的定力，迷失前进的方向。

社会主义文艺建设的发展蓝图

——习近平文艺思想浅议

杨向荣[*]

2014 年 10 月 15 日，习近平主持召开文艺工作座谈会并发表重要讲话。2015 年 9 月 11 日，习近平主持中共中央政治局会议，审议并通过了《关于繁荣发展社会主义文艺的意见》（以下称《意见》）。在文艺座谈会和《意见》中，习近平对各级党委、政府部门的文艺工作有着明确指示。提出要继承已有的文艺路线，强调人民性方向和时代性要求的文艺建设对于民族发展的重要作用。习近平关于文艺工作建设的讲话，在意识形态导向、作品创作、服务方向和文艺人才队伍建设等方面为社会主义文艺建设注入了新的内容，是结合当下的文艺现实对文艺工作所提出的行动指南，为我们规划了社会主义文艺建设的宏伟蓝图。

一 文艺的意识形态导向

马克思在讨论政治、经济、哲学等问题时认为文艺是一种意识形态，习近平继承了马克思的文艺思想，他在《意见》中强调：文艺是民族精神的火炬，是时代前进的号角。实现中华民族伟大复兴，离不开中华文化繁荣兴盛，离不开文艺事业繁荣发展。[①] 作为民族精神的火炬和时代前进的号角，文艺指引着民族文化和民族进步的前进方向，对中国特色社会主义文化事业的繁荣发展有着积极导向作用。

---

* 杨向荣（1978—　），浙江传媒学院文学院教授，博士生导师。

① 《关于繁荣发展社会主义文艺的意见》，《人民日报》2015 年 9 月 12 日。

　　首先，文艺作为一种意识形态，体现在党对文艺建设工作的领导上。列宁曾指出，文艺应当成为"社会主义民主主义机器的'齿轮和螺丝钉'"，成为"有组织、有计划、统一的党的工作的一个组成部分"。① 而毛泽东反对将文艺与政治分裂开来，强调文艺的意识形态性。在《讲话》中，他说："在现在世界上，一切文化或文学艺术都是属于一定的阶级，属于一定的政治路线的。为艺术的艺术，超阶级的艺术，和政治并行或相互独立的艺术，实际上是不存在的。"② 文艺不可能超脱于政治的范围之外，虽然文艺与政治同属于上层建筑，但是政治作为经济的集中体现，在所有上层建筑中总是居于主导地位，而文艺等其他部分则是处于次要地位，政治难免干预影响文艺的发展。当然，文艺的意识形态性质也决定了政治对文艺的影响以及文艺对政治的反作用。毛泽东认为："一定的文化（当作观念形态的文化）是一定社会的政治和经济的反映，又给与伟大影响和作用于一定社会的政治和经济。"③ 以意识形态的分析为依据，毛泽东确立了文艺要为政治服务的思想，在《讲话》中，他说："文艺是从属于政治的，但又反过来给予伟大的影响于政治。"④ "文艺服从于政治，今天中国政治的第一个根本问题是抗日"⑤ 由此不难理解，毛泽东为何要提出以有利于团结抗日为评判准绳的文艺批评的政治标准了。毛泽东认为政治对其他意识形态起着重大的甚至决定性的作用。从整个社会来说，政治是经济的集中表现；而就各个阶级而言，政治与阶级和阶级斗争密切相关。只有通过政治，阶级和群众的需要才能集中地表现出来。而一定阶级和群众的经济利益也要靠一定的政治才能得到应有的保证。由此，毛泽东对文艺和政治的关系作了明确规定："在现在世界上，一切文化或文学艺术都是属于一定的阶级，属于一定的政治路线的。为艺术的艺术，超阶级的艺术，和政治并行或互相独立的艺术，实际上是不存在的。"⑥ "你是资产阶级文艺家，你就不歌颂无产阶级而歌颂资产阶级；你是无产阶级文艺家，你就不歌颂资产阶级而歌颂无产阶级和劳动人民；二者必居其一。"⑦

---

① 《列宁全集》第 12 卷，人民出版社 1987 年版，第 93 页。
② 《在延安文艺座谈会上的讲话》，《毛泽东文艺论集》，中央文献出版社 2002 年版，第 69 页。
③ 谭好哲：《文艺与意识形态》，山东大学出版社 2000 年版，第 477 页。
④ 《在延安文艺座谈会上的讲话》，《毛泽东文艺论集》，中央文献出版社 2002 年版，第 70 页。
⑤ 同上书，第 71 页。
⑥ 同上书，第 69 页。
⑦ 同上书，第 77 页。

习近平指出，文艺事业是党和人民的重要事业，文艺战线是党和人民的重要战线。党的领导是文艺繁荣发展的根本保证。① 习近平强调，必须牢牢把握住文艺的政治方向，坚持党的指导思想，坚定为人民服务的政治立场，文艺建设的社会主义性质和方向才能得到保障。作为中国特色社会主义建设的重要组成部分，社会主义文艺建设必须高举中国特色社会主义伟大旗帜，坚持社会主义先进文化前进方向，全面贯彻"二为"方向和"双百"方针，坚持以人民为中心，以社会主义核心价值观为引领，为建设社会主义文化强国，实现"两个一百年"奋斗目标、实现中华民族伟大复兴中国梦提供强大的价值引导力、文化凝聚力、精神推动力。

为了加强党对文艺工作的领导，《意见》对各级党委和政府的文艺工作作了明确而具体的指示，要求各级党委要把文艺工作纳入重要议事日程，抓好宏观指导，把好文艺方向。各级政府要把文艺事业纳入经济社会发展总体规划，落实中央支持文艺发展的政策，制定本地支持文艺发展的具体措施。各级党委宣传部门要充分调动各方面力量做好文艺工作，形成党委统一领导，宣传部门牵头抓总，文化、教育、新闻出版广电、文联、作协等部门和团体协同推进，社会各方面积极参与的文艺工作新格局。要选优配强文艺单位领导班子，推动文艺界廉政建设，营造繁荣发展文艺的良好环境。要不断深化改革、完善体制机制，加强和改进文艺评奖管理，切实提高评奖公信力和影响力。② 可以说，《意见》中的这些建议使各级文艺部门的工作展开有了更明确、更坚定的方向，对于营造良好的文艺工作秩序有重要的推动作用，有利于文艺创作和文艺事业的蓬勃发展。

其次，文艺作为一种意识形态，需要通过作品来呈现。习近平指出，推动文艺繁荣发展，最根本的是要创作生产出无愧于我们这个伟大民族、伟大时代的优秀作品。③ 要想创作出符合客观现实，反映人民生活，促进精神文明建设的作品，我们的文艺建设首先离不开广大文艺工作者的努力，文艺工作者的队伍建设就显得尤为重要。《意见》指出，要把思想道德建设放在队伍建设首位，培养造就文艺领军人物和高素质文艺人才，做

---

① 习近平：《文艺不能在市场经济大潮中迷失方向》，新华网，2014 年 10 月 15 日（http：//news. xinhuanet. com/politics/2014 - 10/15/c_ 1112840544. htm）。

② 《关于繁荣发展社会主义文艺的意见》，《人民日报》2015 年 9 月 12 日。

③ 习近平：《文艺不能在市场经济大潮中迷失方向》，新华网，2014 年 10 月 15 日（http：//news. xinhuanet. com/politics/2014 - 10/15/c_ 1112840544. htm）。

好新的文艺组织和新的文艺群体工作，努力建设德艺双馨的文艺队伍。① 文艺工作者是创作的主体，习近平 2014 年《在文艺工作座谈会上的讲话》中指出，"文艺是塑造灵魂的工程……文艺工作者是灵魂的工程师"，而"繁荣文艺创作、推动文艺创新，必须有大批德艺双馨的文艺名家"。② 文艺创作者在引领时代风气，塑造民族精神等方面具有十分重要的作用，因此要紧紧依靠广大文艺工作者。

文艺工作者自身素质的提高关系着创作导向、创作生产以及文艺作品的接受等问题。着眼于提高广大文艺工作者的文学素养和道德修为，习近平对文艺工作者的队伍建设提出了具体要求：我国作家艺术家应该成为时代风气的先觉者、先行者、先倡者，通过更多有筋骨、有道德、有温度的文艺作品，书写和记录人民的伟大实践、时代的进步要求，彰显信仰之美、崇高之美。文艺工作者要自觉坚守艺术理想，不断提高学养、涵养、修养，加强思想积累、知识储备、文化修养、艺术训练，认真严肃地考虑作品的社会效果，讲品位，重艺德，为历史存正气，为世人弘美德，努力以高尚的职业操守、良好的社会形象、文质兼美的优秀作品赢得人民喜爱和欢迎。③ 文艺工作者不断加强自身修养，是文艺创作的前提和保障，同样是时代进步使然。作为传媒学院的教职员工，我们无疑也是文艺工作者中的一部分，从这一点来说，习近平在讲话中所提出的这些要求也为传媒学院老师们的教学、科研和文艺创作等工作提供了指导性意见。

最后，意识形态对经济基础甚至整个社会发展有着不可忽略的重要影响力，它能够调节、平衡、规范与指导社会生活和社会心理。习近平在讲话中指出，一部好的作品，应该是把社会效益放在首位。习近平强调文艺是民族精神的火炬，是时代前进的号角，是实现"两个一百年"奋斗目标、实现中华民族伟大复兴中国梦的强大价值引导力、文化凝聚力、精神推动力。④ 这既是对马克思主义美学理念的继承和发展，同时也是对中国传统文艺社会功用性的沿袭。在中国传统文化中，孔子的"兴观群怨"说，荀子的《乐论》主张通过音乐（文艺）感化人心，达到安定社会，清

---

① 《关于繁荣发展社会主义文艺的意见》，《人民日报》2015 年 9 月 12 日。

② 习近平：《文艺不能在市场经济大潮中迷失方向》，新华网，2014 年 10 月 15 日（http：//news. xinhuanet. com/politics/2014－10/15/c_ 1112840544. htm）。

③ 同上。

④ 《关于繁荣发展社会主义文艺的意见》，《人民日报》2015 年 9 月 12 日。

明政治的社会功用。柳宗元倡导古文运动，提出"文以载道"的思想等，都是对文艺的现实功用的认识和把握，而这些思想，在习近平的文艺思想中都有着很好的体现。

二 文艺的人民性方向

早在 20 世纪 40 年代，毛泽东在《在延安文艺座谈会上的讲话》中曾指出："为什么人的问题，是一个根本的问题，原则的问题。"① "人民"是毛泽东《讲话》中文艺思想建设的核心关键词，也是《讲话》文本中的重要概念。而在习近平的几次讲话中，"人民"成为一个灵魂词汇，人民性理论得到了进一步的发展和丰富。

毛泽东在《在延安文艺座谈会上的讲话》中提出我们的文艺是为人民大众的，首先是为工农兵的。② 在《在延安文艺座谈会上的讲话》中，毛泽东明确规定，"最广大的人民，占全人口百分之九十以上的人民，是工人、农民、兵士和城市小资产阶级"。③ 在界定了"人民"的内涵之后，毛泽东进而对文艺的"为人民"任务进行了规定："我们的文艺，第一是为工人的，这是领导革命的阶级。第二是为农民的，他们是革命中最广大最坚决的同盟军。第三是为武装起来了的工人农民即八路军、新四军和其他人民武装队伍的，这是革命战争的主力。第四是为城市小资产阶级劳动群众和知识分子的，他们也是革命的同盟者，他们是能够长期地和我们合作的。这四种人，就是中华民族的最大部分，就是最广大的人民大众。"④ 在毛泽东看来，"我们的文艺，应该为着上面说的四种人。我们要为这四种人服务，就必须站在无产阶级的立场上，而不能站在小资产阶级的立场上"。⑤ 而这四类人，也就是毛泽东眼中"人民"内涵的命意所指。后来邓小平同志在第四届文代会上对此提法作了修改，提出"文艺为人民服务，为社会主义服务"的思想。而《意见》指出，我们要"坚持社会主义先进文化前进方向，全面贯彻'二为'方向和'双百'方针，紧紧依靠广

① 《在延安文艺座谈会上的讲话》，《毛泽东文艺论集》，中央文献出版社 2002 年版，第 60 页。
② 胡亚敏：《论毛泽东的文学批评》，《华中师范大学学报》2002 年第 3 期。
③ 《在延安文艺座谈会上的讲话》，《毛泽东文艺论集》，中央文献出版社 2002 年版，第 58 页。
④ 同上。
⑤ 同上。

大文艺工作者，坚持以人民为中心，以社会主义核心价值观为引领"。"二为"方向即为人民服务，为社会主义服务的方向。可以说习近平继承毛泽东和邓小平文艺思想的同时，对文艺工作的"人民性"方向进行了丰富和完善。

习近平在讲话中强调，社会主义文艺，从本质上讲，就是人民的文艺。文艺要反映人民心声，就要坚持为人民服务、为社会主义服务这个根本方向。这是党对文艺战线提出的一项基本要求，也是决定我国文艺事业前途命运的关键。①"以人民为中心"的创作方向不能改变，这决定了文艺创作的性质，"以人民为中心，从而将中国特色社会主义文艺事业与其他社会主义文艺事业区别开来"。毛泽东曾明确指出：文学批评的指导原则是"为人民"，"为人民服务"是文艺批评的主要任务，而习近平在讲话中也指出要"把人民作为文艺表现的主体，把人民作为文艺审美的鉴赏家和评判者"。人民的主体性身份在习近平的文艺思想中得到了进一步的强调。人民是文艺创作的源头活水，一旦离开人民，文艺就会变成无根的浮萍、无病的呻吟、无魂的躯壳。②习近平围绕社会主义文艺建设工作，将文艺创作的源泉进一步深化确认，强调人民本身就是文艺创作的中心和根本，而文艺工作者的创作立场、创作方向、创作途径、创作成效的体现都离不开这一根本的原则问题。

在回答艺术家如何丰富文艺创作时，毛泽东说："必须到群众中去，必须长期地无条件地全心全意地到工农兵群众中去，到火热的斗争中去，到唯一的最广大最丰富的源泉中去，观察、体验、研究、分析一切人，一切阶级、一切群众，一切生活的生活形式和斗争形式。"③为了说明文艺批评的"为人民"任务，毛泽东还对当时流行的一些文艺观点进行了批判，如对"文艺的任务在于暴露"的批判。毛泽东指出："'从来文艺的任务就在于暴露。'这种讲法和前一种一样，都是缺乏历史科学知识的见解。"④在毛泽东看来，文艺的任务并不仅仅在于暴露，因为"对于革命的文艺家，暴露的对象，只能是侵略者、剥削者、压迫者及其在人民中所遗留的

---

① 习近平：《文艺不能在市场经济大潮中迷失方向》，新华网，2014年10月15日（http: // news. xinhuanet. com/politics/2014 – 10/15/c_ 1112840544. htm）。

② 同上。

③ 《在延安文艺座谈会上的讲话》，《毛泽东文艺论集》，中央文献出版社2002年版，第64页。

④ 同上书，第76页。

恶劣影响，而不能是人民大众。人民大众也是有缺点的，这些缺点应当用人民内部的批评和自我批评来克服，而进行这种批评和自我批评也是文艺的最重要的任务之一。"① 习近平在讲话中对毛泽东的思想作了进一步的补充：要虚心向人民学习、向生活学习，从人民的伟大实践和丰富多彩的生活中汲取营养，不断进行生活和艺术的积累，不断进行美的发现和美的创造。要始终把人民的冷暖、人民的幸福放在心中，把人民的喜怒哀乐倾注在自己的笔端，讴歌奋斗人生，刻画最美人物，坚定人们对美好生活的憧憬和信心。文艺工作者要想有成就，就必须自觉与人民同呼吸、共命运、心连心，欢乐着人民的欢乐，忧患着人民的忧患，做人民的孺子牛。对人民，要爱得真挚、爱得彻底、爱得持久，就要深深懂得人民是历史创造者的道理，深入群众、深入生活，诚心诚意做人民的小学生。艺术可以放飞想象的翅膀，但一定要脚踩坚实的大地。文艺创作方法有一百条、一千条，但最根本、最关键、最牢靠的办法是扎根人民、扎根生活。应该用现实主义精神和浪漫主义情怀观照现实生活，用光明驱散黑暗，用美善战胜丑恶，让人们看到美好、看到希望、看到梦想就在前方。②

　　人民性方向既是对文艺工作者创作途径和方法的指导，同时也是文艺为人民服务的动机与成效相统一的现实要求。从文艺创作到文艺创作者，再从文艺作品到文艺鉴赏和批评，可以说，习近平的文艺思想的人民性方向与毛泽东的文艺思想一脉相承，始终围绕着"人民"这个核心字眼，始终坚持着为人民服务、为社会主义服务这一发展方向。

三　文艺的时代性诉求

　　文艺事业是社会发展不可或缺的一环，习近平在文艺工作座谈会上的讲话中强调"文艺是时代前进的号角，最能代表一个时代的风貌，最能引领一个时代的风气"；而《意见》也指出"文艺是民族精神的火炬，是时代前进的号角"。从习近平的讲话中，可以看出，倾听时代的足音，体味时代特征，把握时代精神，沿着时代的前进方向进行创作是当下文艺工作

----

① 《在延安文艺座谈会上的讲话》，《毛泽东文艺论集》，中央文献出版社2002年版，第76页。
② 习近平：《文艺不能在市场经济大潮中迷失方向》，新华网，2014年10月15日（ht-tp：//news. xinhuanet. com/politics/2014－10/15/c_ 1112840544. htm）。

的现实要求。

历史上的伟大作品一般都表现出对时代的关注，对现实社会的关切，对改造社会、促进社会的一种责任和使命感。恩格斯在《致玛·哈克奈斯》中评价巴尔扎克的作品"汇集了法国社会的全部历史"①。在马克思、恩格斯的文艺思想中，现实主义的伟大作品不仅反映了时代现实，更重要的是它的预见性，指引着时代的发展趋势。而在毛泽东的文艺思想中，他也要求戏剧要紧密结合时代要求，切合抗日斗争的主题，"现在唱京戏，在戏报上已经看不见《游园惊梦》之类的东西了，因为那样的戏在今天卖不了座。演旧戏也要注意增加表现抗敌民族英雄的剧目，这便是今天时代的要求"②。毛泽东要求根据当前时代的需要，对旧戏的内容进行改造，创出新的政治上进步的戏剧。"你们平剧院接受旧的艺术，还要创造新的艺术。旧的艺术是有缺点的，尤其是它的内容，我看是颠倒是非、混淆黑白……当然，旧戏中也有些剧本是好的，如《打渔杀家》之类。有些旧戏你们可以改造它，用自己的创造力掌握了这门艺术，并且从政治上来个进步，你们就可能写些新的东西。"③

毛泽东对马克思主义文艺批判的继承是与当时中国具体国情相适应的，是马克思主义文艺批评中国化的理论成果。在学习和继承马克思主义思想的同时，毛泽东一直注重将其与中国的具体实践相结合，1942年，他提出"必须将马克思主义的普遍真理和中国革命的具体实践完全地恰当地统一起来，就是说，和民族的特点相结合，经过一定的民族形式，才有用处，决不能主观地公式地应用它"④。毛泽东坚持将马克思主义文艺理论与中国的革命实践结合起来，这既符合了中国在革命历史条件下文艺发展的实际需要，同时也极大地促进了中国革命和革命文艺的发展。21世纪以来，我国的文艺事业得到了蓬勃发展，但同时也面临新的挑战。习近平在文艺工作座谈会上的讲话中指出：改革开放以来，我国文艺创作迎来了新的春天，产生了大量脍炙人口的优秀作品。同时，也不能否认，在文艺创作方面，也存在着有数量缺质量、有"高原"缺"高峰"的现象，存在着

---

① 《马克思恩格斯选集》第4卷，人民出版社1972年版，第463页。
② 《在鲁迅艺术学院的讲话》，《毛泽东文艺论集》，中央文献出版社2002年版，第17页。
③ 《改造旧艺术，创造新艺术》，《毛泽东文艺论集》，中央文献出版社2002年版，第126页。
④ 《在延安文艺座谈会上的讲话》，《毛泽东文艺论集》，中央文献出版社2002年版，第42页。

抄袭模仿、千篇一律的问题，存在着机械化生产、快餐式消费的问题。①
习近平认为，文艺不能在市场经济大潮中迷失方向，不能在为什么人的问
题上发生偏差，否则文艺就没有生命力。低俗不是通俗，欲望不代表希
望，单纯感官娱乐不等于精神快乐。文艺精品之所以"精"，就在于其思
想精深、艺术精湛、制作精良。要坚持百花齐放、百家争鸣的方针，发扬
学术民主、艺术民主，营造积极健康、宽松和谐的氛围，提倡不同观点和
学派充分讨论，提倡体裁、题材、形式、手段充分发展，推动观念、内
容、风格、流派切磋互鉴。② 从而为文艺发展创造一个良好的文化环境，
从而给文艺事业的发展带来积极的影响。而这都需要我们的文艺工作者有
着时代性的意识和要求。

　　文艺工作的时代性要求在实践层面，主要体现在弘扬中国精神和社会
主义核心价值观上。《意见》指出，繁荣发展社会主义文艺，必须要聚焦
中国梦的时代主题，深入实践、深入生活、深入群众，推出更多无愧于民
族、无愧于时代的文艺精品。③ 笔者认为，所谓中国精神，就是以实现中
国梦为指引，将中国元素转化为中国精神，将价值观念融汇在艺术语言、
艺术情感、艺术形象之中，以艺术性和感染力体现中国梦的精神内涵。而
我们繁荣发展社会主义文艺，要有时代性意识，要聚焦中国梦的时代主
题，培育和弘扬社会主义核心价值观，唱响爱国主义主旋律，传承和弘扬
中华优秀传统文化，让中国精神成为社会主义文艺的灵魂。而弘扬中国精
神，则需要我们的文艺工作者立足和聚焦于中国梦这个时代主题的基础上
传达中国经验和讲述中国故事。

　　为了弘扬中国精神，习近平特别指出，文学、戏剧、电影、电视、音
乐、舞蹈、美术、摄影、书法、曲艺、杂技以及民间文艺、群众文艺等各
领域都要跟上时代发展、把握人民需求，以充沛的激情、生动的笔触、优
美的旋律、感人的形象创作生产出人民喜闻乐见的优秀作品，让人民精神
文化生活不断迈上新台阶。④ 习近平强调要重视传统文化，这一方面是对

---

① 习近平：《文艺不能在市场经济大潮中迷失方向》，新华网，2014 年 10 月 15 日（http：//
news. xinhuanet. com/politics/2014 – 10/15/c_ 1112840544. htm）。

② 同上。

③ 《关于繁荣发展社会主义文艺的意见》，《人民日报》2015 年 9 月 12 日。

④ 习近平：《文艺不能在市场经济大潮中迷失方向》，新华网，2014 年 10 月 15 日（http：//
news. xinhuanet. com/politics/2014 – 10/15/c_ 1112840544. htm）。

我国几千年的文化积淀的肯定，另一方面也是对现代社会艺术工作者自身修养和创作导向的要求。

在我看来，时代的进步，精神文明建设的发展，人民的文化素质的提高，使得人们对文艺作品的要求提高，这种要求本身对于文艺事业的健康发展是一种向上的促进力和推动力。文学、戏剧、电影、电视、音乐等人才都是新时代人民精神文化发展的必然需要，而这些文艺工作者的主要培养基地集中在传媒院校，因此习近平同志的讲话也为如何培养新时代的传媒人才提出了新的要求和考验，认为我们应当努力培养一大批高水平、高素质的文化传媒人才，为中国文艺事业的传播发展，为中国文化传媒事业的腾飞作出贡献。

此外，从习近平的讲话和《意见》中透出一个很重要的信息：对于网络文学的重视。对此，习近平同志在不同场合都有表述和强调。2013 年 8 月 19 日，在全国宣传思想工作会议上，习近平首次公开谈及关于媒体融合的想法与概念。他说："根据形势发展需要，我看要把网上舆论工作作为宣传思想工作的重中之重来抓。宣传思想工作是做人的工作的，人在哪儿重点就应该在哪儿。我国网民有近六亿人，手机网民有四亿六千多万人，其中微博用户达到三亿多人。很多人特别是年轻人基本不看主流媒体，大部分信息都从网上获取。必须正视这个事实，加大力量投入，尽快掌握这个舆论战场上的主动权，不能被边缘化了。"他强调，"要适应社会信息化持续推进的新情况，加快传统媒体和新兴媒体融合发展，充分运用新技术新应用创新媒体传播方式，占领信息传播制高点"。2014 年 2 月 27 日，习近平主持召开中央网络安全和信息化领导小组第一次会议时提出：做好网上舆论工作是一项长期任务，要创新改进网上宣传，运用网络传播规律，弘扬主旋律，激发正能量，大力培育和践行社会主义核心价值观，把握好网上舆论引导的时、度、效，使网络空间清朗起来。2014 年 8 月 18 日，习近平同志主持召开中央全面深化改革小组第四次会议，明确提出传统媒体和新兴媒体融合发展问题。在《意见》中，更是明确提出"大力发展网络文艺"的口号。

将网络文学作为社会主义文艺事业发展的一个重要组成部分，是习近平将现时代科技发展与文艺事业相结合的必然产物。网络是一种传媒手段，互联网这一重要的传媒工具在党和政府的引导和管理之下正在逐步成为社会主义先进文化传播的重要途径。繁荣网络文艺成为时代之需，是我们党在坚持社会主义文艺发展的方向的前提之下，顺应人民对网络的需求，顺应电子媒介时代发展的需要所提出的正确决策。而且，对网络文艺的大力倡导也说明：中国传媒事业的发展已经得到了政府和相关部门的认同，传媒事业的发展壮大势不可当。

人类文明的发展离不开先进文化的引导，中华民族的伟大复兴和繁荣昌盛同样离不开文艺事业的发展壮大。习近平的文艺思想始终坚持中国特色社会主义文化的前进方向，是在继承马克思主义、毛泽东和邓小平文艺思想基础上的当下发展，也是新时期实现民族复兴和伟大中国梦的社会主义文艺建设的理论指南。

本土化问题：中国马克思主义
文学理论的符号学维度缺失

傅其林[*]

摘要　本文从较为宽泛的符号学视角来探寻中国马克思主义文学理论的合法性与阐释效力的问题，从俄苏马克思主义与符号学的复杂纠结、西方马克思主义符号学模式来思考中国马克思主义文艺理论本土化的符号学维度的缺失。这种本土化缺失使得中国马克思主义文学理论在世界马克思主义文艺理论体系中体现出"集体的失语"状态。如何提升中国马克思主义文学话语的阐释力，如何建构具有当代合法性的中国马克思主义符号学，是中国马克思主义文学理论的瓶颈问题。

关键词　马克思主义文学理论；本土化；符号学

中国马克思主义文学理论在国内、国外面临着失语的危机。原因复杂多样，其中之一是文学阐释的合法性问题。这既意味着理论本身的话语力量，也意味着理论抓取文学现实的效力。可以说，文学理论的阐释力关乎中国马克思主义文学理论未来的命运。从世界视野来看，马克思主义文学理论虽然危机不断，但是在与现象学、精神分析理论、语言符号学的现代遭遇中以新的形态与强有力的阐释力量奠定了合法性地位，已经成为世界文学理论话语空间的重要维度，在当代文学实践活动中仍然熠熠生辉。这种发展的、创造的、对话的理论姿态为中国马克思主义文学理论本土化的

---

　* 傅其林（1973—　），男，四川岳池人，文学博士，四川大学文学与新闻学院教授，博士生导师。本文系国家社科基金重点项目"国外马克思主义文论的本土化研究——以东欧马克思主义文论为重点"（项目编号：12AZD091）阶段性成果。

合法性危机的解决提供了诸多启示。本文仅从较为宽泛的符号学①（语言、形式、叙述、结构等符号学元素）视角来探寻中国马克思主义文学理论的合法性与阐释效力的问题，从俄苏马克思主义与符号学的复杂纠结、西方马克思主义符号学模式来思考中国马克思主义文艺理论的缺失，并试图寻找建构中国马克思主义符号学的三条本土化路径。

一 俄苏马克思主义与符号学的纠结

中国马克思主义文学理论是马克思主义与中国现实文学实践相结合的话语，在中国文学阐释中发挥过重要的作用，在一段时期内是文学阐释的合法性的重要基础。但是随着社会经验转型、知识话语的推进与文学实践的变迁，已有的话语体系的阐释力日益枯竭。这不独是理论不关注实践的问题，而且是理论本身的阐释力的问题，是理论的真正对话性的丧失的问题，是理论本土化的缺陷问题。我们在实践俄苏马克思主义文学理论的时候忽视了后者与符号学的复杂纠结，而这种纠结不断推动俄苏马克思主义文论的发展与转型。俄苏马克思主义文论与符号学的关系类似于猫和老鼠的关系，两者看似各自独立，彼此不相往来，一个以历史唯物主义为根基，强调物质实在与社会存在的基础性，一个以符号体系为要旨，注重符号意义的规则阐发。不过，两者实则生死纠缠，相见恨晚又彼此敌视，彼此纠结在一起。不论是敌视，还是批判与吸收，皆具有对话性。列宁、托洛茨基、巴赫金、赫拉普钦科等俄苏马克思主义文艺理论家在马克思主义与符号学的纠结中形成了不同形态的文艺理论。

列宁与符号学发生过激烈的对话，他在批判符号论唯心主义的基础上阐发了唯物主义认识论哲学体系，确立了反映论和实践论文艺思想。奥地利学者马赫的作为感觉复合的物体理论以及与之相关的法国数学家和物理学家彭加勒（Henri Poincaré）的思想和俄国数学家尤什凯维奇的观点都倾

① 根据索绪尔的观点，"语言学不过是符号学这门总的科学的一部分"。见［瑞士］费迪南·德·索绪尔《普通语言学教程》，高明凯译，商务印书馆1982年版，第38页。而罗兰·巴特（又译巴尔特）反其道之，认为："符号学乃是语言学的一部分，是具体负责话语中大的意义单位的那部分。"参见［法］罗兰·巴尔特《符号学原理》，王东亮等译，生活·读书·新知三联书店1999年版，第3页。尽管对符号学有不同的界定，但是较为宽泛的符号学包括语言、形式、符号形态、符号结构、叙述等问题，参见 Paul Cobley ed. , *The Routledge Companion to Semiotics*. Routledge，2010。

向于实证论和符号学。列宁认为，马赫把"恒定的核心"对身体的中介作用视为感觉的形成机制，由此物质成为贝莱特所谓的"赤裸裸的抽象符号"。① 彭加勒的符号学思想认为，自然规律是人为了"方便"而创造的符号、约定，"彭加勒把具有普遍意义的、大多数人或所有人都承认的东西叫做客观的东西"。② 尤什凯维奇则提出了"经验符号论"，发表了《从经验符号论观点看现代唯能论》一文。这些马赫主义者追求经验实在论，重视符号形式与规律，强调"逻辑的先验"，追求数学的函数关系表达，寻觅因果论的"一切形式"，事实上是符号学研究的重要问题。但是列宁对之进行尖锐的批判，认为这些观点"幼稚得惊人"，"纯粹是无稽之谈"，否定了唯物主义的客观真理，转向了唯心主义，"我们的尤什凯维奇之流天真到了什么程度。他们把一种什么'符号论'当做真正的新货色，可是稍微有点学识的哲学家们却直截了当地说：这是转到批判唯心主义的观点上去了！因为这种观点的实质并不一定在于重复康德的说法，而是在于承认康德和休谟共同的基本思想：否认自然界的客观规律性，从主体、从人的意识中而不是从自然界中引出某些'经验的条件'，引出某些原则、公设、前提"。③ 因此，列宁以物质第一性、精神第二性的唯物主义认识论彻底否定了具有符号学特征的马赫经验主义思想，甚至否定了后者的基本概念，"恩格斯并没有说感觉或者表象是物的'符号'，因为彻底的唯物主义在这里应该用'映像'、画像或者反映来代替'符号'"。④ 列宁所设立的反映论与符号论的基本界限是唯物主义和唯心主义的界限，可以说形成了马克思主义与符号学的基本哲学立场与政治立场，影响到俄苏的马克思主义文学理论与符号学、形式论的长期论战。

在激烈的复杂的论战中，俄苏马克思主义文学理论获得了发展，产生一批重要的具有世界影响力的马克思主义论著，较为典型的是托洛茨基的《文学与革命》、巴赫金的《马克思主义与语言哲学》等。托洛茨基1923年出版的杰作《文学与革命》的第五章即是"诗歌的形式主义学派与马克思主义"，较为鲜明地在文学理论层面对待马克思主义与形式符号学的问

① 列宁：《唯物主义和经验批判主义》，载《列宁专题文集·论辩证唯物主义和历史唯物主义》，人民出版社2009年版，第7页。

② 同上书，第70页。

③ 同上书，第71页。

④ 同上书，第6页。

题。他延续列宁的思路，认为形式主义学派是唯心主义艺术理论，"对于他们来说，'太初为词。而对于我们来说，太初为事。语词出现在事件之后，有如它的有声的影子'"。① 但是托洛茨基与列宁断然拒绝的姿态不同，充分地认识到形式主义学派的重要性，认为形式主义者的一些探索工作是完全有益的，"在宣布形式是诗的实质之后，这一学派将自己的任务归结为对诗歌作品的词源与句法特征的分析（实质上是描述性的、半统计性的条件），归结为对重复出现的元音与辅音、音节、修饰语的计数。这次被形式主义者'不按规矩地'称之为诗的科学或者诗学的局部工作，无疑是必要的、有益的"。② 可以说托洛茨基的文学观整合了形式主义符号理论的积极元素，形成了具有形式与社会的辩证法的马克思主义文学理论。巴赫金的《文艺学中的形式主义方法》、《马克思主义和语言哲学》等著述仍然持续对形式主义进行深入批判，展开"正面交锋"，指出其唯心主义错误，但是他充分认识到形式主义的贡献，所以巴赫金认为，"马克思主义科学也应该感谢形式主义者，感谢他们的理论能够成为严肃批判的对象，而马克思主义文艺学的基础能在批判过程中得到阐明，变得更加坚实"。③ 他在批判西方各种类型的形式主义语言学的时候，尤其关注以索绪尔为代表的注重符号内在联系与逻辑规则的符号学观点。他在彼此的交锋中融合了语言哲学，重建了形式符号与意识形态的关系，创造性地建构了马克思主义符号学，从而奠定了马克思主义文学意识形态论的符号学基础。如果说任何话语都具有对话性，那么语言的意指产生过程始终联系着特有的社会群体的价值观，这种价值观完全由经济基础所决定。话语内含着意识形态，而意识形态也具有符号性："一切意识形态的东西都有意义：它代表、表现、替代着在它之外存在着的某个东西，也就是说，它是一个符号。哪里没有符号，哪里就没有意识形态。"④ 文学的意识形态使"物体转换成了符号"。由此，文学作品、话语、符号意指与意识形态融为一体。巴赫金的马克思主义文艺理论由于具有与语言符号学对话的因素，使得其理论获得了创新性和深刻的阐释力，甚至获得了符号学领域的高度认同。法国结

---

① ［苏联］托洛茨基：《文学与革命》，刘文飞、王景生、季耶译，外国文学出版社 1992 年版，第 170 页。

② 同上书，第 151 页。

③ 钱中文主编：《巴赫金全集》第二卷，河北教育出版社 1998 年版，第 343 页。

④ 同上书，第 349 页。

构主义符号学家托多罗夫在评价巴赫金时认为，"米哈伊尔·巴赫金无疑是二十世纪人文科学领域里最重要的苏联思想家，文学界最伟大的理论家"，① 他超越关注人的文体学和强调抽象语法形式的结构语言学，注重语言与历史的相互影响，超越了"形式与内容这个僵死的二分法，建立了意识形态里明确的分析方法"。② 钱中文在《巴赫金全集》中文版的长篇序言《理论是常青的——论巴赫金的意义》中揭示了巴赫金符号学的重要地位，他在伊凡诺夫的论断的基础上总结说："巴赫金的符号学观点提出于二十年代，而我们知道，符号学作为一个热门话题则是五十年代至六十年代。"③

　　20 世纪 60 年代以后，俄苏的马克思主义文艺理论在改革的浪潮中不断切入符号学领域，逐渐改变马克思主义与符号学之间的敌对关系，不仅涌现出颇具影响力的符号学流派塔尔图学派，而且促进了马克思主义文艺理论与符号学的融合。赫拉普琴科的探索具有代表性，他提出的"综合艺术形象"的概念充分地整合了符号学的思想。他沿着列宁反映论的思路，对符号学本体论进行批判，但是认识到符号和符号系统在人的社会生活中的重大作用，因而认为"艺术形象和审美符号的相互关系，是文学和艺术符号学的最重要的理论问题"。④ 综合艺术形象强调现实的基础性、独一无二的创造性以及强有力的概括性，而审美符号强调约定俗成的规则、意义结构的恒定性、符号与对象的替代性，因而两者具有本质的区别。但是在赫拉普琴科看来，两者有密切的联系："审美符号的产生，有赖于艺术概括的需要，而在艺术的进一步发展中，这些符号一方面在某种程度上与现实的、典型的东西的体现保持着特殊的联系，另一方面作为超感性的和非现实的东西的固定观念的标志而出现，作为那些用来替代生活的真正图景的条条和框框而出现。这两个过程相互之间经常互相交织和发生碰撞。"⑤正是在历史结构与符号学的严肃的对话性中形成发展的"历史诗学"，使

---

① ［法］托多罗夫：《巴赫金、对话理论及其他》，蒋子华、张萍译，百花文艺出版社 2001 年版，第 171 页。

② 同上书，第 172 页。

③ 钱中文：《理论是常青的——论巴赫金的意义》，载钱中文主编《巴赫金全集》第一卷，河北教育出版社 1998 年版，第 30—31 页。

④ ［苏联］赫拉普琴科：《审美符号的本性》，载《赫拉普琴科文学论文集》，张捷、刘逢祺译，人民文学出版社 1997 年版，第 244 页。

⑤ 同上书，第 250 页。

赫拉普琴科成为"苏联语文学科公认的带头人和国际学术界马克思主义文艺学的当之无愧的全权代表"。①

可以看到，俄苏马克思主义文艺理论长期与符号学保持着弥漫硝烟的交锋，这种严肃的对话性既促进了苏联符号学的繁荣，又迎来了马克思主义文艺理论的生机和力量。

二　西方马克思主义与符号学的融合

与俄苏马克思主义文艺理论不同，西方马克思主义并没有激烈地敌视符号学，而是积极地介入符号学话语、思维机制与学科意识之中，出现了所谓的语言学转向。詹姆逊的态度具有代表性，"以意识形态为理由把结构主义'拒之门外'就等于拒绝把当今语言学中的新发现结合到我们的哲学体系中去这项任务。我个人认为，对结构主义的真正的批评需要我们钻进去对它进行深入透彻的研究，以便从另一头钻出来的时候，得出一种全然不同的、在理论上较为令人满意的哲学观点"。② 这种严肃的"拿来主义"形成了具有活力的西方马克思主义文艺理论，在世界马克思主义文艺理论中占据着核心的地位，成为影响马克思主义疆域之外的文学阐释力量，既促进马克思主义文艺理论的发展与转型，又带来了阐释文化现实的深刻性、敏锐性、有效性。西方马克思主义者以开放的对话姿态积极介入符号学，获得了马克思主义文艺理论阐释力，不仅对文学文本的符号体系进行了更为细致的把握，洞悉文学的内在特征，更触摸到复杂的符号体系与社会历史的辩证关系，在某种意义上形成了社会符号学、历史符号学、政治符号学等核心领域，促进了符号学本身的发展。

西方马克思主义与符号学的融合而产生的关键词语、话语体系、文学批评实践丰富复杂，既独特又新颖，既有结构主义符号学介入下的阿尔都塞学派形态，也有与语义学融合的沃尔佩模式，既有哈贝马斯基于普通语用学、言语行为理论基础的交往理论、克里斯蒂瓦的女性主义符号学，又有索绪尔、叶尔姆斯列夫等视野下的列斐伏尔、罗兰·巴特、鲍德里亚的

---

① ［苏联］斯捷潘诺夫、尼古拉耶夫：《编辑说明》，载《赫拉普琴科文学论文集》，张捷、刘逢祺译，人民文学出版社1997年版，第1页。

② ［美］弗雷德里克·詹姆逊：《语言的牢笼·马克思主义与形式》，钱佼汝、李自修译，百花洲文艺出版社1995年版，第3页。

消费文化符号学、符号政治经济学、大众文化符号学，既有威廉斯的符号体系的意义生产理论、伊格尔顿的文本生产理论，又有詹姆逊的作为"社会的象征（符号）行为"的文学观念。可以说，西方马克思主义与符号学对话性的融合促进了马克思主义文学理论新形态的形成，带来了马克思主义文艺理论的当代生机。这里以詹姆逊为例来审视马克思主义与符号学的融合所带来的创造性。詹姆逊在 20 世纪 70 年代初以《马克思主义与形式》和《语言的牢笼》两本著作奠定了美国马克思主义与语言符号学对话的基础。《马克思主义与形式》梳理了阿多诺、本雅明、马尔库塞、布洛赫、卢卡奇、萨特等马克思主义文学理论家对于形式的关注与辩证的阐释，这为詹姆逊确立新型的马克思主义阐释学奠定了基础。詹姆逊挪用了歌德和洪堡从普罗提诺那里发展而来的"内部形式"概念，确立了具有形式符号学的马克思主义诠释学，"内部形式"的概念"犹如在辩证过程中由此一时刻向彼一时刻运动一样，它在时间中从外部形式向内部形式运动，因而它所强调的是解释本身的运作机制。这样，批评家就被召回到自己过程中来，这种过程是在时间中展开的形式，也是反映批评家自己的具体社会和历史情景的形式"。[①] 基于形式符号辩证理解的马克思主义文学理论为解读当代文化作品获得了有效性，因为这些文化作品不再是过去的现实主义类型，而是"一种几乎被忘记的代码中的符号，甚至是本身不可识别的疾病的征兆，是我们久已失去感官来察看的一个总体的碎片"。[②] 因而这种文化作品呼唤着符号学的破译与诊断。詹姆逊在《语言的牢笼》中通过对索绪尔、俄国形式主义和法国结构主义语言符号学的清理既看到语言符号模式的困境，也充分认识到其阐释效力。他在格雷马斯的符号意义理论中寻找到具有意味的概念"转码"来建构形式结构与历史、意识形态的复杂机制，"真实就是转码，就是一种代码调换为一种代码——我本人却更倾向于说（根据格雷马斯一个类似的说法）真实——效果包括、或者说来自这样一种概念变换"，[③] 这样就从永恒的结构框架中解放了出来，既解救了结构主义符号学的困境，也显示了马克思主义符号学的话语力量。詹姆逊的马克思主义文艺理论包含着鲜明的符号学维度，其对政治无意识的洞察，

① Fredric Jameson, *Marxism and Form*. Princeton University Press, 1974, p. 401.

② Ibid. , p. 416.

③ ［美］弗雷德里克·詹姆逊：《语言的牢笼·马克思主义与形式》，钱佼汝、李自修译，百花洲文艺出版社 1995 年版，第 181 页。

对现实主义、现代主义、后现代主义的批评，对晚期资本主义文化逻辑的揭示，对电影的地缘政治美学分析，无疑展示出阐释的犀利性与创造性。

西方马克思主义符号学不仅批判索绪尔模式的符号学和皮尔斯模式的符号学，而且也吸收了这两种经典符号学的成果，并对更为多样化的符号学作出独立的思考，这不仅使马克思主义获得了新的阐释力量，而且成为世界符号学体系中的重要组成部分。波兰马克思主义者沙夫的符号学思想成为世界符号学领域的重要成果，得到国际符号学界的关注。在 2004 年由米克·巴尔（Mieke Bal）主编的四卷本《叙述理论》中，西方马克思主义叙述学、符号学模式是不可缺少的一个领域，被称之为"政治叙述学"，因为"叙述理论本身是政治的"①。政治叙述学占据了整整一卷，涉及对关涉/修辞、政治、意识形态、欲望、时间等方面的叙述学、符号学的思考。从某种意义上说，20 世纪 90 年代所兴起的后经典叙述学与"批判符号学"（critical semiotcis）② 正是西方马克思主义早已在经典叙述学最具生产力的时期所做的探索。西方马克思主义不仅创造性地阐释马克思主义经典文本，随时保持着与新兴的文学理论、哲学社会文化思潮的对话，这为马克思主义未来发展提供了可资借鉴的理论态度和方法论机制，在很大程度上较为有效地构建了马克思主义文学理论本土化的多维形态。

三　中国马克思主义文学理论的符号学失语

事实上，俄苏马克思主义文学理论和西方马克思主义文学理论是马克思主义在西方各国本土化的创造性成果，体现了马克思主义与符号学的对立、对话与吸纳，也体现了与本土经验包括语言表述经验融合的复杂性。这些异质元素的交流彰显了马克思主义文学理论的当代阐释力量。这些马克思主义本土化形态对于反思中国马克思主义文艺理论本土化问题，无疑提供了一个重要的参照。在这种视野下不难看到，中国马克思主义文学理论缺失了马克思主义与符号学的交锋、交流、融合，这导致了它阐释能力的限度，也导致了中国马克思主义文学理论在世界马克思主义文学理论话

---

① Mieke Bal, "Introduction to Volume III", in Mieke Bal ed., *Narrative Theory*. Vol. III. *Political Narratology*. Routledge, 2004, p. 2.

② Scott Simpkins, *Literary Semiotics: An Critical Approach*. Lanham: Lexington Books, 2001, p. 5.

语空间中的"失声"。笔者曾在一篇文章中认为："苏联学者卡冈所编撰的《马克思主义美学史》一书居然没有中国的马克思主义文论和美学的一点声音，而诸如罗马尼亚、波兰、捷克等小国的马克思主义美学却熠熠生辉。"① 1992 年马尔赫恩主编的《当代马克思主义文学批评》选取的是法国、英国、美国、德国、澳大利亚五个国家的马克思主义文学理论；伊格尔顿和米尔恩 1996 年主编的《马克思主义文学理论读本》涉及的范围较广，不仅选取马克思、恩格斯、列宁、托洛茨基等经典马克思主义者的文学理论文本，还选取了卢卡奇、阿多诺、本雅明、巴特、布莱希特、詹姆逊等西方马克思主义者的文献，甚至涉及印度的阿迈德（Aijaz Ahmad）、非洲的阿穆塔（Chidi Amuta）的马克思主义文学理论，但是没有中国马克思主义文学理论的声音。② 可以说，中国马克思主义文学理论在世界马克思主义文艺理论体系中体现出"集体的失语"状态，③ 这不能不引起中国马克思主义文艺理论界的深思。

其中缘由是复杂的，但是从学理上来看，中国马克思主义文学理论在本土化方面存在着致命的缺陷，在本土化过程中尤其缺乏马克思主义与符号学的对话与融合，缺少符号学维度的思考。中国马克思主义文论的本土化主要关注革命实践层面，忽视甚至反对理论阐释与学理思考。正如毛泽东所提出的反对本本主义，反对抽象理论的思考，更多地投入到文化战斗之中，主张"从实际出发，不是从定义出发。如果我们按照教科书，找到什么是文学、什么是艺术的定义，然后按照它们来规定今天文艺运动的方针，来评判今天所发生的各种见解和争论，这种方法是不正确的"④，"我

---

① 傅其林、冯春天：《中国马克思主义文论的全球化和本土化问题》，《学术交流》2014 年第 12 期。

② C. F. Terry Eagleton & Drew Milne eds. *Marxist Literary Theory：A Reader.* Oxford：Blackwell Publishers Ltd. , 1996.

③ 不过，一些汉学家对中国马克思主义文学理论是比较关注的，如皮克维兹（Paul Pickowicz）对瞿秋白的马克思主义文艺理论的研究，麦克道戈（Bonnie McDougall）对毛泽东的《在延安文艺座谈会上的讲话》的翻译与文本阐释，等等。C. F. Fu Qilin, "The Reception of Mao Zedong's Yan'an Talks in the English Scholarship", *Comparative Literature and Culture*, Volume 17 Issue 1（March 2015）. 更为可贵的是，汉学家和文学理论家佛克马和易布思 1977 年在伦敦出版的著作《二十世纪文学理论》中把中国马克思主义文艺理论尤其是毛泽东的《在延安文艺座谈会上的讲话》视为二十世纪马克思主义文学理论的重要组成部分，进而作为二十世纪世界文学理论的组成部分。参见［荷兰］佛克马、易布思《二十世纪文学理论》，林书武等译，生活·读书·新知三联书店 1988 年版。

④ 《在延安文艺座谈会上的讲话》，《毛泽东选集》第 3 卷，人民出版社 1991 年版，第 853 页。

们说的马克思主义，是要在群众生活群众斗争里实际发生作用的活的马克思主义，不是口头上的马克思主义。把口头上的马克思主义变成实际生活的马克思主义，就不会有宗派主义了"。① 中国马克思主义文艺理论本土化强调实践性、本土现实经验，形成了具有革命功利性的文艺理论形态，成绩是巨大的，也是有独特意义的。不过，在这种本土化的过程中缺失了与世界文学理论的深度对话，它受到俄苏马克思主义文艺理论影响，但是没有深入吸收俄苏马克思主义文艺理论与符号学的激烈交锋，甚至没有充分地吸收俄苏马克思主义文艺理论提出的符号学思想，按照佛克马和易布思的观点，"毛泽东文艺思想的排他性和措辞的不可辩驳性，阻碍了中国作家探索符号与概念或语词与现实的关系"②，"结构整体的概念使文本具有不可侵犯性，这对于马克思主义文艺理论来说是一种叛逆"。③ 中国马克思主义文艺理论激烈地敌对"形式主义"但又缺乏对形式主义理论深入研究，它以获得俄苏的意识形态基本走向的认同而忽视了马克思主义与符号学复杂而深刻的思想撞击，也就在理论形态上丧失了符号学的维度，而形成了具有鲜明的马克思主义意识形态特征的文学观念。因而普遍认为，只要坚持从实践和党性出发，就能走向一条正确的马克思主义文艺理论道路。令人反讽的是，西方符号学家也思考了马克思主义问题，如列维—斯特劳斯对上层建筑的结构符号学的阐释，罗兰·巴特对资本主义的符号神话批判，格雷马斯的"话语社会符号学"，艾柯对《巴黎手稿》的异化理论的符号学理解，普拉特（Mary Louise Pratt）的意识形态的言语行为研究等，而且皮尔斯、莫里斯的符号学也包含了唯物主义元素，但是80年代以来符号学进入中国学术领域之后几乎成为纯粹形式结构的符号学，无视了马克思主义维度，这无疑延缓了中国马克思主义符号学的思考。

事实上，中国学界对现代符号学学科的思考是比较早的，语言学家兼数学家、音乐家赵元任在1926年的《科学》杂志上就发表了文章《符号学大纲》，在西方符号学研究的视野下提出"普通的符号学"思路，即研究符号的性质、调查与分析各门学术里所用的一些符号系统、研究符号好

---

① 《在延安文艺座谈会上的讲话》，《毛泽东选集》第3卷，人民出版社1991年版，第855页。
② ［荷兰］佛克马、易布思：《二十世纪文学理论》，林书武等译，生活·读书·新知三联书店1988年版，第123页。
③ 同上书，第126页。

坏的原则、改良不好的符号、创造缺乏的符号。① 这里既有理论符号学也有应用符号学。后来，他还提出了具有中国特色的汉语符号系统的问题，有《中国话的文法》《语言与符号系统》《谈谈汉语这个符号系统》等著述，其与西方符号学对话而形成的汉语符号学在国内外产生了重要影响。虽然他没有深入研究马克思主义，但是在皮尔斯、罗素、莫里斯等英美符号学家的影响下形成的汉语符号学思想已经具有了一些马克思主义因素。其符号学思想涉及语言符号教育，强调符号与现实生活的联系，关注符号的价值、政治问题。他指出，"人们能够在语言和政治—地理的意义上谈及中国语言"。② 20 世纪 20 年代新批评学派、罗素的符号学思想也在中国有着本土化的基础。但是这些新兴的符号学思想并没有引起中国马克思主义文艺理论的关注，更不用说有对峙、交锋与融合的严肃思考。因而与国外马克思主义文学理论的本土化形态相比，中国的本土化形态是实践的、行动的，也是相对单一的话语形态，缺乏与符号学尤其是新兴的符号学进行对话的机遇，这事实上直接影响中国马克思主义文艺理论的阐释力问题。

随着中国模式在世界的崛起与认可，中国马克思主义文艺理论也应该弥补本土化的缺失，在多元本土化的实践中突出马克思主义与符号学的对话，充分借鉴国外马克思主义符号学思想，以形成具有中国特色的马克思主义符号学形态，在新的文化语境中显示中国马克思主义文艺理论阐释的合法性与生命力。虽然一些马克思主义文艺理论家已经开始有所注意，譬如对文学审美意识形态理论的语言符号维度的深化，③ 但是仍然需要在全

---

① 赵元任：《符号学大纲》，见《赵元任语言学论文集》，商务印书馆 2002 年版，第 178 页。

② Yuan Ren Chao, *Language and symbolic system*，载《赵元任全集》第三卷，商务印书馆 2004 年版，第 965 页。

③ 钱中文、冯宪光的研究具有代表性。钱中文从 20 世纪 80 年代开始在巴赫金的对话理论以及法国、苏联符号学的研究中深化中国马克思主义文艺理论研究，尤其推进文学审美意识形态论的符号维度建构，他认为："审美意识在长期发展中积淀了人的生存感受与感悟。先在口头语言的形式中获得表现，成为一种审美意识形式；其后融入了具有符号象征意义的文字，融入了具有独特的节奏、韵律的诗性语言的文字结构，使得审美意识获得了书写、物化的形式，特别在话语、文字多种结构的样式中，显示了与生俱来的诗意的审美与社会价值、意义、功能的复式构成的基本特性，以及它们之间高度的张力与平衡，最后历史地生成而为现代意义上的审美意识形态，试图找回文学本质特性探讨和文学观念形成中的历史感。"参见钱中文《文学意识形态与不是意识形态论引起的论争——兼论文学审美意识形态的逻辑起点及其历史生成》，《中外文化与文论》2007 年第 14 辑。冯宪光深入研究西方马克思主义文艺理论的语言符号学思想，不断推进从认识论到语言符号论的转型，结合汉语结构特征，力图"建构当代中国马克思主义文学理论的审美意识形态的文本分析理论"。参见冯宪光、马睿《审美意识形态的文本分析》，四川大学出版社 2001 年版，第 35 页。

球知识视野下深入展开交锋与交流。这可以有多条路径，其中三条是值得注意的。一是对国外马克思主义与符号学的交锋与融合的深入研究，从学理层面深入把握马克思主义与符号学的对话的可能性及其对话的有效性，这既包括俄苏马克思主义与符号学的纠结，也包括西方马克思主义与符号学的对话，还包括斯特劳斯、托多罗夫等结构主义符号学家对马克思主义的阐释，这是属于中国马克思主义文艺理论与国外马克思主义文艺理论的深入对话与融合的问题，也是国外马克思主义文艺理论本土化的重要维度。二是中国马克思主义文艺理论对国外代表性符号学成果的研究与吸纳。国外符号学从流派与关键概念到理论实践出现了众多著述，思想新颖，观点深刻，阐释有力，既有欧洲结构主义语言符号学，又有英美逻辑实证主义符号学、实用主义符号学。这些符号学思想在中国已经进行了较为深入的研究，而中国马克思主义文艺理论没有认真地对待，这无疑影响到中国马克思主义文学理论的深度与阐释力。国外符号学在文本分析、意义阐释、结构机制方面的研究成绩斐然，中国马克思主义文艺理论与之深入对话，无疑会产生新的理论思维与话语形态，提升中国马克思主义阐释文学实践的能力。三是中国马克思主义文艺理论与中国符号学思想的对话。中国传统思想中不乏中国特色的丰富的汉语符号学思想，"言意之辨"、名实之论、"道可道，非常道"、《说文解字》《中原音韵》《集韵》《佩文韵府》等，不胜枚举，既有中国汉语音韵符号系统也有文字符号系统、语义语法符号系统。中国学者如何从马克思主义视野进入这些符号学思想，仍然是亟待研究的课题。沈约所言："欲使宫徵相变，低昂舛节，若前有浮声，则后须切响。一简之内，音韵尽殊；两句之中，轻重悉异。妙达此旨，始可言文。"（见遍照金刚《文镜秘府论》）这包含着汉语符号学的思想。按照赵元任所阐释，汉语符号学具有符号学的普遍性，也是独特的。汉语符号系统"更加微妙的是韵律，诗人可以用它来象征（symbolize）某种言外之意"。[①] 譬如岑参的诗句"北风卷地白草折，胡天八月即飞雪。忽如一夜春风来，千树万树梨花开"。用官话来念押韵的字"折"、"雪"、"来"、"开"，没有什么特别的地方，可是用常州方言来念，头两句收迫促的入声，后两句收流畅的平声，这种变化暗示着冰天雪地到春暖

[①] 赵元任：《谈谈汉语这个符号系统》，见《赵元任语言学论文集》，商务印书馆2002年版，第877页。

花开两个世界，"这是韵律象征着内容"。① 可以说，中国马克思主义文艺理论如何融入汉语语言符号以及中国符号思维，如何与赵元任的汉语符号学进行对话，关乎中国文学批评的发展，更关乎中国马克思主义文艺理论的阐释力的问题。

综上所述，中国马克思主义文学理论是马克思主义本土化结合的产物，已经形成了中国文学经验的有机部分。但是这种本土化是有缺失的，尤其缺失符号学的维度，在一定程度上影响了马克思主义文学理论阐释中国当代文学经验的有效性。虽然中国马克思主义实践经验包括文学实践是很多国外马克思主义文艺理论所缺失的，中国制度有着得天独厚的现实合法性，但是其文学理论话语远远落后于国外马克思主义文学理论的对话性、创造性、有效性。这事实上表明，当中国取得现实实践的合法性权力基础之后，话语合法性的建构也理应展开，而中国马克思主义文艺理论却推迟了很久，虽然很早接纳了列宁的马克思主义，但是没有充分吸收列宁与世界最新思想激烈碰撞的姿态。

---

① 赵元任：《谈谈汉语这个符号系统》，见《赵元任语言学论文集》，商务印书馆 2002 年版，第 878 页。

重建"对话"思维

——形式主义与马克思主义的理论对话及其理论意义

段吉方[*]

摘要 形式主义与马克思主义的理论对话是 20 世纪西方马克思主义文学批评理论发展中的最富有张力的理论问题，不但充分体现出了审美形式法则自身所具有的理论价值，同时也展现出了审美形式研究对于拓展不同层面的文学理论话语的方式，融合不同文学理论派别解释复杂文学与文化现象，进而把握文学作为语言艺术的特殊性的意义与启发。在学理层面上阐释形式主义与马克思主义的理论对话本身也是深入这两种理论思潮的发展路径的过程，它们的从异质发展到理论对话的过程所涉及的阐释裂隙以及所蕴含的思想能量对当代文学理论发展与建设具有重要的启发。

关键词 形式主义 马克思主义批评 对话思维 对话诗学

作为 20 世纪西方文学批评理论的重要思潮，形式主义和马克思主义分别产生了非常重要的理论影响，它们之间的理论对抗、融通与对话的过程对 20 世纪西方文学批评理论的发展有着重要的启示。形式主义与马克思主义的理论对话不单单是一种理论上的承继和互补，更重要的是一种深刻的思想的融通与发展，这种融通与发展在当代西方文学理论发展中有较明显的回音。由于各自的理论发展的立足点和取向不同，面对形式主义和马克思主义这两种理论思潮，不同的研究者之间会存在着复杂的阐释裂

---

* 段吉方（1975— ），男，现为华南师范大学文学院副院长、教授，主要研究方向为马克思主义文艺理论。

隙，但这种阐释裂隙所蕴含的思想能量无论是对形式主义文论的理论演变还是对马克思主义批评理论的发展中都构成了一种重要的美学要素。在理论上把握和说明形式主义与马克思主义的理论对话过程及其思想蕴含本身也是深入这两种理论思潮的发展路径的过程，当然，它们的从异质发展到理论对话的过程所涉及的问题更加对理解 20 世纪西方文学批评理论的发展进程具有重要的意义。

一　殊途与同归：形式主义与马克思主义理论对话的哲学逻辑

从理论层面上而言，所谓形式主义和马克思主义的理论对话其实就是这两种思潮在理论方法与观念上相互批判借鉴并深入影响对方理论发展的过程，也是在理论发展中彼此吸收对方的理论资源与方法，促进自身理论提升与丰富并展现出深刻的思想影响与辐射的过程。这一过程是复杂的。由于这两种理论思潮分别具有不同的理论根源、学理逻辑及其理论内容，它们各自具有较长的理论发展历史，在彼此理论内部理论家众多，有的甚至存在理论观念上的重大差异乃至分歧，这两种理论观念的发展哪一种都不是绝对单一的，都有很复杂的社会、文化乃至政治意识形态层面上的因素交融其间，常常是存在各种理论支流以及思想流派上芜杂旁溢之处，因此，它们是在何种意义上哪个层面上展开对话的，为什么会存在理论上的对话，以及究竟是怎样展开对话的，对这些问题的不同理解往往影响了对这种两种理论思潮发展走向及其理论价值的分析，从不同的理论方向上来理解这种理论可能与走向往往也会得出不同的理论路径方面的思考，更会影响具体的阐释过程。因此，尽管英国文化理论家托尼·本尼特曾认为："没有必要'要求'和'创造'形式主义和马克思主义之间的对话，这种对话已经进行。"[①] 但实际上，形式主义和马克思主义的理论对话至少在逻辑的和学理的层面上还存在着很复杂的知识论和发生学基础需要认真辨析。

形式主义文论与马克思主义文论的"对话"并非是理论发展自然演变

---

① ［英］托尼·本尼特：《形式主义与马克思主义》，曾军等译，河南大学出版社 2011 年版，第 80 页。

的结果，这其中包含着两种不同的理论形式在哲学观念和理论逻辑内部深层次的理论碰撞和融通的过程。"形式主义"本身是一个涵盖范围比较广泛的理论流派，它既包含艺术和美学理论层面的意义，也有文学批评上的内涵。前者是以20世纪初的克莱夫·贝尔和罗杰·弗莱等为代表的艺术理论，或者则通常指形式主义文论，是以20世纪以来的"俄国形式主义"、"语义学派"、"英美新批评"、"结构主义"等为主的注重文学的语言和结构等形式方面研究的文论派别。在历史上，形式主义文论与形式主义美学和艺术理论既有复杂的联系又有明显的区别，它们在内在的美学精神上是一致的，但由于形式主义文论较明显地受到20世纪西方"语言学转向"的影响，所以它在理论观念上又明显地表现出不同于形式主义美学与艺术理论上的语义学批评的倾向。马克思主义批评对形式主义文论的继承与超越既有美学和艺术层面上的意涵，又有语义学批评上的理论继承，其中更涉及了深层次的审美变形机制问题。从理论表现来看，无论是形式主义美学和艺术理论，还是形式主义文论，它们都内在地包含了一定的理论"自反性"的特征，形式主义美学和艺术理论对审美形式的重视，形式主义文论从语言、形式、结构等层面开启的叩问文学真谛的尝试，它们都并没有拒斥关于文学的基本的审美感觉层面上的意义，这一点也正是与马克思主义美学在古希腊神话、关于古希腊神话的研究、晚年"人类学笔记"中的人类学研究、关于"莎士比亚化"和"席勒式"的现实主义文学理论研究中的审美关切是一致的，这也是形式主义文论与马克思主义批评在审美形式问题上能够展开对话的重要的逻辑基础。苏联著名理论家托洛茨基曾经提出："形式主义竭尽全力地在理论上把自己与马克思主义对立起来"。① 无论是形式主义美学和艺术理论，还是形式主义文论，它们在文学与艺术观念上对具体的社会历史语境与文本意识形态的忽视在很长时间曾经使它们成为批评界的众矢之的，但如果我们深入形式主义理论内部的哲学和美学逻辑，也可以发现类似托洛茨基的见解存在着以偏概全之处。因为在形式主义理论的内部，它们在观念和方法上并非完全是铁板一块整齐划一的。俄国著名形式主义文论家艾亨鲍姆在回顾形式主义文论发展时说："在形式主义者出现时，学院式的科学对理论问题一无所知，仍然在有气无力地运用美学、心理学和历史学的古老原则，对研究对象感觉

---

① ［苏联］托洛茨基：《文学与革命》，刘文飞等译，外国文学出版社1992年版，第150页。

迟钝，甚至这种对象是否存在也成了虚幻。"① 俄国形式主义者们正是发现了当时的文学理论存在着审美感觉研究层面上的理论弱点，所以才重视审美形式研究，这非但没有与马克思主义对立起来，而恰恰是与马克思主义在美学方面的理论追求是一致的。正是在这个意义上，20 世纪以来形式美学的崛起对马克思主义文论最大的影响在于从深层次的美学逻辑上为马克思主义文学理论走出"历史决定论"的外在批评的理论模式找到了理论完善的路径。所以，形式主义与马克思主义的理论对话并非是各自理论本身发展自然的结果，而是文学理论思潮在理论内部思想融通和丰富发展的表征和结果。

理论对话的展开当然也包括了观念与方法上的批判与更新。按英国文化理论家托尼·本尼特的看法，形式主义文论最早的理论渊源有两方面，一是索绪尔的语言学理论，二是康德美学的观念。② 形式主义文论的理论渊源使它具有浓重的现代美学意蕴，并在发展的早期曾被打上过"为艺术而艺术"的标签。但是，形式主义文论的发展也并没有完全行进在康德美学和索绪尔的语言学理论的发展脉络上。在某种程度上，"俄国形式主义"、英美"新批评"、法国结构主义等形式主义文论体现的是文学批评内在的文本学研究特征，在这个方面，语言学层面上的语义研究特性是非常明显的。就像英美"新批评"学派的兰色姆所说："如果一个批评家在诗的肌质方面无话可说，那他就等于在以诗而论的诗方面无话可说"。③ 但是，很快形式主义文论的发展就证明这种理论取向是不明智的，正像法国文学理论家布尔迪厄说的那样："形式主义反对各种历史化的雄心是建立在对其可能性的社会历史条件的无知基础上的。"④ 这构成了形式主义和马克思主义理论对话的另一方面重要的理论基础，那就是，正是因为形式主义文论在理论观念上存在着先天不足，才让它具备了重新"历史化"的理论阐释空间。巴赫金以及杰姆逊、卢卡奇、阿尔都塞、马尔库塞、特里·伊格尔顿、托尼·本尼特等西方马克思主义者正是从形式主义文论的社会

---

① ［俄］艾亨鲍姆：《形式方法的理论》，载［法］茨维坦·托多洛夫《俄苏形式主义文论选编说明》。

② ［英］托尼·本尼特：《形式主义与马克思主义》，曾军等译，河南大学出版社 2011 年版，第 26 页。

③ 赵毅衡编：《新批评文集》，百花文艺出版社 2001 年版，第 108 页。

④ ［法］皮埃尔·布尔迪厄：《纯美学的历史起源》，载周宪编《激进的美学锋芒》，中国人民大学出版社 2003 年版，第 60 页。

历史阐释裂隙中重新整合结构主义、符号学、意识形态等方面的理论成果，并提出了马克思主义的历史诗学问题以及基于马克思主义的审美形式批判的辩证批评理念，并以此构成了他们与形式主义文论展开理论对话的基本的哲学和美学条件。在这个层面上，形式主义和马克思主义的理论对话并不是一种单纯的理论继承和接受的关系，而是体现了不同批评方法在相互影响渗透中而形成的一种"边缘影响"。在形式主义文论发展的后期，其文本语言学研究的特征及其基于康德美学的理论来源的审美形式上的追求并没有完全限定在文本自身的范畴内，在文本研究的过程中往往在语言的层面衍生了某种沟通社会和历史的理论潜质，这也正说明了形式主义和马克思主义的理论对话其实还离不开它们在哲学美学与理论逻辑上的一些基本的理论暗合之处。在这个意义上，形式主义与马克思主义的理论对话具有明显的"文本间性"色彩，体现了二者在不同的理论语境中的理论转换所构成的理论间离与呼应的关系，这也正是形式主义和马克思主义理论对话的基本理论形态。

二　审美之维：形式主义与马克思主义对话的理论路径

正是由于形式主义和马克思主义之间存在理论上的间离色彩以及"文本间性"特征，所以，它们的理论对话存在着理论上的多种可能性与路径。巴赫金的社会学诗学理论、阿尔都塞的意识形态批评、杰姆逊的辩证批评与马尔库塞的新感性批评分别代表了从不同理论层面上与形式主义展开理论对话的典型理论路径。

苏联文学理论家巴赫金在形式主义与马克思主义的理论对话中起到的是一种不可替代的作用。巴赫金是最早将形式主义文论提到方法论层面上而不仅仅限于语言技巧层面上来研究的文学理论家，同时，巴赫金也是最早将形式主义文论的理论遗产进行批判性整合处理的批评家。在最早以沃洛希诺夫的名义发表的《马克思主义和语言哲学》中，巴赫金抛弃了索绪尔的封闭的语言观念，强调语言符号的意义和反映的对象是一种对话性的生成关系。尽管索绪尔的语言学理论也强调语言的结构性的意义转换，但在巴赫金看来，只有意义的生成机制被正确地理解，这才是语言的结构性转换发挥作用的关键所在。《马克思主义和语言哲学》对形式主义文论最大的理论发展在于复活了语言学研究的社会语境，从而使形式主义文论走出封闭在诗歌语言和实用语言以及语言符号结构性内涵的理论状态，为形式主义尽可能多地从社会关系语境中吸取对话性理论资源奠定了重要的方法论基础，也为马克思主义能够有效地介入形式主义的语言学研究开辟了一条重要的理论道路。在后来的《生活话语和艺术话语》、《文艺学中的形式方法》中，巴赫金提出："马克思主义的方法论在文学史中已经得到运用，但马克思主义的社会学诗学却没有产生，甚至至今仍没有出现。而且甚至没有人考虑过这一问题。"① 他不认为语言存在着专属于文学或日常生活的固定领域的状况，语言的符号、结构和意义发挥作用正在于说话者和倾听者之间的对话关系，巴赫金进而将语言的这种属性引向文学史以及文化史上关于文本的社会学阐释，提出了以马克思主义为基础，在承认一切思想现象，包括诗学结构及其所有纯艺术性的审美形式都具有充分的社会意义的前提下，如何才能既消除盲目崇拜作品的形式主义方法又能防止把文学变成某种意识形态的普遍形式的宏观的马克思主义的社会性诗学观念，进而从整体社会文化语境入手为形式主义和马克思主义的持续对话建立了有效的话语联系。

正像托尼·本尼特所说的那样："巴赫金不但被形式主义遗产深刻影响，而且重组了这份遗产，在将它们融合进自己的理论思考的过程中积极地影响和转变着形式主义的概念。"② 巴赫金的社会学诗学阐释路径也成为形式主义和马克思主义理论对话最早也最富成效的理论范本。如果说，巴赫金的研究让形式主义和马克思主义之间对话在理论的层面上成为可能，那么西方马克思主义文论家们的研究则是在理论实践的层面上使这种对话变得现实。所谓"理论对话的现实"是西方马克思主义理论家，从卢卡奇到阿尔都塞，从杰姆逊到马尔库塞，他们的理论发展在很大层面上就是行进在形式主义和马克思主义的对话过程中的。尽管西方马克思主义理论在这方面差异甚大，但有一点是明确的，那就是他们都是在英国学者佩里·安德森所说的"形式的转移"③中有所作为的，从而实现了杰姆逊所说的

---

① ［苏联］巴赫金：《文艺学中的形式方法》，邓勇等译，中国文联出版公司1992年版，第45页。

② ［英］托尼·本尼特：《形式主义和马克思主义》，曾军等译，河南大学出版社2011年版，第79页。

③ ［英］佩里·安德森：《西方马克思主义探讨》，高铦等译，人民出版社1981年版，第65页。

"一种现代的马克思主义文学批评，应该能在形式本身之中证实它的机制"。① 这既是形式主义和马克思主义殊途同归的表现，同时也是现代西方文学批评理论的重大理论转向。由于西方马克思主义理论强调美学与文化的特殊的哲学基础和时代症候，他们在理解"形式"概念的过程中体现了明显的意识形态倾向，他们不同程度地表现出了通过"意识形态"概念有效地解决了"形式"与"历史"冲突问题的努力，进而在审美之维上展开马克思主义和形式主义理论对话性的探讨。法国学者阿尔都塞的结构主义的马克思主义文学批评即属此类。在阿尔都塞看来，结构主义的马克思主义的理论关键在于要在科学的层面上实现意识形态视域与文本间的转换，阿尔都塞曾经强调："艺术作品与意识形态保持的关系比任何其他物体都远为确切，不考虑到它和意识形态之间的特殊关系，即它的直接的和不可避免的意识形态效果，就不可能按着它的特殊美学存在来思考艺术作品。"② 他的解答方式是在文学艺术、意识形态和科学的本体意义上搭起桥梁，展现文学作为一种意识形态的实践机制是如何既塑造意识形态又暴露意识形态的。在这个过程中，阿尔都塞没有忽视语言与审美形式的功能，可以说，语言和审美形式方面的考虑构成了他坚持的文学艺术、意识形态和科学的"三元关系"的重要的理论支点。阿尔都塞的理论后来在法国的马舍雷、英国的伊格尔顿那里得到了进一步发展，并成为影响广泛的"阿尔都塞学派"。在他们的理论研究中，借助于语言问题，意识形态研究的形式转换特征是非常明显的，文学与意识形态之间的关系问题也成为一个文学批评的基本问题，虽然他们都没有专门的审美形式研究的著作，但在他们的意识形态理论以及"症候阅读"中，形式的踪迹已经在包含若干空隙/空白的非有机整体的"不完全"文本中若隐若现，正是在这个意义上，阿尔都塞的理论可以说是西方马克思主义与形式主义理论对话研究的一种具有理论先导性的观念。

　　美国文学理论家杰姆逊对形式主义和马克思主义的理论对话研究的路径也非常明确。在被称作"马克思主义的三部曲"的《马克思主义与形式》（1971）、《语言的牢笼》（1972）、《政治无意识》（1981）中，杰姆

---

① ［美］弗雷德里克·杰姆逊：《语言的牢笼·马克思主义与形式》，钱佼汝、李自修译，百花洲文艺出版社 1995 年版，第 7 页。

② ［法］路易·阿尔都塞：《一封论艺术的信》，见陆梅林编《西方马克思主义美学文选》，漓江出版社 1988 年版，第 537 页。

逊对黑格尔的历史哲学、马克思的辩证法观念、阿多诺的历史转义理论以及卢卡奇和萨特的学说作出了综合阐释，其理论目的就是要复活一种基于马克思主义的"内在形式"的"辩证批评"。在杰姆逊看来，"马克思主义批评的全部运动，正是由表层到基础现实，从一种表面自主的客体到这客体证明是其一部分或接合部的更大基础的这样一种运动。"① 在这种观念中，他对索绪尔语言学理论坚持用言语和语言的关系替代个别与整体关系的反历史主义原则以及形式主义的"陌生化"概念作出了深入的批评，并积极寻求一种辩证思维的理论框架来"协调马克思主义批评的基本原理"。② 杰姆逊所谓的"辩证批评"是由形式走向历史的马克思主义的"内在批评"，以及再由历史走向形式的"诠释学"的辩证运动构成的，他认为这种辩证思维"是批判的而不是系统的，是矫正的、几乎是本体论复归的一种运作，但并不应理解成排除某种更统一的批评方法。"③ 在这种辩证思维框架中，杰姆逊既对黑格尔历史哲学中的整体性观念予以重视，但又提出"只有通过对细节的具体把握，只有通过对一种体系依照其内在必然性所进行的逐步建构进行同情性的、内在的体验，才能获得这种辩证批评。"④ 通过这种"辩证批评"，杰姆逊在马克思主义和形式主义之间建立了复杂的理论联系，在他的马克思主义诠释学中生长出的是基于特殊的微观世界的马克思主义的"内部形式"概念，而"文学在辩证过程中起了关键作用"。⑤ 杰姆逊的辩证批评观念大大推进了马克思主义与形式主义的理论对话的进程，同时也深化了二者对话的理论逻辑和哲学基础。

阿尔都塞和杰姆逊都坚持把文本放到历史语境中考察，明显地强调一种"文本学"观念，正是由于这种文本学的阐释过程，形式主义和马克思主义的理论对话才落到了实处，其对话性在于文本学阐释的历史语境与文本内在形式的辩证关系。这实际上正是形式主义和马克思主义的理论对话的真谛所在，也就是说，理论对话研究的关键不仅仅是得出理论对话的过程及其结果，更重要的是展现理论阐述和描述的方式，并在这个过程中有

① ［美］弗雷德里克·詹姆逊：《语言的牢笼·马克思主义与形式》，钱佼汝、李自修译，百花洲文艺出版社 1995 年版，第 341 页。

② 同上书，第 340 页。

③ 同上。

④ 同上书，第 3 页。

⑤ 同上。

实质性的理论推动。在这方面，西方马克思主义理论家马尔库塞遵循的则是另一条形式主义本体论的理论研究路径。杰姆逊认为，并不存在形式主义与马克思主义的对垒，而只存在形式主义与历史哲学的对立，所以他在马克思主义理论中坚持一种从外部形式向内部形式运动的辩证批评，并认为批评家在这个过程中是被"召回到自己的过程中来，像在时间中展开的一种形式一样，也反映自己具体的社会和历史境况。"① 相比杰姆逊，西方马克思主义理论家马尔库塞则干脆取消了这种"内部形式"的时间性和运动性，直接将审美形式上升为一种本体论的高度，并强调最终以审美形式的本体功能来构建艺术活动本身，用他的话说，"形式是艺术本身的现实，是艺术自身"。② 在马尔库塞那里，无论是形式主义的语言学观念还是"陌生化"方法以及马克思主义的"内部形式"的观念，最终都演化成了一种形式本体存在，"艺术正是借助形式，才超越了现存的现实，才成为在现存现实中，与现存现实作对的作品。"③ 所以，在马尔库塞那里，形式主义与马克思主义的理论对话路径更具哲学本体论色彩，艺术本体在于审美之维的构建，文本化和过程性的理论"对话"最终都消融在了本体论的"审美之维"中。也正是由于这个设想，到了马尔库塞这里，形式主义和马克思主义的理论"对话"其实已经"终结"。但"终结"并非预示着"对话"的消失，而是一种对形式内在意蕴的重新阐释。

三　形式与历史：形式主义与马克思主义对话研究的学理追求与理论意义

从巴赫金到西方马克思主义者阿尔都塞、杰姆逊、马尔库塞，他们都从不同层面上吸收形式主义有益的理论元素，并作为发展或拓展马克思主义理论的重要的思想资源。德国的布莱希特则借鉴现代主义的意识流、蒙太奇等新的理论手段，在对作为形式表现因素的"手法"与"技巧"的"内在意蕴"理解上为文学形式研究注入了"革命"的因素，使形式问题脱离了单纯的"手法"和"技巧"的含义而具有了深层次的社会内涵，这

---

① ［美］弗雷德里克·詹姆逊：《语言的牢笼·马克思主义与形式》，钱佼汝、李自修译，百花洲文艺出版社 1995 年版，第 340 页。

② ［美］马尔库塞：《审美之维》，李小兵译，广西师范大学出版社 2001 年版，第 111 页。

③ 同上书，第 112 页。

既是对话，也是改造，改变了形式主义文论的语言文本研究的单一性的理论困境，也为马克思主义文学批评找到了解决理论上的庸俗化和机械化的理论路径，体现了形式主义与马克思主义的理论对话路径的丰富性和复杂性。重视这些理论路径，是把握西方当代文学理论的发展的哲学逻辑和内在理论肌理的必备工作。正是由于不同的理论对话路径的存在，形式主义和马克思主义各自的理论发展中均得到了不同程度的理论延展，当然，理论对话研究路径的差异往往得出的是不同的理论阐释方式。

在学理追求上，形式主义文论体现了再次叩问文学真谛的尝试，它曾经雄心勃勃地要扫荡一些它自认为僵化的观念模式。在这个过程中，首先遭到质疑和批判的就是文学批评中的"历史主义"观念。"历史主义"自19世纪以来就是文学研究中的一种根深蒂固的观念，是根据一定的标准并联系同时期的其他历史现象来解释和评价某个时期的文学的一种观念，坚持历史主义观念的文学批评往往把艺术品放在一定的历史背景中加以评价，倾向于把它的意义限制在产生它的那个时代。按美国学者韦勒克的观点，文学研究中的历史主义与实证主义传统有密切的联系，"即认为研究过去不需要任何理论或标准并认为当前这个时代不值得研究或者无法用学术方法加以研究。"文学研究的历史主义是一种狭窄的文学观，"产生了回避一切美学问题而无所作为的态度和极端的怀疑论"。① 荷兰学者佛克马和易布思曾明确地说："历史主义取消了文学研究者独立作出判断的可能性"，② "新批评"学派的韦姆萨特则批判它最终走向了文学研究的"传记式批评和相对主义"。③ 形式主义文论严肃地拒斥文学批评中的历史主义倾向，它最终要在语言的层面上将文学批评变成一种科学的"裁断"，所以，形式主义文论的盛行也使一些文学研究者自然地产生了一种对历史的恐惧，以至于任何借鉴社会学批评的研究"都冒着忽视文学现象本身特征的危险"。④

形式主义文论对文学批评中的历史主义观念的激烈态度体现了他们对

---

① ［美］韦勒克：《批评的概念》，张今言译，中国美术学院出版社1999年版，第247页。

② ［荷兰］佛克马等：《二十世纪文学理论》，林书武等译，生活·读书·新知三联书店1988年版，第7页。

③ 赵毅衡编：《新批评文集》，百花文艺出版社2001年版，第257页。

④ ［法］罗杰·法约尔：《批评：方法与历史》，怀宇译，百花文艺出版社2002年版，第349页。

理想中的普遍的文学理论或统一标准的文学观的追寻。也正因为它的这种偏执的方式，自形式主义文论崭露头角以来，对它的批评从来就没有停止过。文学理论家们反问道：有必要建立一种统一标准的文学观和普遍的文学理论吗？这样的文学观和文学理论存在吗？作为一种价值判断的文学批评是否要受制于这样的文学观和文学理论？是否该为这种统一的文学观和文学理论作出贡献？佛克马和易布思的回答是："韦勒克反复告诫我们要警惕历史相对主义可能产生的价值观念的紊乱，可是他忽略了这样的事实：相对主义本身就代表着一种重要的价值。"① 而我们"看不出标准统一的文学观能对不同文化传统和思想背景的外国文学作品（不论是现代的还是古代的）作出公正的评价。"② 在某种程度上，这也正是形式主义与马克思主义的理论对话中所要思考的问题，就是说，这二者之间的理论对话究竟体现了怎样的学理追求？在这方面，苏联著名的文艺理论家巴赫金的观点或许可以给我们提供启发。巴赫金曾说："马克思主义文艺学与形式方法是在它们共同的主要问题和最为迫切的问题——特性鉴定问题的基础上相遭遇并发生冲突的。"③ 所以，无论是形式主义还是马克思主义，都要承认一点，那就是并不存在那种统一标准的文学观和普遍的文学理论，作为一种价值判断的文学批评必然要受一定的社会历史的制约。形式主义者所重视的文学语言的声音、意象、格律、句法、节奏、押韵、叙述等形式要素必然面临着文学的相对价值的压力，像英国文学理论家特里·伊格尔顿坚持的那样："一切文学作品都由阅读它们的社会'重新写过'。"④ 而马克思主义批评的社会历史研究要想避免历史主义的责难，就得时时回望文学的内部形式方面有哪些有价值的要素，这两方面的考虑最终还是要回到巴赫金所说的文学的"特性问题"上来。这种"文学特性"问题的研究并非等同于那种强调文学自足的封闭的形式观念，而更多地重视文学作为文化整体之不可分割的一部分的阐释价值，它既要警惕传统的马克思主义在文学阐释中所犯的社会历史批评的"历史决定论"的弊端，更要避免形式

---

① ［荷兰］佛克马等：《二十世纪文学理论》，林书武等译，生活·读书·新知三联书店1988年版，第7页。

② 同上。

③ ［苏联］巴赫金：《文艺学中的形式方法》，邓勇等译，中国文联出版公司1992年版，第54页。

④ ［英］特里·伊格尔顿：《当代西方文学理论》，王逢振译，中国社会科学出版社1988年版，第29页。

主义文论的"方法论优先权"①的尴尬。正是在这个意义上，形式主义和马克思主义的理论对话在深层次的学理层面上体现了一种深刻的理论反思意识，这种反思意识更多地指向文学批评的学理问题，而不是方法与观念之争，并不仅仅是这两种理论观念谁对谁继承多少，或是在哪些具体问题上有什么交叉性的理论观点，而是强调一种内在的学理融通，不是社会与历史对"形式"的粗暴僭越，也不仅仅是审美形式问题为社会历史批评提供了某种理论参照，而是思考文学研究的方法与价值如何更有效地根植在"历史"与"形式"缔结的文化"原形式"之中，这也正是巴赫金心目中那种理想的马克思主义的"内在批评"。②

四　重建"对话"思维：形式主义与
马克思主义对话的理论意义

　　无论如何，经过了形式主义和马克思主义的理论对话的警醒式的理论思考，20 世纪以来的文学研究中"形式"与"历史"的关系变得更加动态，也更加多元，自亚里士多德时代以来的文学的内容与形式的关系问题也具有了一个更加宽广的思想视野与理论框架，这对于相关文学与审美问题的读解无疑是重要的。在这种理论对话中，20 世纪文学研究中的"内/外之争"问题也得到了充分的化解。更主要的是，在这种对话思维的影响下，学者们开始意识到"即使每一部单独的文学作品在它们与所谓的'民族精神'、'时代精神'和'文化精神'的关系中具有某种价值，这样一种研究方法也必然导致其艺术说服力的丧失。"③而另一方面，像弗莱所说的"批评必须在文学内部培育一种历史感，以补充那种把文学同其非文学的历史背景相联系起来的历史批评。"④将这两种理论观念的平衡，一直是人们所期待的，而形式主义和马克思主义的理论对话深入地揭示了这个问

---

　　①　［德］阿多诺：《论艺术社会学》，见陆梅林编《西方马克思主义美学文选》，漓江出版社 1988 年版，第 374 页。

　　②　［苏联］巴赫金：《文艺学中的形式方法》，齐勇等译，中国文联出版公司 1992 年版，第 54 页。

　　③　［英］凯·贝尔塞等：《重新解读伟大的传统》，黄伟等译，中国社会科学出版社 1991 年版，第 89 页。

　　④　［加拿大］诺思·罗普弗莱：《批评之路》，王逢振等译，北京大学出版社 1998 年版，第 9 页。

题，它的理论方案就是要求我们无论对于马克思主义，还是对于形式主义，都要超越以往那种单一性理解的理论话语方式，而要寻求一种整体的文化视野与辩证批评观念，文学批评不应该再满足于历史与审美的二元逻辑，而要认识文学由不同要素组合而包含的"超意义特性"①。这也正是呼应了弗莱在批评形式主义所说的观点："在学习关于文学的学术著作时，学子们会发现一个将他从文学那里拖走的回头浪。他会发现文学是人文学科的中央分水岭，他的一侧是历史，另一侧是哲学。鉴于文学自身不是一个有组织的知识结构，批评家必须在史实上求助于历史学家的概念框架，而在观点上则求助于哲学家的概念框架。"② 在文学研究方法上，"批评家应该不是使文学适应事先制定好的历史结构，而是应该视文学为一个连贯的结构，它被历史地限定但却形成自己的历史，它以自己的形式对外部的历史过程作出反应但又不为其所决定。"③ 突破了那种"社会历史决定论"和形式主义的"方法论优先权"的樊圃之后，形式主义和马克思主义的对话展现的正是文学研究更广阔的理论空间与更具理论启发的问题意识。

在 20 世纪文学批评理论的发展中，形式主义和马克思主义都是涵盖非常广泛的理论思潮，各自拥有不同的理论的历史、方法与观念，它们之间的理论交融与对话既体现出了复杂的理论逻辑，包含了复杂的理论路径，同时又在学理层面上深化了各自的批评理论观念，其中展现出的理论启发与理论价值是一种非常重要的理论资源。首先，值得我们再次思考的是，在理论的范围内应该如何看待这种理论的对话？二者之间"对话"的理论展开过程很宽泛，涉及的理论观念之争和方法之争也比较复杂，但有一点是确定的，那就是之所以说是理论上的"对话"，而不是简单的理论影响，就是考虑到了形式主义和马克思主义这两种文化思潮之间深入的理论联系，它们呈现的是一种理论的"对话性"而不是"对话理论"，理论对话的影响和价值是在这种"对话性"中产生的，所以，就形式主义和马克思主义来说，这种"对话性"的研究是需要继续深入的。其次，我们要看到，正是由于形式主义和马克思主义之间在理论层面上存在着这种"对

---

① ［法］艾斯卡皮：《文学社会学》，于沛选译，浙江人民出版社 1987 年版，第 107 页。

② ［加拿大］诺思·罗普弗莱：《批评的剖析》，陈慧等译，百花文艺出版社 1998 年版，第 15 页。

③ ［加拿大］诺思·罗普弗莱：《批评之路》，王逢振等译，北京大学出版社 1998 年版，第 9 页。

话性",说明这两种理论思潮在理论观念和思想内涵上不是单向发展的,类似于形式主义的"为艺术而艺术"的说法,以及马克思主义文学批评的历史主义和相对主义观念,其实在这种理论的"对话性"中有了不同的理论方式,这也提醒我们注意,对于这两种理论思潮以往的理解方式中其实存在着很多纠正的地方。这也涉及了文学理论研究中的一种非常重要的理论思维方式的调整问题,即我们应该重视"对话思维"的理解与应用问题。那种"对话思维"之所以重要,就是因为它能够跳出文学理论研究就事论事的狭窄空间,会从更辩证的方向上把握具体研究对象的理论面貌和格局。就这两种具体的理论思潮研究而言如此,就更广泛的文学理论问题的观照而言更不能忽视。从马克思主义的角度来看待这种"对话性",正像巴赫金说的那样,马克思主义应感谢形式主义者,"感谢他们的理论能够成为严肃批判的对象,而马克思主义文艺学的基础能在批判过程中得到阐明,变得更加坚实。"① 托尼·本尼特也说:"如果我们着手开展马克思主义与形式主义的对话,重新发现形式主义丢失的遗产,那是因为我们相信这将是对马克思主义批评论的有积极意义的帮助,使其能够克服目前面临的一些困难。"② 而从形式主义的角度而言,形式主义更应该感谢马克思主义批评对之作出的理论拓展。如果没有巴赫金、阿尔都塞等西方马克思主义对形式主义文论的批判性发展,形式主义的理论命运绝不会像后来发展那样成为"当代最有影响的批评模式"。③ 而通过与审美形式问题的理论联系,无论是阿尔都塞、杰姆逊,还是马尔库塞、布莱希特,他们手中的马克思主义的文化理论都得到了深入的理论拓展,他们的马克思主义文学批评因为有了审美形式要素的渗入而更加迷人,同时也更加体现出了有效把握审美问题的实践效应。

形式主义和马克思主义的理论对话遵循了不同的理论路径,正是由于这些不同的理论路径产生了马克思主义文学理论研究的很多具体的新的问题,比如形式的意识形态性问题、文本间性批评问题、形式本体问题以及

① [美] 魏伯·司各特:《西方文艺批评的五种模式》,蓝仁哲译,重庆出版社 1983 年版,第 83 页。

② [英] 托尼·本尼特:《形式主义和马克思主义》,曾军等译,河南大学出版社 2011 年版,第 81 页。

③ [荷兰] 佛克马、易布思:《二十世纪文学理论》,林书武等译,生活·读书·新知三联书店 1988 年版,第 7 页。

审美意识形态批评方法与原则问题等。由于这些问题的引入，马克思主义文学批评在方法、思想和观念上均体现出了很丰富的理论提升，改变了传统马克思主义批评长期以来对马克思主义的经济基础/上层建筑理论模式的简单套用的理论现状，使马克思主义文学批评在规避了传统社会学批评的一些固有缺陷和弱点后，仍然能够找到与传统的社会学研究在深层次上相互缔结进而整合的途径，能够以一种哲学反思和文化探究的视角深入到具体的文本之中，并进而在与审美文化现实的联系中深入探索文学文本的意义，并在文化生产的意义上深化了传统的文学社会学研究观念。最后，我们有必要重复托尼·本尼特的话，没有必要要求和创造形式主义和马克思主义之间理论的对话，这种对话正在进行。当然，形式主义和马克思主义的理论"对话性"的研究也正在进行，其中展现出的"对话"思维的理论价值和启发对于当代文学理论研究与建设无疑也是一种非常可贵的理论资源。

福柯与马克思：一个思想史的考察

汪正龙[*]

摘要　福柯与马克思的关系是复杂的，他与马克思的对话关系有时是反向的。马克思对历史现象的解释注重从物质实践来解释观念的形成，福柯强调解释的多元性与冲突性以及范式在解释中的作用。福柯与马克思都关注资本主义现代类型的统治问题，福柯对权力的理解与马克思有关，但他的注意力不是经济权力、物质权力、国家权力的宏观角度，而是探讨权力的微观物理学和运行策略。

关键词　福柯；马克思；历史主义；权力

　　福柯的学术发端于20世纪60年代这一反叛的年代，受到尼采的影响，特别是受到尼采对理性、知识、主体、进步观念的质疑以及认为求真意志与权力意志不可分的思想的影响，这是学界所公认的，也是显而易见的。但是福柯成长和学术思想发生发展的时期，也是马克思主义在法国影响巨大的时期。他在读大学时，"结构主义马克思主义"的代表人物阿尔都塞便是他的哲学辅导老师。福柯与马克思的关系是一个饶有趣味的话题。西方有学者认为："福柯的思想中一直活跃着一种马克思主义，这是一种继承下来的隐性遗产，虽然不那么显而易见，但却发挥着重要的作用。"[①]　福

---

　　* 汪正龙（1965—　　），男，安徽南陵人，文艺学博士，现为南京大学文学院教授、博士生导师，主要从事文学理论与西方美学研究。本文基金项目：教育部哲学社会科学后期资助项目"马克思与20世纪美学问题"（编号：09JHQ036）。

　　① ［英］莱姆克等：《马克思与福柯》，陈元等译，华东师范大学出版社2008年版，前言第3页。

柯虽然否认自己是马克思主义者，但是又自认为"通过有把握的阐述一举解放马克思，以便破除被党派如此长期地封闭、贩运和挥舞着的马克思的教条。"①这样，福柯对于马克思，就呈现出既借鉴吸收，又修正反叛的复杂关系。本文准备就此做一简要分析。

一　历史与解释

福柯受马克思关于历史科学构想的影响。马克思曾经说过，"我们仅仅知道一门唯一的科学，即历史科学。"② 马克思坚持一种历史主义原则，认为事物就是它的历史过程本身，把一切事物都看作在历史中产生、发展的，因而是暂时的，也必将在历史中消亡。福柯自称历史学家，致力于发现事物为什么、又怎样变成这个样子的。但是他通常被认为是关注"非连续性"的历史学家，即关注历史进程中的裂缝、断片和机能失常，发掘其成因和弥散的空间。"在历史中起作用的力量既不遵循目的，也不遵循机械性，它只顺应斗争的偶然性。它既不表现为原初意想的连续形式，也不是某个结论的推导步骤。它总是显现于事件的独特的偶然性。"③ 福柯对于知识、疯狂、监狱、疾病、性等的历史条件的形式分析在某些层面上是接近马克思的。他说，"马克思在分析工人的不幸时是怎么做的？他拒绝通常的解释，那种解释把工人的不幸视为自然而然的掠夺带来的后果。马克思强调说，根据资本主义生产的条件，根据它的根本法则，它必然要产生不幸……马克思用对生产的分析来代替对掠夺的谴责。这差不多就是我想说的，我们的情况很相似。"④

马克思对历史现象的解释注重从物质实践来解释观念的形成，所以有人称之为实践解释学。福柯则凸显权力与解释的关系，强调解释的多元性与冲突性以及范式在解释中的作用。这方面他们两人有一些相近之处。在福柯的眼中，马克思、弗洛伊德、尼采对解释学的贡献在于改变了符号的

---

① ［法］福柯：《结构主义与后结构主义》，载杜小真编选《福柯集》，上海远东出版社1998年版，第513页。

② 《德意志意识形态》，载《马克思恩格斯全集》第3卷，人民出版社1960年版，第20页。

③ ［法］福柯：《尼采、谱系学、历史》，载杜小真编《福柯集》，远东出版社1998年版，第157页。

④ ［法］福柯：《福柯访谈录：权力的眼睛》，严锋译，上海人民出版社1997年版，第37—38页。

性质，变更了通常可能用来解释符号的方式。一方面，他们破除了对解释的深度和内在性的迷恋，把符号放置在一个分化的空间。马克思揭示出资产阶级观念中形成的货币、资本、价值等有深度的东西，实际上是平庸。尼采对思想、意识深度的批判，揭示了对真理的内在性的虚假性，重建了被掩盖和隐藏的符号的外在性。而弗洛伊德也在意识与无意识的关系和精神分析医生对病人语言的解码中建构出解释的空间；另一方面，他们的解释都体现了解释的未完成性。所有解释项都是被解释项。他们在解释中建立的既是澄清关系，也是反转关系、颠覆关系。马克思"解释的并不是生产关系的历史，而是已经作为一种解释出现的某种关系，尽管它是以自然的面目出现的。……对尼采而言，没有一个原初的所指。词语只不过是解释；在词语的整个历史中，在成为符号之前，词语就一直只是在解释；而它们最终能发挥符号的作用，仅仅因为它们基本上只是些解释。"① 福柯的分析表明，他受到马克思对意识、概念发生的历史条件或社会事件动力因素的分析的启发，但是他对尼采的相对主义更为青睐。

马克思的意识形态批判揭示了物质上占统治地位的阶级精神上也必定占统治地位这一现象，例如占统治地位的阶级总是要编织一套意识形态作为统治阶级的意识形式，掩盖或扭曲现实关系，在整个社会生活里完成一种特殊的欺骗或神秘化功能，为既有的社会秩序服务。"占统治地位的将是愈来愈抽象的思想，即愈来愈具有普遍性形式的思想。事情是这样的，每一个企图代替旧统治阶级的地位的新阶级，为了达到自己的目的不得不把自己的利益说成是社会全体成员的共同利益，抽象地说，就是赋予自己的思想以普遍性的形式，把它们描绘成唯一合理的、有普遍意义的思想。"② 马克思总是把意识还原为历史，还原为存在，进行解意义化和去蔽。不仅对资产阶级意识形态的批判，对国民经济学的批判也是如此，"马克思的目的始终是'政治经济学批判'，这既意味着对资本主义生产方式进行批判，又意味着对它在资产阶级国民经济学说中的理论反映进行批

---

① ［法］福柯：《尼采、弗洛伊德、马克思》，方生译，汪民安、陈永国编《尼采的幽灵》，社会科学文献出版社2001年版，第104—105页。

② 《德意志意识形态》，载《马克思恩格斯全集》第3卷，人民出版社1960年版，第53—54页。

判。"① 马克思揭示了资产阶级国民经济学知识—利益—权力无意识的共生关系。在《1844 年经济学哲学手稿》中，马克思揭露了标榜科学和客观的国民经济学的资产阶级意识形态性质，因为它不仅把资本主义私有制当作一种天然的、永恒不变的既成状态来研究，而且把资本家的利益作为论证的前提，"当它确定工资和资本利润之间的关系时，它把资本家的利益当作最后的根据；也就是说，它把应当加以论证的东西当作前提。"② 因此它不过是一门让资本家发财致富的科学。詹姆逊对此评论说："马克思对他的前人（斯密、萨伊、李嘉图）的批评，目的不在于他们著作的细节——地租、市场流通和资本积累等等理论——其中大部分他都纳入了自己的体系，而在于那种总的模式，或缺少这一模式。在这一模式中，这些细节得到自己的解释，并被当作某一更大总体的一些部分或者功能来审视。马克思不仅能够揭示出资产阶级经济学家无力推演出一种统一的场理论，使形形色色靠经验观察到的现象可以在里面得到结合，而且实际上还揭示出他们本能地避免这么做。仿佛他们觉察到，后来在《资本论》里体现的那种经济现实的总体和系统模式所带来的危险的社会和政治后果；为避免这些后果，他们不得不仅只在片断和经验层面上继续他们的研究。"③马克思在这里实际上揭示了资产阶级国民经济学作为知识生成的历史条件和局限性，是知识社会学的先驱，也是福柯"知识考古学"研究方法论上的一个来源。同样，马克思对资产阶级法律和国家学说的解释也是如此。他说，国家、法律等正是由于分工导致的意识抽象，"因为国家是属于统治阶级的各个个人借以实现其共同利益的形式，是该时代的整个市民社会获得集中表现的形式，因此可以得出一个结论：一切共同的规章都是以国家为中介的，都获得了政治形式。由此便产生了一种错觉，好像法律是以意志为基础的，而且是以脱离其现实基础的意志即自由意志为基础的。"④"在这些关系中占统治地位的个人……还必须给予他们自己的、由这些特

---

① ［德］费彻尔：《马克思与马克思主义：从经济学批判到世界观》，赵玉兰译，北京师范大学出版社 2009 年版，第 51 页。

② 《1844 年经济学哲学手稿》，载《马克思恩格斯全集》第 42 卷，人民出版社 1979 年版，第 89 页。

③ ［美］弗雷德里克·詹姆逊：《语言的牢笼·马克思主义与形式》，钱佼汝、李自修译，百花洲文艺出版社 1995 年版，第 155 页。

④ 《德意志意识形态》，载《马克思恩格斯全集》第 3 卷，人民出版社 1960 年版，第 70—71 页。

定关系所决定的意志以国家意志即法律的一般表现形式……为了维护这些条件，它们作为统治者，与其他的个人相对立，而同时却主张这些条件对所有的人都有效。由他们的共同利益所决定的这种意志的表现，就是法律。"① 对于这些，福柯无疑也有同感。他认为，"知识在其表征中一开始就暗含了某种政治上的顺从。在历史课上，你被要求去熟知某些事件而忽视其他事件，因而这些事件就形成了知识的内容和信条。"② 福柯甚至举了马克思本人的例子，"自 19 世纪开始，工人阶级的物质状况得到了细致的研究，这项工作归功于马克思卷帙浩繁的著作，它在很大程度上推动了 19 世纪工人阶级的政治、经济联合行为，通过持续不断的斗争保存和发展自身。但是这种知识从来未被允许进入官方知识的体系而发挥作用。"③ 当然，马克思是从资产阶级认识社会问题的结构性视野或局限的角度来看待国民经济学的意识形态性的。福柯的《知识考古学》则转向了经过阿尔都塞改造过的马克思，即重视对话语实践的分析。而按照"权力—知识"的话语实践理论，每一种实践都包含着真理标准的制定与辨析真理、谬误的过程，意识形态是使权力话语及理论话语成为可理解的话语的方式，它与科学知识都是代表权力的话语实践方式。

可见，如果我们把马克思、福柯二人都视为对历史现象进行解释的解释学家的话，那么福柯所创立的权力解释学无疑也受到马克思的影响，所以有学者说，"马克思远比尼采、福柯等哲学家更早地意识到权力与理解、解释活动之间的内在联系"。④

二 权力的分析

福柯与马克思都关注资本主义现代类型的统治问题。马克思从关系和技术的角度研究资本主义的权力运作给福柯留下深刻的印象。福柯在《规训与惩罚》一书中考察了监禁方式的变化。在关于"全景敞视主义"的分析中，他明确肯定了马克思《资本论》第 1 卷第 13 章对生产机构、劳动

---

① 《德意志意识形态》，载《马克思恩格斯全集》第 3 卷，人民出版社 1960 年版，第 378 页。

② Michel Foucault, *Language*, *Counter - Memory*, *Practice*, New York：Cornell University Press, 1977, p. 119.

③ Ibid. , pp. 119 - 120.

④ 俞吾金：《重新理解马克思》，北京师范大学出版社 2005 年版，第 410 页。

分工和规训技术制定三者关系的分析。① 人们早就注意到，《规训与惩罚》分明受到马克思《资本论》对企业这样的理性组织由于资本主义私有制而具有的暴虐性的分析的启示，从"惩罚"的角度去研究实际上是国家机器的监狱、学校、军营、医院和制造业等这些机构的奴役性，却没有把这一奴役性仅仅归于资产阶级。"首先，施加于肉体的权力不应被看作是一种所有权，而应被视为一种战略、计谋、策略、技术、运作……它不是统治阶级获得的或保持的'特权'，而是其战略位置的综合效应——是由被统治者的位置所展示的、有时还加以扩大的一种效应。其次，这种权力在实施时，不仅成为强加给'无权者'的义务或禁锢；它在干预他们时也通过他们得到传播……最后，它们不是单义的；它们确定了无数的冲撞点、不稳定中心，每一点都有可能发生冲突、斗争，甚至发生暂时的权力关系的颠倒。"② 人员集聚的管理方法和资本的积累是相辅相成的。正如巴立巴尔所说的，"在《规训与惩罚》中，他（按：指福柯）吸收马克思在《资本论》中关于生产中劳动力的划分方法，来说明惩戒手段是如何通过抵消工人的对抗性来增加工人的身体效用的。概括说来，就是惩戒手段如何统一了劳动力积累和资本积累这两个过程的。因此，'惩戒'和'微观权力'同时代表了经济剥削和司法—政治阶级统治的另一面，并使它看似一个统一体"。③ 实际上，在权力问题研究上对马克思的借鉴，连福柯本人也是承认了的。他说，"从马克思出发，我喜欢讨论的不是关于阶级的社会学问题，而是关于斗争的战略方法。我对马克思的兴趣集中在这里，我喜欢从这里出发提出我的问题。"④

然而，福柯与马克思的关系是复杂的。福柯与马克思的对话关系有时是反向的，"福柯的研究策略的核心目标是超越历史唯物主义的各种表现，其中包括几种马克思主义的变体。那些理论都将权力与社会生产问题放在上层建筑的层面加以考虑，从而将它们同生产的低级、实在层面相剥离。因此，福柯试图带着社会再生产问题，以及所谓'上层建筑'的一切组成

---

① ［法］福柯：《规训与惩罚》，刘北成、杨远婴译，生活·读书·新知三联书店1999年版，第247页。

② ［法］福柯：《规训与惩罚》，刘北成、杨远婴译，生活·读书·新知三联书店1999年版，第28—29页。

③ ［法］巴立巴尔：《福柯与马克思：唯名论问题》，汪民安等编《福柯的面孔》，文化艺术出版社2001年版，第456—457页。

④ ［法］福柯：《必须保卫社会》，钱翰译，上海人民出版社1999年版，第260页。

部分回归到基础物质结构中，试图不仅以经济术语，同时以文化的、物质的、主体性的术语来界定这一领域。"① 比如，在马克思那里，权力被置于经济活动中，与利益相联系，并把国家视为资产阶级的工具，权力是被国家、阶级所拥有并具有压迫性。马克思在谈到资产阶级国家以虚幻的"普遍"利益的形式对特殊的利益进行约束时说，"受分工制约的不同个人的共同活动产生了一种社会力量，即扩大了的生产力。由于共同活动本身不是自愿地而是自发地形成的，因此这种力量在这些个人看来就不是他们自身的联合力量，而是某种异己的、在他们之外的权力。关于这种权力的起源和发展趋向，他们一点也不了解；因而他们就不再能驾驭这种力量，相反地，这种力量现在却经历着一系列独特的、不仅不以人们的意志和行动为转移的，反而支配着人们的意志和行为的发展阶段。"② 马克思称上述现象为"异化"，并认为只有消除私有制才能消除此类异化。

福柯对权力控制和压迫性的理解与马克思有关，但他的注意力不是聚焦于经济权力、物质权力、国家权力的宏观角度，而是探讨权力的微观物理学和运行策略，并探讨权力在知识、疯狂、监狱、疾病等领域的同质性作用机理。当然这里面也有一些变化，福柯早期的《词与物》和《知识考古学》更为重视否定性的权力，强调压制、禁止和排斥，到了中期的《规训与惩罚》更为重视权力的生产性，权力生产了现实，产生了对对象的统治。福柯不赞同马克思以物质或经济作用为基础的权力观，"马克思主义关于权力的普遍概念……可以称其为'经济功能性'。'经济功能性'是在这样的范围内，即权力的主要职能是既维持生产关系，又再生产阶级的统治，后两者是由生产力占有的固有形态和发展赋予其可能性的。在这种情形下，政治权力在经济中找到了其历史性的原因。"③ 他批评注重阶级和经济的权力研究是"更一般性的研究，主要是受到马克思主义的影响，关心资产阶级对我们社会的统治。……在这些一般性的命题之下，实际的情况要复杂得多。"④ 在福柯那里，权力是生产性的，权力无所不在，并不专

---

① ［美］迈克尔·哈特、［意］安东尼奥·奈格里：《帝国》，杨建国等译，江苏人民出版社2005年版，第33—34页。

② 《德意志意识形态》，载《马克思恩格斯全集》第3卷，人民出版社1960年版，第38—39页。

③ ［法］福柯：《必须保卫社会》，钱翰译，上海人民出版社1999年版，第13页。

④ ［法］福柯：《福柯访谈录：权力的眼睛》，严锋译，上海人民出版社1997年版，第29页。

属于统治阶级。科学也通过大学制度、实验室、教科书这类抑制性设施施行权力。权力是一个网络，它通过个人运行，但不归个人所有。个人总是既服从权力又运用权力，所以要研究权力的策略、网络、机制及其赖以实施的手段，以及实施后的效应。正因为在福柯眼中，权力主要是一种力量关系，一种压迫机制，一种战斗或对抗，因而无产阶级反抗资产阶级的压迫，也只是为了自己获取权力，并没有其他的道义上的正当性。所以理查德·沃林批评说，"福柯倒退到马克思之后。对马克思来说，无产阶级的立场之所以说是正义的，是因为它是建立在一个正义主张的基础之上的。因为同其对手资产阶级相比，它体现了一种更加伟大的历史普遍性的主张……对福柯来说，因为所有的正义主张都仅仅是权力的结果，因而它们只为粉饰主要权力的利益服务，所以不可能存在这样的关于合法性或权利的标准，它对各种竞争性利益起着调节作用。"① 巴立巴尔也说，"马克思认为实践是典型的外部生产，在自身以外产生作用，所以也产生了主观化的效果（在'生产资料'范围内的冲突），而福柯认为权力是首先作用于身体本身的生产实践，初始目的是促使个性化或主观化（可以说成是'为自身的实践'或'自身的实践'），其结果是产生了带有客观性质的影响，或是知识（savoir）。其原因在于，福柯以生活的可塑性来论证他的权力关系逻辑，而马克思主义关于矛盾的逻辑（此逻辑使权力关系内在化）不能与其结构内部的固有性分开来考虑。"②

但是，福柯权力的微观物理学考察无法解决各种分散的权力如何获得统一的形式及其反过来作用于微观权力的社会霸权问题。后期的福柯意识到自己的局限，走向了对治理问题的研究，把权力的微观研究推及到宏观结构和国家的层面，考察知识形式、权力策略和主体形成样态之间的互动关系，进而探讨自我管理的技术和统治的技术之间的互动关系，因而国家本身就成了一门治理技术。这时候他仍然借助了马克思从关系和技术的角度对权力的分析。但是，当福柯说国家治理不仅是政治问题，好的治理应当是经济治理，是根据经济的范式来执行权力的艺术时，他的主张似乎与马克思的政治经济学批判又一脉相承。

---

① ［美］理查德·沃林：《文化批评的观念》，张国清译，商务印书馆2000年版，第269—270页。

② ［法］巴立巴尔：《福柯与马克思：唯名论问题》，汪民安等编《福柯的面孔》，文化艺术出版社2001年版，第458—459页。

结语　说不尽的福柯与马克思

　　虽然福柯与马克思都从事着颠覆西方思想传统的工作，存在观念与方法上的诸多联系，但却是生活于两个不同时代的人物。这不仅表现在福柯所选择的论题如疾病、监狱等等属于西方传统学术史不看重的边缘问题和卑微现象，马克思则聚焦于人与人的社会关系，他所关注的剥削、压迫与解放等等都属于社会政治经济领域的宏大问题，还在于福柯在他的一系列研究中所表露出来的相对主义和虚无主义，而马克思则坚持人类正义与历史进步的观念。福柯对笛卡尔以来的主体性观念发起了质疑，而在他看来，马克思在一定程度上仍然属于这个传统。这些可能是二人分歧的根源与关键所在。

晚期马克思主义文论的"话语政治"转向

董希文*

摘要 晚期马克思主义文论是西方马克思主义文学理论的重要组成部分。该理论既固守传统马克思主义立场和根本主张,又注意借鉴各种现代文化哲学方法,在综合创新中灵活转型,"话语政治"审美理论是其文论的表征形式。"话语政治"审美理论主张立足文本进行话语分析,在话语审美意识形态生产与重构过程中,保持鲜明的政治性,以"话语政治"方式介入、干预现实。"话语政治"审美理论有效处理了文学与政治、内容与形式、作者与读者、共时静态分析与历时动态描述之间的关系,对于建设当代中国特色的马克思主义文艺理论具有较高启发价值。

关键词 晚期马克思主义 话语政治 文本

20 世纪中后期,活跃在英美等西方国家思想界的晚期马克思主义理论家,一方面坚守马克思主义旗帜,坚持总体性基点和社会批评意识,迎击各种反马克思主义思想的挑战,从哲学理论高度发展马克思主义;另一方面,他们将其哲学观点与现实问题密切结合起来,以其惯有的实践性品质回答后现代社会提出的新问题,保持其鲜活生命力。晚期马克思主义文论是晚期马克思主义思想的重要组成部分,它在坚持上述原则发展自身过程中,表现出鲜明的话语政治取向与诉求。剖析"话语政治"审美理论的内在本质、特征、生成机制及社会影响,不仅对于深入探究西方马克思主义文艺思想,而且对于构建当代中国特色马克思主义文艺理论体系同样具有

---

* 董希文(1969—),男,山东东营人。鲁东大学文学院教授,文学博士,硕士研究生导师,主要从事文学理论、美学研究。本文为教育部人文社会科学重点研究基地重大项目"文学文本理论研究"(12JJD750020)阶段性成果。

重要启发价值。

一 晚期马克思主义及其"话语政治"审美理论

进入 20 世纪以来，马克思主义理论因其现实指导价值得到了急速传播与发扬，成为思想领域的"显学"。一些与马克思主义理论接近的学派也自觉或接受或改造马克思主义思想，纷纷披上"马克思主义"外衣，一时之间，形态各异的"马克思主义"理论粉墨登场，蔚蔚壮观。有强调"激进民主政治"以拉克劳、墨菲等为代表的"后马克思主义"，有关注多元文化语境嬗变以德里达、德勒兹等为代表的"后现代的马克思主义"，还有各种修正恩格斯、列宁观点的"新马克思主义"。而所谓的"晚期马克思主义"，是指"活跃在当前西方左派学界中的一群至今坚持主张以历史唯物主义的生产方式构架来重新解决当代资本主义发展新问题的马克思主义者"①。如果按此标准，詹姆逊、德里克、哈维、凯尔纳、伊格尔顿等人可以看作是晚期马克思主义的主要代表人物。

所谓"话语政治"（discourse politics），最初用来概述拉克劳、墨菲、哈贝马斯等"后马克思主义"理论家妄图通过以语言为中介的理想话语活动及交往理性的建立实现民主政治的哲学理念②。此处"话语政治"内涵与"后马克思主义"理论有所不同，主要指立足文本，通过文学创作与阐释活动发挥特有的意识形态功能，以达到介入与干预现实的微观政治效果的理论学说。总体来看，20 世纪西方文学文本理论存在三种基本形态：语言客体文本理论、读者审美阐释文本理论和话语意识形态生产文本理论，经历了由作品到文本、由自在到建构的跃进式发展。③ 三种文本理论都立足文本特有语言存在展开，但各自侧重点又有所不同，表现由关注语言存在——读者参与——社会文化渗透的转型与演变。"话语政治"审美理论就是话语意识形态生产文本理论的一种重要形式。

---

① 张一兵：《何为晚期马克思主义》，《南京大学学报》2004 年第 5 期。

② 参见刘建成《第三种模式：哈贝马斯的话语政治理论研究》，中国社会科学出版社 2007 年版；杨勇：《"话语政治"的价值与缺失》，《学术交流》2011 年第 1 期；彭冰冰：《话语政治中的意识形态批评》，《甘肃理论学刊》2010 年第 4 期；付文忠、孔明安：《话语理论与后马克思主义的哲学取向——拉克劳、墨菲的后马克思主义方法解读》，《哲学动态》2006 年第 6 期等相关研究成果。

③ 董希文：《20 世纪西方文学文本理论形态考论》，《文艺理论研究》2011 年第 3 期。

在由语言客体文本到话语文本的发展过程中，福柯为"话语"内涵的丰富作出了重要贡献。"我所感兴趣的是话语的形式，不是造成一系列言语的语言结构，而是这样一个事实，即我们生活在一个凡是都要说出的世界。……话语是指被说出的言语，是关于说出的事物的话语、关于确认、质疑的话语、关于已经发生的话语的话语。在这个意义上，我们生活的这个历史世界不可能脱离话语的各种因素，因为话语已经扎根于这个世界而且继续存在于这个作为经济过程、人口变化过程等等的世界中。因此，说出的语言既然是已经存在的语言，就会以这种或那种方式决定以后将会说出的东西，无论后者是否脱离一般的语言框架。"① 因此，"话语"不是语言，而是包含了权利宰制关系的语言存在，其中裹挟着复杂而多样的意识形态关系。一般认为，"话语"活动是人类极为重要的表意方式，是主体积极参与实践的表征。话语活动是一个渐次展开的互动过程，包含施事者、受事者及双方价值评价的积极介入。童庆炳先生干脆将"话语"界定为"特定社会语境中人与人之间从事沟通的具体言语行为，即一定的说话人与受话人之间在特定社会语境中通过文本而展开的沟通活动，包括说话人、受话人、文本、沟通、语境等要素"② 。这一解释很有道理。而话语分析就是立足文本语言特征，运用各种分析手法充分挖掘文本隐含的权利制约关系和其他各种社会价值取向，对文本进行文化释义的活动。

詹姆逊、伊格尔顿等人"晚期马克思主义"理论家既探究新的语境中马克思主义理论的发展，也把文艺活动作为其哲学体系的重要组成部分，其话语意识形态生产文本理论体现出鲜明的政治倾向，可称其为"文本政治学"或"话语政治"理论。对此，詹姆逊在《政治无意识》里有精辟的解释："意识形态并不是诉诸或投资于符号生产的某种东西；确切地说，审美行为本身就是意识形态的，因此，审美形式或叙述形式的生产就应被视为一种意识形态行为，它具有某种对不可解决的社会矛盾创造出想象的或形式的'解答'的功能。"③ 伊格尔顿的述说更为直接，文本活动即为意识形态生产过程，"文学文本不是意识形态的'表现'，……确切地说，

---

① ［法］福柯：《死亡与迷宫》，见刘北成《福柯思想肖像》，上海人民出版社 2000 年版，第 189 页。

② 童庆炳：《文学理论教程》（修订二版），高等教育出版社 2004 年版，第 69 页。

③ Jameson, Fredric. *The Political Unconscious*：*Narratives as a Socially Symbolic Act.* Ithaca：Cornell University Press，1981. p. 79.

文学文本是意识形态的生产"。① "话语政治"审美理论的出现顺应着 20 世纪西方文学文本理论发展的轨迹。

二 "话语政治"审美理论产生的文化逻辑

晚期马克思主义"话语政治"审美理论的出现是后现代语境中马克思主义思想与时俱进的必然结果，也是文学文本理论回应现实挑战、合理转型的必然形式，是历史发展的必然。"话语政治"审美理论的产生遵循特定的文化逻辑。

第一，马克思主义社会批判传统的继承与转型。第二次世界大战结束以后，特别是 20 世纪 60 年代以来，世界格局和社会形势发生了急剧变化。一方面，以恩格斯、列宁为代表的传统马克思主义理论已不能有效指导现实革命实践，宏观"阶级斗争"理论已不再适应现实需要。试想与资本家同享阳光沙滩的度假工人怎么会直接反对面前为其发放工资的资本家？另一方面，修正马克思主义、超越马克思主义的各种"非马克思主义"思潮也粉墨登场，大有掩盖、遮蔽马克思主义根本主张之势。詹姆逊、伊格尔顿等晚期马克思主义理论家面对左右阵营的攻击，既不悲观，也不盲目跃进，深刻地认识到在后现代语境中，"老式的马克思主义已难善其用"，② 并认为只有兼容并蓄，适时转换才是唯一出路，"当今世上应该有几种不同的马克思主义，每一种都适合其社会经济体系的特定需要和问题，这与马克思主义的精神，即思想反映具体社会环境的原则，是完全一致的"，③ "马克思依据具体的社会经济语境的变化而变化"。④ 因此，詹姆逊等认为马克思主义文艺批评不应还把文艺当成宣传意识形态斗争的工具，不应该过分关注其中蕴含的显的、静态的政治因素。马克思主义文艺批评应具有包容性和开放性，应该充分借鉴西方其他理论观点，丰富和发展自己。与此同时，马克思主义文艺批评必须坚持历史唯物主义方法，从生产方式根本变革中探究文艺发展的本质规律与价值取向，马克思主义

---

① 周宪：《超越文学——文学的文化哲学思考》，上海三联书店 1997 年版，第 269 页。

② Jameson, Fredric. *The Political Unconscious: Narratives as a Socially Symbolic Act*. Ithaca: Cornell University Press, 1981. p. 11.

③ Jameson, Fredric. *Marxism and Form*. Princeton: Princeton University Press, 1971. p. 4.

④ Jameson, Fredric. *Late Marxism*. London: Verso, 1990. pp. 6 – 7.

理论是各种文化研究"不可逾越的视界"（un – transcendental horizon）。这是一种坚持马克思主义基本思想和原则前提下的多元主义和相对主义。

第二，"语言论转向"背景中超越"语言"的现实需要。20 世纪是一个语言学的世纪，语言学及其方法几乎影响到了整个人文社会科学的发展与转型。语言学方法不是一种政治意识形态理论，较少直接涉及阶级意识，但它能较好地解释各种文化现象的结构及其生成与转化方式，并能揭示其背后的深层原因。语言学转向对文学研究的启发价值还在于文学媒介就是语言，唯有立足文本、运用语言分析方法探究作品才有可能构建科学的文本学。以詹姆逊为例。詹姆逊理论受到语言学方法影响很大，但这种影响是间接的，其直接理论源泉是受结构主义语言学启发而产生的阿尔都塞的结构马克思主义和拉康的后结构主义精神分析。阿尔都塞认为历史作为一种"缺席的原因"，既不可弃之不顾又不可轻易接近，只能通过文本"裂缝"和"症状"窥其真相，因为作为向人们提供想象性虚假关系的意识形态已将真实历史遮蔽；拉康认为以语言无意识方式构筑的"象征界"（或符号界）将人异化为"他者"，人的真实存在、人的各种欲望都受到了压抑，"真实界"难以彰显、"想象界"受到很大限制。詹姆逊将上述二人的观点接受并加以转化，他认为意识形态与社会现实矛盾的关系类似于人的意识与力比多的关系，两者之间也构成了压抑与被压抑、掩盖与被掩盖关系，意识形态作为一种假象关系阻断了社会现实矛盾的显现，并将其压制到社会集体的潜意识之中，不过这一潜意识的承担主体不是作为个体的人，而是政治—经济群体，詹姆逊称其为"政治无意识"。任何文本的创造都包含了潜意识因素的渗入，在此文本更像社会现实的能指，文本分析、文化研究就像弗洛伊德的"梦的解析"，其价值就在于揭示这种"政治无意识"如何得以传达。因此，文本、文化就是作为社会象征行为的叙事符号，詹姆逊有一本专著就取名为《政治无意识——作为社会象征行为的叙事》，可见这一思想在其理论体系中的重要性。

第三、解构主义思想的全面渗透。解构主义是在结构主义哲学基础上生成的一种反结构主义思潮，肇始于 1966 年德里达在霍普金斯大学关于人文社会危机的演讲，后逐渐蔓延开来，席卷整个人文科学领域。解构主义反对宏大叙事，反对稳固如一的结构，主张质疑传统与权威，提倡多元与民主。在解构主义看来，文学文本意义不是固定的、唯一的，而是处于不断生成过程之中，不同读者会得出不同的认识。即便是同一个读者，首次阅读与其后阅读也会有所区别。造成这种状况的主要原因在于：一是词语意义总是处于无限的延宕过程中，词无定义；二是文学文本本身具有修辞性。解构主义对文本复杂性的理解恰好可以用来对抗传统中对文本意识形态"单纯性"的认识。每一个文本中都会存在多种意识形态，每一种意识形态中又存在着相互依存的对立双方，它们之间的复杂组合决定了文本释义具有多重性。耳熟能详的詹姆逊有关后现代艺术风格的阐释就很好地体现了上述认识。事实上，伊格尔顿文本科学构建理论也贯彻这一观点，"在这点上，意识形态的东西以其表面的'单纯性'反照于文本的复杂性：前者孩子般天真地坚信能指的透明和所指的一拍即合，而这种信念早已被成熟的成文性（类似互文性——引者注）抛弃了。这样，就应由成文性通过自己的策略以意识形态所潜抑了的东西来向意识形态挑战，将意识形态所包含却又无法正视的那些虚晃掩饰之词的意义统统揭露"。① 理解文本意识形态生产首先应坚持解构观念。

　　第四，文化唯物主义表意实践方式的潜在影响。后现代社会是一个什么样的社会，后现代文化具有何种特征，晚期马克思主义理论家都有清醒的认识。詹姆逊在《后现代主义，或晚期资本主义的文化逻辑》中指出，后现代主义是以跨国资本主义为主的后工业消费社会在文化领域的必然体现，后现代艺术不同于前现代以反映外部世界为主的现实主义、现代以呈现自身为主的现代主义艺术，而是表现出对能指作用与功能的过分迷恋，艺术创造生活，艺术就是生活本身，艺术就是一种介入生活、干预生活的方式。深受英国文化唯物主义影响的伊格尔顿更是认可文艺的实践性，文化或文艺不全是精神的思想观念的呈现，它是人们实实在在的日常生活的一部分，是人们日常生活本身。人们的文化实践通过物质生活方式得以体现，人们的思想观念也通过生活得以传达。因此，以晚期马克思主义视角审视文艺活动，文艺就是人们介入现实的一种特殊生活方式，文艺活动就是一个在不断编码/解码过程中裹挟着意识形态因素、或遮蔽或放大某些东西的意识形态争夺的场域。在这里，"文本"是一个既有别于历史实在又不同于纯语言形式的语言实体，而是一种话语存在。"话语政治"审美

---

① ［英］伊格尔顿：《文本·意识形态·现实主义》，朱刚译，王逢振等主编《最新西方文论选》，漓江出版社 1991 年版，第 428 页。

理论的价值就在于指明文本活动是一种持续不断的意识形态表意实践过程。"在他看来，文学文本反映（如果仍然要用'反映'这个词的话）的并不是历史实在，而是反映了产生'现实影响'的意识形态的作用情形。同样，文本不是一种自足的封闭的'有机'本体，而是意识形态发生作用的一个动态和开放的表意过程。因此文学的真实性不是说它'反映'了历史的实在，而是说它本身就是意识形态的产生过程，在这个意义上展示了某种历史的真实。"①

三 "话语政治"审美理论的特征

晚期马克思主义"话语政治"审美理论不同于西方其他行色各异的文学理论，也与传统马克思主义文论有着明显区别。"话语政治"审美理论既坚持鲜明的马克思主义政治倾向，主张文艺介入现实，引领现实；又突出文本地位，坚持多元化的话语分析，通过话语分析剖解文本中蕴含的政治倾向，以达到影响甚至改变现实的目的。

第一，坚持立足文本进行话语分析。

不同于传统马克思主义理论直接从文本内容出发探究文学的唤起革命功能，也不同于法兰克福学派批判大众传媒对文艺革命价值的弱化，晚期马克思主义自觉接受语言哲学革命的影响，始终坚持从文本出发探究文学，认为"脱离文本、直奔主题"的内容剖解，不利于建立科学的文学批评体系。詹姆逊将自己的马克思主义文艺批评方法归结为文本阐释。文学以文本形式存在，历史也以文本形式存在，文学和历史之间具有互文性关系，它们都是历史真实的表征形式，因为历史已不可触摸，并成为永远的过去，历史真实只能以文本形式呈现出来，社会冲突和矛盾只能以美学形式在文本中得到想象性解决，而对真实历史的揭示只能通过文本阐释方式，从文本"缝隙"和"断裂处"窥见历史真相。伊格尔顿集中探究了文学文本和意识形态的关系，认为文本是审美意识形态的结晶，阐释审美意识形态生产过程必须立足文本展开，尽管这一进程复杂多变、歧义迭出，充满认同与重构，但都是文本分内之事；离开文本，就已不是文学研究。以此为据，伊格尔顿维护了文学研究的自律性。

---

① 马海良：《伊格尔顿的思想历程》，《山西大学学报》2000 年第 2 期。

第二，鲜明的政治倾向。

晚期马克思主义"话语政治"审美理论十分关注文本的"政治性"，因为它是文学活动的价值所在，它维护了文学的介入现实功能。詹姆逊一直认为弗洛伊德的精神分析学是"惟一真正创新的解释学"。[①]但弗洛伊德学说过于狭隘，仅仅立足于无从验证的个人体验和心理臆测。在综合弗洛伊德、荣格乃至弗莱理论基础上，詹姆逊认为人们的"政治"信仰已成为一种无意识因素沉潜于"意识"域下，人们的各种文化实践都是潜在"政治"无意识的表征形式，特别是文艺活动具有隐喻、象征功能，文学批评与阐释类似于"解梦"，要逐层剖析其象征机制与不同寓意。但文本编码机制非常复杂，相较于人类心理结构中的意识、个人无意识、集体无意识，文学文本意蕴构成应包含个人象征、阶级或集体象征、社会历史象征三个层次。詹姆逊以此为据构建的文本阐释思想集中体现在"三个同心框架"之中。其一，在狭隘的政治或历史视域中，文本作为个别的文学作品被阐释为一种社会象征行为；其二，在扩大的社会视域中，文本被改造或重构为集体和阶级话语，即阶级或集体话语的最小可读单位；其三，在整个人类历史的终极视域中，文本被解读为"形式的意识形态素"，"成为生产方式的痕迹或预示"。[②]在具体阐释程序方面，詹姆逊认为可分为由表入里、由浅入深的三个层次加以展开，区分掩饰和被掩饰的信息。第一个层次为直接的社会政治事件，将具体文艺作品和叙事行为作为社会矛盾冲突进行细致阐释与注解，把握哪些事件是直接的、哪些虽未言明却是"缺席"的在场；第二个层次是社会层面，主要指斗争和阶级意识，将作品文本放在相互对抗的阶级群体关系中，挖掘其中包含的政治意识形态功能；第三个层次是历史层面，这主要指生产方式的变更，具体做法是将文本放在整个生产方式的复杂系统中阅读，因为按照"主导符码"和"主因"理论，在每一种生产方式中都共时地存在其他已经过时的和即将形成的生产方式，文学文本正是以寓言和象征方式展示文化和生产方式的复杂关系及其变化。詹姆逊以对巴尔扎克小说《萨拉辛涅》的文本阐释为例对上述理论进行了演示。从其批评实践来看，詹姆逊是立足文本，指向历史现实

----

① ［美］詹姆逊：《政治无意识》，王逢振、陈永国等译，中国社会科学出版社 1999 年版，第 60 页。

② 王逢振选编：《詹姆逊文集》（第二卷），中国人民大学出版社 2004 年版，第 198 页。

的，重在揭示文学文本、历史文本隐而不显的政治无意识（包括错综复杂的社会矛盾）。因此，文本中包含丰富的"政治"因素，并不像新批评理论所主张的那样，仅仅是一个封闭的语言组合体。

伊格尔顿也是如此。如果说早期的伊格尔顿理论还想建立"文本科学"的话，那么20世纪80年代以后则表现出明显的"革命批评"倾向。在《沃尔特·本雅明，或走向革命批评》以及《现象学，阐释学，接受理论——当代西方文艺理论》等著述中，伊格尔顿明确指出文学在本质上是一种政治修辞学，应该具有鲜明的政治效果，文学和其他学科一样，都要为一定的意识形态斗争服务，革命的文艺应该宣传革命主张和意识。"'马克思主义批评家'的首要任务，是积极投身并帮助指导大众的文化解放。"①

第三，文本解读是审美意识形态生产过程，具有重构性。

文本解读并不是挖掘或完全默认作品中作者见解，甚至抵抗作者在文本中灌输的看法。文本解读是读者与作者的对话与协商，是对文本的重构，是一种新价值产生的过程。詹姆逊和伊格尔顿都秉承了阿尔都塞和马歇雷的文本"症候阅读"法，都认为文本解读就是寻找文本"裂隙"和停顿之处，并以此窥视与剖析潜隐在文本中的社会真实关系，探究文本创作与流通的社会价值。詹姆逊对"第三世界"文学作为民族寓言阐释就贯穿了这一思想，在抵制"第一世界"经济、文化渗透，反对殖民主义的过程中，"第三世界"文化乃至其他社会事件不可避免地成为民族解放的心声和"民族寓言"，它以文本形式隐喻着民族反抗情绪和对自身民族特性的剖析。鲁迅笔下的"铁屋子"与沉睡其中的人们、为革命牺牲但不被理解的"夏瑜"等，都是需要阐释的"民族寓言"。

伊格尔顿则通过构建其"文本科学"阐释了这一特殊的审美意识形态生产过程。在伊格尔顿看来，意识形态因素渗透在文学文本活动的方方面面，文学文本活动本身就是一种审美意识形态生产活动，这主要表现在：其一，无论是文本创作过程，还是文本消费过程，其运用的材料——前文本意识形态材料本身就是一种具有自身特定形式的生产，或者说，是以历史真实为材料生产出来的产品，文学文本生产其实是生产的生产。其二，

---

①　［英］伊格尔顿：《沃尔特·本雅明，或走向革命批评》，郭国良等译，译林出版社2005年版，第128页。

艺术程式、手段以及解读理论本身并不是纯粹的审美范畴，它们已经受到了意识形态的决定性影响，甚至转换为审美意识形态。"因此，对前文本意识形态材料的加工制作不外乎就是对那些材料进行审美意识形态的筛选、组织、张扬、掩饰、暗示、神秘化或自然化。"① 其三，前文本意识形态并不是被动地接受加工和制作，被捏成形，而是在生产过程中与具有多重结构的主体审美意识形态产生交合与影响并得到修正、补充和转化，从而形成一种新的"文本意识形态"或文本产品。但是，我们需注意的是，文学文本创作生产出的意识形态"真实"只是一种"准真实"，因为文学生产作为一种话语虚构实现了对历史"实在"的秩序化与条理化，并且其本身已受到了意识形态的影响。因此，从某种意义上说，文本意识形态生产过程就是在"真实"虚位的情况下建构"真实"，"以真实的不在场构成真实的在场"。② 其四，文本解读过程也是一种意识形态再生产过程，表现为价值观的交换与改变。伊格尔顿借鉴了马克思政治经济学理论对其进行阐释，他认为文学的审美价值就产生于读者对文本的解读活动之中。"文学价值，是用对文本的思想见解，用作品的'消费性生产'，亦即解读行为所制造出来的一种现象。它所表示的永远是由相互间的关系所确定的价值：'交换价值'。'价值'的历史，是文学思想实践的历史——这种实践决不是对已制作好了的产品进行单纯的'消费'，但是我们却必须把这种实践作为文本确实在进行的（再）生产来研究。"③ 其五，意识形态在文学文本里也显现为一种无序、混乱状态。文本批评就是要揭示那种产生无序和分裂的话语的扭曲机制，重构文本的内部移植过程。"科学的批评"应该穿过文本的裂隙和沉默之处，把对象话语与它的生产条件联系起来，揭示隐义或意识形态的作用过程。

第四，介入现实的品质。

晚期马克思主义文学理论虽不像马克思、恩格斯、列宁、毛泽东等革命导师那样，在直接与作家的对话中面对文学实践提出的问题进行批评与指导，具有思辨性和理论性；但与法兰克福学派的文化批评相较，特别是

---

① 马海良：《文化政治美学——伊格尔顿批评理论研究》，中国社会科学出版社2004年版，第164—165页。

② Terry, Eagleton. *Criticism and Ideology*, New Left Books, 1976. p. 186.

③ ［英］伊格尔顿：《马克思主义与美学价值》，载陆梅林主编《西方马克思主义文论选》，漓江出版社1988年版，第705—706页。

与后马克思主义提出的理想化的"激进民主政治"和"文化政治"理论相较，仍保持强烈的介入现实品格。无论是詹姆逊的"第三世界"民族预言阐释、文本——阶级——历史三层次解读模式，还是伊格尔顿的"文本科学"构想、审美意识形态生产解读模式乃至对文学本质是一种"政治修辞学"的主张，都妄图通过文学审美活动参与生活进程、干预甚至改变生活本身，都坚决地维护并以文化参与方式实现文学特有的意识形态功能。因此，晚期马克思主义"话语政治"审美理论是立足文本，又超越文本、指向历史现实，从而坚持了马克思主义批评传统。对此，安德森给予了极高评价："对比之下，詹姆逊后现代理论第一次在提出资本主义文化逻辑的同时提供了资本主义社会形式的整体变化的一幅图画，这是一种更具包容性的视野。在此，在从局部到普遍的过渡中，西方马克思主义的使命已达到其最完善的顶峰。"[1]

四 "话语政治"审美理论的启发价值

晚期马克思主义"话语政治"审美理论是西方社会历史进程在文艺活动中的合乎规律的发展，也是传统马克思主义文艺理论适应新形势、寻求突破与转型的必然结果。这一理论虽不能直接移入中国，不经转化地成为当代中国文论拼图组成部分，但其对马克思主义立场操守的坚持、寻求转变灵活适应的现实的方略、谋求介入现实的品质以及高扬"文学政治"、"话语政治"的主张，都值得吸收、转化与借鉴。其中，"话语政治"审美理论的综合创新方法和政治导向尤其具有启发价值。

晚期马克思主义"话语政治"审美理论有效解决了文学与政治、内容与形式、作者与读者、共时性与历时性关系等问题，为建设当代中国特色马克思主义文艺理论体系提供了理论层面上的指导。在上述四组关系中，长期以来，传统马克思主义文论十分关注文学中的政治意识、内容主题、作者意识和文学的历时性发展，并作出了异常丰富甚至夸大的解释，而对文学本身、形式、读者及作品共时结构则关注不够；而西方行色各异的其他理论，诸如俄国形式主义文论、接受美学、结构主义诗学等则相对丰富和发展了后者，而对前者表现出极大的疏离和漠视。这种虽深刻却片面的

---

① Anderson, Perry. *The Origins of Post – modernity*, London: Verso, 1998. p. 72.

理论主张可能红极一时，也矫枉过正地解决了某些迫在眉睫的文学现实问题，一定程度上推进了文艺理论的发展，但总体而言，不利于也不可能构建出科学的文学批评体系。百年来的文艺理论发展已证明这一点。而晚期马克思主义"话语政治"审美理论较好地解决了上述问题，特别是通过文本共时的静态结构（语言剖析）探究其中蕴含的变化着的历史文化价值、意识形态斗争因素及其复杂生产机制（文本解读模式），对于中国当代文论建设具有理论指导价值。

晚期马克思主义"话语政治"审美理论重视文艺政治因素介入、倡导文艺干预现实的批评实践对于繁荣当代中国文艺批评具有现实指导价值。中国是一个强调诗教的国家，有着特别发达的意识形态分析传统，即使进入现代社会以后，这种风尚并没有发生实质性变化，反而在"文化大革命"期间达到登峰造极的地步。其后，随着改革开放的顺利进行，西方各种文艺思潮潮水般涌入中国，一时之间，各种"非马克思主义"甚至"反马克思主义"的主张甚嚣尘上，各种打着中立立场和建立"科学文学批评"旗号的形式主义理论也粉墨登场，不仅传统批评，甚至"五四"后成为"新传统"的马克思主义批评也被挤到边缘，中国当代文学批评成为西方批评方法的"试验田"，"语不着调"的"失语"现象成为批评的常态。形式批评一度居于文学批评的主导地位，但文学毕竟不是自然科学、社会科学，它应该具有不容取代的人文价值和终极关怀。90年代以来，审美文化得以迅速发展以及文艺批评领域的"文化转向"已显示这一不可抗拒之势。因此，文艺批评应吸取社会历史批评和形式批评之所长，谋求综合创新之路。中国当代文学批评不应超越文本，而是必须立足文本，更不能越过文本形式直逼内容，我们需要在这方面多下功夫。从这个角度而言，詹姆逊、伊格尔顿等晚期马克思主义理论家提出的"话语政治"审美理论，既立足文本又指向历史文化，既没有忽视语言形式的存在又强调了意识形态重构的重要性，并做到了两者较好的结合，这无疑能给我们的文学批评实践提供很好的借鉴。

成也葛兰西,败也葛兰西

——"葛兰西转向"与英国后马克思主义文论的诞生

李永新[*]

摘要　"葛兰西转向"最早起源于文学研究领域，是以威廉斯的文化主义与伊格尔顿的结构主义之间的论争为开端的。葛兰西转向作为新的理论范式，在为英国马克思主义文论带来新的发展契机的同时，也促进了英国后马克思主义文论的诞生。受葛兰西理论的启迪，英国马克思主义文论在坚守马克思主义基本逻辑的同时也对其进行了有效创新。英国后马克思主义文论则通过解构葛兰西的理论，抛弃了马克思主义的基本逻辑，这也昭示了葛兰西所开辟的马克思主义创新路向的失败。借助葛兰西的霸权理论，英国马克思主义文论家探讨了基础与上层建筑的关系，并从话语实践角度分析了日常经验与文学艺术，英国后马克思主义文论家则分析了主体以及文学阅读的话语建构。

关键词　葛兰西转向；英国马克思主义文论；英国后马克思主义文论；霸权

英国马克思主义文论经历了文化主义、结构主义和葛兰西转向等三次理论范式转换。1980 年前后，威廉斯与伊格尔顿等英国马克思主义文论家正是因为受益于葛兰西的霸权理论，才站在马克思主义立场上扬其分别力主的文化主义和结构主义两种理论范式之所长，并规避甚至抛弃其所短。

---

*　李永新（1978—　），现为南京师范大学文学院副教授。本文是国家社科基金项目"文化唯物主义：英国马克思主义文论的演进逻辑"（13CZW001）、江苏省教育厅哲学社会科学研究基金项目"英国马克思主义文论发展研究"（2010SJB750014）的阶段性成果。

与此同时，抛弃马克思主义基本逻辑的英国后马克思主义文论的诞生与发展也与葛兰西转向有直接关联。很多研究成果尽管注意到英国马克思主义文论的葛兰西转向，但却没有注意到英国后马克思主义文论也是追随葛兰西转向出现的。本文正是基于此，考察了葛兰西转向与英国两个马克思主义文论流派之间的关系。

一

"葛兰西转向"，最早是斯图亚特·霍尔和托尼·本尼特等理论家在梳理文化研究的历史时提出的重要概念。霍尔在《文化研究：两种范式》中指出："文化研究通过运用葛兰西著作中探讨过的一些概念，试图从结构主义与文化主义著作的最好要素中推进其思路，最大限度地接近于这一研究领域的需要。"① 这是因为，文化主义与结构主义"是完全对立的"。"在'文化主义'当中，经验就是特定的场地——'亲历的'领域，意识和产生意识的条件在其中相互交叉；而结构主义则强调'经验'不能被定义为任何东西的场所，因为人们只能在各种文化范畴、分类和框架之中并通过它们去'感受'和体验自身的生存条件。"② 与霍尔的观点相似，本尼特也指出："从更为一般意义上来看，葛兰西著作中的批判精神完全没有大众文化批评家让人无法忍受的傲慢态度，同时也不会发展成为一种广受赞誉的民粹主义，在避免文化主义与结构主义的各种相互对立的观点的同时，也对其提出了明确的反对。"③ 针对文化主义与结构主义所存在的不足，霍尔与本尼特都认识到葛兰西转向能够为文化研究的发展带来新的契机。本尼特指出，葛兰西将大众文化"看作是一个由各种压力和倾向所建构的关系的角力场。这样一种理论视角能够使处于危机之中的大众文化研究在理论与政治方面获得实质性的重构。"④

---

① ［英］斯图亚特·霍尔：《文化研究：两种范式》，孟登迎译，参见陶东风等主编《文化研究》（第 14 辑），中国社会科学出版社 2014 年版，第 324 页。

② 同上书，第 317 页。

③ Tony Bennett, *Introduction*: *Popular culture and* "*the turn to Gramsci*". Tony Bennett, Colin Mercer & Janet Woollacott, *Popular Culture and Social Relations*. Open University Press, 1986, p. xiii.

④ Ibid..

当然，正如"文化研究原来起源于文学批判传统"①的观点所断定的一样，"葛兰西转向"其实早已于 20 世纪 70 年代出现于文学研究领域，并以雷蒙德·威廉斯与特里·伊格尔顿之间关于文化主义和结构主义的论争为开端。伊格尔顿在 1976 年突然以一副阿尔都塞忠实信徒的面孔对其学术引路人威廉斯展开了理论围剿。他在《批评与意识形态》中指出："雷蒙德·威廉斯的著作作为唯物主义美学最为重要的代表之一，仍然不可避免地存在着'人本主义'和唯心论的瑕疵。"②伊格尔顿之所以敢于提出如此大胆的论断，是因为在他看来，威廉斯除了受马克思主义的影响外，早期还受到利维斯学派的影响，并以利维斯学派的自由人文主义为基础提出了"社会主义人文主义"观点，是一个地地道道的"左派利维斯主义者"。"因此，威廉斯所要努力实现的目标是探索个人感觉经验背后的隐含意义，并将这些意义有机地转化为方法、概念和策略；这也是人们对一个由剑桥学派所培养出来的最为著名的社会主义思想家最为自然的期待。威廉斯也像考德威尔，几乎根本没有使用构建社会主义批评的文献材料——颇具反讽意味的是，他在《文化与社会》中因追溯社会传统而导致的这种缺失，却成为他在政治上一以贯之的保守表现之一。"③

面对伊格尔顿的批评，威廉斯并没有作出明确回应，但"在 1978 和 1979 年出版的两部小说却是对伊格尔顿的最好回答"④。这两部小说分别是《志愿者》与《为马诺德而战》，主要论述了个体与社会之间的复杂关系及借助文化认同保持团结的重要性。《志愿者》主要描写了记者刘易斯·瑞费恩自愿秘密调查一场凶杀案的过程。在为公正而不断追寻案件真凶的过程中，瑞费恩加入了一个秘密的地下组织——志愿者世界。他从此经常面临在道德良心与对组织的忠诚之间作出抉择的难题：他一方面是凶杀案的局外人和地下组织的揭秘者，另一方面又必须抛弃原本的志向，自愿成为地下组织的合作者。威廉斯借此意在说明，人与其所处的社会是无法分离的，即使有时试图保持独立，努力作为"志愿者"或"局外人"，

---

① ［澳大利亚］透纳：《英国文化研究导论》，唐维敏译，亚太图书出版社 1998 年版，第 2 页。

② Terry Eagleton, *Criticism and Ideology.* Verso, 1978, p. 44.

③ Ibid. , p. 23.

④ Fred Inglis, *Raymond Williams.* Routledge, 1995, p. 252.

那么这种自愿只是一种"潜在可能,也存在着某些障碍"①。在《为马诺德而战》中,威廉斯主要描写了针对在威尔士的新城市规划过程中出现的腐败与投机,马修·普莱斯和罗伯特·雷恩作出完全不同的反应。通过两人对当地人的未来生存所展开的激烈争论,威廉斯指明:"为了再次确证某些或者某一可能性,必须紧紧抓住不太明确的文化认同的概念,因为它在稳定性日渐消失且群体无法共享的历史时刻能够带来团结和共同体。"②

与威廉斯的反应不同,安东尼·巴奈特在《雷蒙德·威廉斯与马克思主义:对伊格尔顿的反驳》中对伊格尔顿提出了强烈批评。他认为:第一,伊格尔顿犯了以偏概全的错误——只以威廉斯的早期著作为依据对其提出批评。"伊格尔顿的文章显然只对威廉斯著作中的'第一类'做了评价。"③ 其实,威廉斯的学术著作按时间先后大致可以分为三类:第一类是出版于 1960 年前后的分析资本主义文化变迁的著作;第二类是出版于 1968 年及其之前的论述戏剧的著作;第三类则是出版于 1968 年以后的研究语言与社会的著作。"戏剧研究著作事实上受到极大的贬斥,因为伊格尔顿似乎将威廉斯的戏剧理论看作是他对其学术兴趣的极不严肃的转移。"④ 第二,伊格尔顿对威廉斯"经验"概念的理解存在偏差。伊格尔顿尽管正确指明了"经验"对于威廉斯而言在认识论层面所具有的重要价值以及在方法论层面所存在的缺陷,但并没有真正理解这一问题。因为,"威廉斯对经验概念的使用是从利维斯以及《细绎》继承而来。但是,与利维斯不同,在威廉斯看来,经验并不是一种一成不变或形而上的价值——主观判断所依赖的唯一发挥规范作用的标准。经验也应该随着历史的发展而发展——他指的是'突显对一种经历的感觉以及对改变该经历的各种方式的感觉'。"⑤

伊格尔顿与威廉斯及其拥护者之间的论争尽管开始时轰轰烈烈,但很快就偃旗息鼓,还推动了新的理论范式——葛兰西转向的到来。当然,作为英国马克思主义发展史上的一次重要理论范式转换,葛兰西转向既促进

① [英]雷蒙德·威廉斯:《政治与文学》,樊柯等译,河南大学出版社 2010 年版,第 304 页。

② Fred Inglis, *Raymond Williams*. Routledge, 1995, p. 255.

③ Anthony Barnett, *Raymond Williams and Marxism: A rejoinder to Terry Eagleton. New Left Review.* (1976) Vol. 99 . 5: p. 54.

④ Ibid. , p. 52.

⑤ Ibid. , p. 62.

了英国马克思主义文论的发展，也促进了英国后马克思主义文论的诞生。首先，葛兰西转向使英国马克思主义文论成功地摆脱了当时所面临的困境，为此后的发展带来新的生机与活力。威廉斯与伊格尔顿经过这场论争都意识到，无论是文化主义还是结构主义都存在着无法弥补的缺陷，只有葛兰西的霸权理论才可以使他们既能坚守马克思主义立场，又能将这两种范式各自拥有的理论活力充分发挥出来。其次，因葛兰西理论的独特性及后结构主义理论在英国的传播，葛兰西转向也成就了英国的后马克思主义及与其相伴而生的后马克思主义文论。"对拉克劳和墨菲来说，在关于霸权的本质的争论中，葛兰西确实代表了马克思主义理论的分水岭：走向一种'结合原则'。"① 受这股思潮的影响，斯图亚特·霍尔、托尼·本尼特等一批理论家开始解构超验主体、强调话语分析，表现出与威廉斯、伊格尔顿完全不同的理论旨趣。因此，受葛兰西理论的启迪，英国马克思主义文论在坚守马克思主义基本逻辑的同时也对其进行了有效创新。英国后马克思主义文论则通过解构葛兰西的理论，抛弃了马克思主义的基本逻辑，这也昭示了葛兰西所开辟的马克思主义创新路向的失败。

二

葛兰西转向使英国马克思主义理论家"从抽象思想体系向日常体验和话语实践层面转化，并更多地与资产阶级统治的社会结构与功能分析相联系"②。葛兰西认为，霸权是"1. 人民大众对于主要统治集团强加给社会的总体趋势的'自发的'赞同；这种赞同是由统治集团在生产领域中的地位和职能而享有的'威望'（以及随之而来的信任）'历史地'促成的。2. 国家机器实施强制性措施，它'合法地'把命令强加给那些既不积极也不消极地'赞同'的集团。然而，它是在自发赞同不能实现、控制和管理处于危机之时在整个社会中发生的。"③ 从宏观上看，霸权理论指明了不同阶级的协商要涉及经济、政治等复杂的社会结构问题；从微观上看，霸

---

① [英] 斯图亚特·西姆：《后马克思主义思想史》，吕增奎、陈红译，江苏人民出版社2011年版，第27页。

② 汪正龙：《马克思与20世纪美学问题》，高等教育出版社2014年版，第77页。

③ [意] 安东尼奥·葛兰西：《狱中札记》，曹雷雨等译，中国社会科学出版社2000年版，第7—8页，译文有改动。

权理论深入到日常生活层面，分析了不同阶级为形成自发"赞同"而在语言与体验等层面所进行的权力协商。霍卢布指出："霸权这一概念不仅能够帮助我们理解，在经济上占统治地位的集团强制性地运用政治社会的国家机器维持现状的方式，并且能够使我们理解，政治社会，特别是市民社会包括教育、宗教和家庭以及日常生活实践的微观结构等，如何以及在何处有助于促使意义和价值的生产，这些意义和价值指向并维持社会上的各个阶层'自发的'赞同一社会现状。"①

从宏观上看，英国马克思主义文论家借助葛兰西的霸权理论分析了马克思主义理论的核心命题——基础与上层建筑之间的关系。威廉斯认为，基础与上层建筑等概念长期以来被看作是"带有凝固性质的某一'领域'或某一'范畴'的观念"，"这些术语的物质凝固性的意义一直在阻碍着我们"。事实上，基础"是一种动态的、充满内在矛盾的过程——包含着现实人们和由他们构成的阶级所进行的种种具体活动，以及一系列从协作到敌对的活动方式"，以此为基础才能"推导出'上层建筑'的多变过程"②。威廉斯的这一分析尽管更为符合现实社会的实际情况——无论是基础还是上层建筑都不是静态的、抽象的，而是一系列不断变动的复杂社会关系，但却为进一步阐释基础与上层建筑的关系带来困难，因为传统的决定论"不过是使那些具体的、总是相互关联的决定因素变得神秘化而已"③。在分析了决定、生产力等相关概念的缺陷之后，威廉斯认为，霸权作为一种"探究方法可以应对同样的问题，而且这种方法更直接地定位于文化过程和文化关系的研究"④。这是因为，霸权作为"一种包容性的社会构形和文化构形。这种构形确实有效地扩展到并包容了生活经验的全部领域，它确实形成了这种领域，又从这种领域中形成了它自身"⑤。

与威廉斯借助霸权的动态性探讨基础与上层建筑的关系不同，伊格尔顿则从获取赞同的具体方式这一角度出发，详细分析了基础与上层建筑所发挥的作用。在他看来，"我们可以把霸权定义为整个实践策略，统治权

---

① Renate Holub, *Antonio Gramsci: Beyond Marxism and Postmodernism.* Routledge, 1992, p. 6.

② ［英］雷蒙德·威廉斯：《马克思主义与文学》，王尔勃等译，河南大学出版社 2008 年版，第 88—89 页。

③ 同上书，第 95 页。

④ 同上书，第 115 页。

⑤ 同上书，第 120 页。

力则通过这些策略从被统治者那里获得对其统治的认同"①。由此出发，伊格尔顿对上层建筑做了明确分析。"上层建筑把政治的一定范围的意识形态的功能具体化为固定的本体论范围。而且仅当某一习俗或社会机制通过一定的方式支持一系列占统治地位的社会关系时，它的行为才具有上层建筑的性质。因此，某一社会机制这一时刻是上层建筑的，但在另一时刻却又不是。因此，在这一点上，这一机制的各种功能也许是相互冲突的。"②作为具有本体论性质的社会领域，上层建筑能把可能发生冲突的各种意识形态实践集中起来，共同维护那些占主导地位的社会关系与物质利益。上层建筑之所以能发挥这种作用，是因为"基础是处于变化过程中的政治力量所不可逾越的外部界限或最终障碍，它既对政治变化所需的动力发挥抵制作用，也在其动力匮乏时揭示出其中存在的问题。它不论在其他方面对政治产生何种影响或者直接与其达成妥协，但其作用却一直存在"③。

从微观上看，葛兰西霸权理论所包含的存在于意指层面的协商意义，促使英国马克思主义文论家从语言和意义等层面对日常体验与文学批评展开分析。"霸权或多或少总是由各种彼此分离的甚至完全不同的意义、价值和实践适当组织结合而成；依赖这些，霸权具体地组构为有意义的文化和有效的社会秩序。"④ 在他看来，霸权既涵盖了文化与意识形态，又通过将两者融合而形成对它们的超越。因为，霸权一方面"从最根本的意义上来讲就是一种'文化'，而文化又不能不总被看做是那种实际体验到的、特定阶级的主导和从属"⑤；另一方面又注意到这些主导和从属关系"在形式上体现为实践意识，它们实际上渗透了当下生活的整体过程——不仅渗透到政治活动和经济活动中，也不仅渗透在明显的社会活动中，而且还渗透在由也已存在的种种身份和关系所构成的整体中，一直渗透到那些压力和限制的最深处——这些压力和限制来自那些最终被视为某种特定的经济

---

① Terry Eagleton, *Ideology*: *An introduction*. Verso, 1991, pp. 115 – 116.

② ［英］特里·伊格尔顿：《再论基础与上层建筑》，张丽芬译，参见刘纲纪编《马克思主义美学研究》（第5辑），广西师范大学出版社2002年版，第461页。

③ Terry Eagleton, *Base and superstructure in Raymond Williams*. Terry Eagleton. ed. *Raymond Williams*: *Critical perspective*. Polity Press, 1989, p. 175.

④ ［英］雷蒙德·威廉斯：《马克思主义与文学》，王尔勃等译，河南大学出版社2008年版，第123页。

⑤ 同上书，第118页。

体系、政治体系和文化体系的事物"①。霸权在指明文化自身存在权力分配及主导和从属之间的关系的同时，也将作为思想体系的意识形态引入现实生活，并强调作为实际被体验到的意义与价值体系的意识形态既涉及社会的公共领域，也存在于私人的日常生活。因此，霸权"是指一种由实践和期望构成的整体，这种整体覆盖了生活的全部——我们对于生命力量的种种感觉和分配，我们对于自身以及周围世界的种种构成新的知觉体察"②。

伊格尔顿主要借助葛兰西的霸权理论从话语实践的角度对文学艺术进行了分析。他认为，葛兰西著作对文学批评的重要启示是"把注意力从分析名为'文学'的客体转向对文化实践的社会关系的分析"。"这一趋势在不那么灵巧的生手那里可能很容易被拜物化，正如对一个文学文本中的部分'假定性'作忸忸怩怩、漫不经心的漠视会为一种新的时尚——把产品分解成过程——大开绿灯。"③ 在提出把文学当作文化实践并分析其背后社会关系的同时，伊格尔顿也意识到其中所隐含的风险是只注重分析文学艺术的物质性，而不关注文本的社会建构过程。为了解决这一问题，他指出马克思主义批评要关注文学艺术的修辞问题。"'修辞'这一术语既指有效话语理论又指这种理论的实践"。话语理论"意图是十分明显的，就是要把话语和权力的表述进行系统地理论化，并且以政治操作的名义进行：丰富意指的政治效应"④。在《文学理论》中，伊格尔顿充分贯彻了这种文学批评观念，从政治批评的立场上审视了 20 世纪的重要文学理论流派。"现代文学理论的历史乃是我们时代的政治和意识形态的历史的一部分"，"我用以对抗本书所阐述的这些理论的并不是一种文学理论，而是一种不同的话语——叫它'文化'也好，叫它'表意实践'也好，或无论叫它什么，都并非十分重要——它会包括其他这些理论所研究的这些对象（'文学'），但它却会通过将其置于一个更加广阔的语境之中而改变它们。"⑤

---

① ［英］雷蒙德·威廉斯：《马克思主义与文学》，王尔勃等译，河南大学出版社 2008 年版，第 118 页。

② 同上。

③ ［英］特里·伊格尔顿：《沃尔特·本雅明，或走向革命的批评》，郭国良等译，译林出版社 2005 年版，第 127—128 页。

④ 同上书，第 133、134 页。

⑤ ［英］特雷·伊格尔顿：《二十世纪西方文学理论》，伍晓明译，北京大学出版社 2007 年版，第 196、206 页。

三

　　"葛兰西转向"在为英国马克思主义文论开启新的探索空间的同时，也与后结构主义结合而形成后马克思主义理论。拉克劳指出："对于我们所喜爱那种特别类型的马克思主义来说，葛兰西的中介是至关重要的。《霸权和与社会主义战略》建构的所有基本范畴都起于对马克思主义历史的解构，而重新阐发葛兰西的范畴一直是我作品的主旋律。"① 葛兰西的理论之所以能够成为后马克思主义理论的基点，是因为霸权作为一种宏观的结构关系，其内部存在着性质完全不同甚至相互矛盾的多重实践。"对于葛兰西来说，即使多样化的社会要素具有唯一的关系同一性——通过连接实践得到的——在每一个霸权形态中必定总会存在着一个单一的统一原则，而且它只能是基本的阶级"。"这是葛兰西思想之中持续存在的本质内核，为解构霸权逻辑确立了界限。"② 霸权中的阶级一旦遭到解构，对其发挥最终决定作用的经济基础也将遭到抛弃。如此一来，"把经济视为由必然规律统一起来的均质空间的自然主义偏见"就被完全拆解了。因此，后马克思主义"极大地仰赖'霸权'概念（同样，尤其是拉克劳和墨菲所阐述的霸权概念）在一般意义上界定和描述的政治和文化的接合逻辑，以及意义、价值、关系、身份、取向和制度所赖以建立的活动和过程"。③

　　在抛弃马克思主义的基本逻辑并解构经济决定论的同时，英国后马克思主义理论家将霸权看作是一个话语集合，认为其主要发挥主体建构作用。"拉克劳和墨菲的霸权和霸权政治理论显然从安东尼奥·葛兰西的著作中获得了灵感，拉克劳和墨菲也是这么公开宣称的，但葛兰西的模式和拉克劳与墨菲的理论之间的主要区别在于，后者强调每一种政治身份都是由话语建构起来的，在围绕对抗性建构起来之前，身份是不存在的。"④ 这

---

　　① ［英］欧内斯托·拉克劳、保罗·鲍曼：《政治、辩论和学术：欧内斯托·拉克劳访谈》，周凡译，参见周凡等主编《后马克思主义》，中央编译出版社 2007 年版，第 50 页。

　　② ［英］恩斯特·拉克劳、查特尔·墨菲：《领导权与社会主义的策略》，尹树广等译，黑龙江人民出版社 2003 年版，第 75 页，本文除注释外，统一将"领导权"改译为"霸权"，译文有改动。

　　③ ［英］保罗·鲍曼：《后马克思主义与文化研究》，黄晓武译，江苏人民出版社 2011 年版，第 5、3 页。

　　④ 同上书，第 3 页。

与英国接受后结构主义理论的独特路径有很大关系。与美国直接受德里达的影响不同,英国则是在 20 世纪 70 年代中后期借助阿尔都塞的理论接受了后结构主义理论。"阿尔都塞以去中心化的方式探讨社会构成,将知识看作是话语建构,将主体看成是一种后果。这一切都对英国的后现代主义产生了直接的影响。他的著作完全可以被看作是一种从结构主义到后结构主义的过渡。"① 因此,英国后马克思主义理论家将后结构主义看作是批判超验主体的激进话语。同时,他们在批判超验主体的过程中,"对主体的解构也重构了主体得以生成的话语组织过程"。英国后马克思主义文论正是以此为基础,"反对广为认可的语言是清晰无误的观点","要通过分析心理学的知识话语以及电影、电视、绘画史和音乐、小说、戏剧、诗歌等的具体表意实践详细而又具体地证实话语以及话语构成的物质性"②。

霍尔借助拉克劳提出的"接合"概念对超验主体展开批判,并指出其与外部社会力量之间的复杂关系。他认为:"接合是一种连接形式,它也可以在一定条件下将两种不同的要素统一起来。它是一个关联,但并非总是必然的、确定的、绝对的和本质的……一种话语的所谓'统一'实际上就是不同要素的接合,这些要素可以以不同的方式再次接合,因为它们并没有必然的归属。这种十分重要的'统一'是被接合的话语与不同的社会力量之间的连合环节———一种话语可能在某种历史条件下与某一社会力量连接,但并不是必然地与之连接。"③ 接合既是一种理解特定历史条件下话语聚合的方式,"同时也是询问方式,即询问意识形态的组成成分何以在特定的事态下接合成或没有接合成某一政治主体。换言之,接合理论询问的是一种意识形态何以发现其主体,而非询问主体如何去思考那些必然地、不可避免地属于它自己的思想"④。因此,一种意识形态在建构主体的同时,也"使人们开始去理解或领悟他们自身的历史境遇,而不是把这些理解形式还原为他们的社会经济或阶级地位或他们的社会位置"⑤。霍尔的接合理论主要凸显了主体建构的动态性、过程性与未完成性,其所谓的主

① Anthony Easthope, *British Post - structuralism since* 1968. Routledge, 1988, p. 21.

② Anthony Easthope, *British Post - structuralism since* 1968. Routledge, 1988, p. 209.

③ [英] 斯图亚特·霍尔:《接合理论与后马克思主义:斯图亚特·霍尔访谈》,周凡译,参见周凡等主编《后马克思主义》,中央编译出版社 2007 年版,第 196 页。

④ 同上。

⑤ 同上书,第 197 页。

体根本不是一个服务于生产关系的再生产的主体，而是一个处于永无休止的话语建构过程中的主体，甚至可以说是一个只能永远处于建构过程中的空洞的能指。

当然，霍尔的最终目的并不是解构主体，而是要在此基础上探寻主体的话语建构。经过解构，他根本无法再使用"主体"这一概念，而是"转用了'身份'这个词条。"他指出："我使用'身份'来指会合点，即两个方面的缝合：一方面是企图'质询'、责令或欢迎我们作为特殊语篇论述的社会主体的语篇论述和实践；另一方面是产生主观性的过程，建构我们认为能被'表达出来'的主体的过程。这样，身份就成为暂时附着在话语实践为我们建构的主体位置上。"① 作为一个有待分析的意指实践，身份在打破以往相对统一、固定的主体的同时，更为强调主体是随着历史、文化与权力的变化而不断得到建构的。西蒙·弗里兹在此基础上，分析了音乐与身份建构的关系。"我想在这里提出的主要论点是：在讨论身份的时候我们其实讨论某一类体验，或者是处理特定类体验的方式。身份不是别的，仅是一个过程——一种以音乐作为鲜明特征的实验过程。对身份而言音乐似乎是一把钥匙，因为它提供一种如此热情的感觉，对自己和他人、对集体中的主体的感觉。"② 托尼·本尼特也指出，美学作为一种建构主体的技术，可以"被看作是建构个人的一种方法，它就像普通的政府机关及其规程一样，积极而又富有成效地规范着绝大多数人的内在品性，用福柯的话来说，现代公民也因此而被建构成功了"③。

除此之外，托尼·本尼特还借助话语理论分析了文本与读者之间的关系，提出了阅读构型理论。"所谓的阅读构型，我的意思是指能够有序组织并有效激活阅读实践的存在于话语与文本间的一系列的限定作用，其能够通过将读者转化为一种特殊类型的阅读主体并以一种独特的方式将文本转化为有待阅读的客体，从而使读者与阅读以一种非常特殊的关系相互联系在一起。"④ 这一理论在强调文本与读者相互作用的基础上，努力分析具

---

① ［英］斯图亚特·霍尔：《导言：是谁需要"身份"》，参见［英］斯图亚特·霍尔等编著《文化身份问题研究》，庞璃译，河南大学出版社 2010 年版，第 6 页。

② ［英］西蒙·弗里兹：《音乐与身份》，参见［英］斯图亚特·霍尔等编著《文化身份问题研究》，庞璃译，河南大学出版社 2010 年版，第 130 页。

③ Tony Bennett. *Outside literature*. Routledge, 1990, p. 181.

④ Tony Bennett, *Texts in History: The Determinations of Readings and Their Texts. The Journal of the Midwest Modern Language Association*. (1985). Vol. 18. 1: p. 7.

体的阅读过程所涉及的社会、文化条件与权力斗争。在他看来,文学文本理论总是将文本看作是一个客观结构、一个拥有有限的内在意涵的生产性空间,读者无论处于何种阅读环境以及对其做何种阅读,都无法跳出文本有限的内在空间,否则就是对文本的扭曲性阅读或误读。基于这样的文本理论,读者要么是处于具体历史语境中的经验性读者,要么是在具体阅读过程中不断发掘文本的生产性空间的理想读者或隐含读者。文本与读者在此只能作为抽象实体存在,文本及其阅读、读者及其体验都是分离的,根本无法实现相互交融。与之相反,阅读构形理论则强调"被物质的、社会的、意识形态的、制度的联系构建而成"的文本与读者及它们的相互作用。"这种交往从来不是两个未受浸染的实体之间的一种纯交往,而总是一种被文化碎片搅混的过程,这种文化碎片将文本与读者纠缠在构成二者相遇领域的相关文本区域。"①

---

① [英] 托尼·本尼特:《本尼特:文化与社会》,王杰等译,广西师范大学出版社 2007 年版,第 79、109 页。

马克思主义对形式主义的吸收和借鉴

——弗雷德里克·詹姆逊文学批评的理论、方法与实践

杨建刚*

摘要 詹姆逊是马克思主义与形式主义的对话史上最重要的理论家之一，从马克思主义的立场上吸收和借鉴形式主义，进而对二者进行辩证综合是他的文学批评的方法论基础，渗透到了他的文学批评的理论建构与批评实践的全过程。詹姆逊认为以"辩证思维"为基础的马克思主义批评应该是一种"元评论"，这种评论把历史、政治和形式看作是三位一体的，并把"形式的意识形态"作为研究对象。这种方法基于他对历史上关于形式与内容之间关系的各种理论的反思、批判和发展，并以此为基础建立了自己独特的马克思主义文本阐释学来挖掘隐藏在文本深层的作为"政治无意识"的意识形态。詹姆逊的学术研究方法对我国当前的马克思主义文学理论和批评具有重要的启示意义，"马克思主义者到底该怎样读文学？"也应该成为中国的马克思主义文学理论研究者认真思考和亟待解决的理论问题。

关键词 马克思主义 形式主义 辩证思维 形式的意识形态 文本阐释学

弗雷德里克·詹姆逊对中国文论和美学影响巨大，自 1985 年的北大演讲以来，我国文学理论和美学研究等领域的诸多问题都与他密切相关。

---

* 杨建刚，男，1978 年生，陕西三原人，山东大学文艺美学研究中心副教授，主要从事文学基础理论和西方文论研究。

2012 年 12 月詹姆逊（又译为詹明信）再次来到中国，在北京大学做了《奇异性美学：晚期资本主义的文化逻辑》的演讲，使中国的詹姆逊热再次达到高潮。三十年来，中国学界对詹姆逊的追踪式研究已经取得了丰富的成果，对他的新著《辩证法之价》（*Valences of the Dialectic*，2009）和《重读〈资本论〉第一卷》（*Representing Capital：A Commentary on Volume One*，2011）的研究也已经展开，并有成果陆续发表。但是本文所关注的并不是他的最新著述，而是研究他的文学批评的理论、方法与实践，因为文学研究是他的学术起点，为他以后的学术研究奠定了坚实的基础，其方法一直贯穿于他的学术研究的始终。更重要的是，他的文学理论和批评方法极具特色，对我国当前的文学理论和批评具有重要的启示意义，而中国学界对此却并没有给予足够的重视。

海登·怀特认为詹姆逊"不仅仅是一个对立的，而且是一个真正辩证的批评家。他严肃地接受其他批评家的理论，而且不只是那些基本上与自己具有共同马克思主义观点的人。相反，他对那些非马克思主义或反马克思主义的批评家的著作特别感兴趣。因为他知道，衡量一种理论，依据的不是其推翻对立思想的能力，而是其吸纳最强劲的批评者中有根据的和富有洞见的思想的能力。"①肖恩·霍默（Sean Homer）也认为詹姆逊的贡献就在于他"反思了马克思主义文化政治学的可能性，以及与非马克思主义理论进行同情的对话的必要性"。② 他把这些异质的理论流派和思潮都吸纳进来，并用马克思主义加以融汇与综合。在所有的理论来源中，最重要的是形式主义（包括俄国形式主义、布拉格学派、法国结构主义和后结构主义）。詹姆逊以马克思主义为基点，吸收和借鉴形式主义，尤其是结构主义，从而使他的马克思主义表现出明显的结构主义特征，也使他成为马克思主义与形式主义对话史上继巴赫金之后最为重要的理论家。在借鉴和吸收形式主义的基础上对二者进行辩证综合是他的方法论基础，对他的文学批评的理论建构与批评实践都产生了深远的影响。

---

① ［美］海登·怀特：《形式的内容：叙事话语与历史再现》，北京出版集团 2005 年版，第 196 页。

② Sean Homer, *Fredric Jameson：Marxism，Hermeneutics，Postmodernism.* Cambridge：Polity Press，1998，p. 5.

一 "辩证思维"与"元评论"

从理论渊源的角度来看，对詹姆逊思想的形成影响最大的就是以法兰克福学派为代表的德国理论和以萨特、结构主义和后结构主义等为代表的法国理论。詹姆逊从中学时代就精通德语和法语，而后来在德国的留学生涯为其接受德国和法国的理论思潮奠定了基础。人们通常认为这两种思潮就像俄国形式主义与苏联马克思主义之间那样是对立的，但是詹姆逊则认为以结构主义和后结构主义为代表的法国理论本身就是马克思主义的问题性中的一部分，它们的形成本身就与马克思主义不无关系。① 更准确地说，如果没有马克思主义者提出的问题，就不可能有结构主义者的答案。甚至马克思本人就是一个形式主义者，他所做的就是对资本主义进行结构主义分析。② 事实也正是如此。尽管索绪尔对马克思似乎并无深入了解，俄国形式主义者也只是把马克思主义作为论战的对象，但是法国结构主义者却不仅不能忽视马克思主义，而且本身就"大大得益于马克思主义"。③ 因此，当后来很多结构主义者对马克思主义避之而唯恐不及的时候，后结构主义大师德里达却出版了他的《马克思的幽灵》，以此来表达他对马克思主义的肯定和怀恋。因此，和巴赫金一样，詹姆逊认为，马克思主义要取得发展，就再也不能将结构主义"拒之门外"，而是"应该把当代语言学的这项新发现结合到我们的哲学体系中去"。正因为如此，詹姆逊同时展开了对马克思主义和形式主义的研究工作，并先后出版了研究著作《马克思主义与形式》和《语言的牢笼》，试图通过"钻进去对结构主义进行深入透彻的研究，以便从另一头钻出来的时候，得出一种全然不同的、在理论上更加令人满意的哲学观点。"④

---

① ［美］詹明信：《晚期资本主义的文化逻辑》，生活·读书·新知三联书店1997年版，第5页。

② 杨建刚、王弦：《马克思主义与形式——弗雷德里克·杰姆逊教授访谈录》，《文艺理论研究》2012年第2期。

③ Fredric Jameson, *The Prison - House of Language*, Princeton：Princeton University Press，1972，p. 102.

④ Ibid. , p. vii.

虽然詹姆逊明白"在不同的立场之间对话实在是一件很复杂的事情",①但是他也深刻地意识到,"方法论问题之间的张力与冲突总会打开通向更大的哲学问题的大门"。②因此,在马克思主义与结构主义之间对话就不再只是出于学术兴趣,而且成为他有意识的学术选择与探索。詹姆逊坚定地站在马克思主义的立场之上,用马克思主义,尤其是黑格尔式的马克思主义的眼光,来审视俄国形式主义和法国结构主义,把其纳入马克思主义的理论框架,并以"符码转换"(transcoding)的方式将其转化为马克思主义的理论和方法的一部分,以此来丰富、完善和发展马克思主义。可以说,是萨特向詹姆逊打开了马克思主义的大门,法兰克福学派理论家使他真正成为一个黑格尔式的马克思主义者,而法国结构主义则使他的马克思主义具有了浓重的结构主义色彩。正是在这个意义上,道格拉斯·凯尔纳(Douglas Kellner)称詹姆逊的理论是"对黑格尔式的马克思主义和新的法国理论的独一无二的综合"。③

詹姆逊认为其他的批评方法大都是封闭的体系,而以辩证法为理论基础的马克思主义则是多元开放的,具有极强的包容性。"如果说马克思主义是一种与众不同、得天独厚的思维模式,原因不过在此,而非因为你自己一口咬定发现了真理。马克思主义的'特权'就在于它总是介入并斡旋于不同的理论符码之间,其深入全面,远非这些符码本身所能及。"④所有的理论都是阐释,而在这些阐释模式中,"马克思主义阐释学比今天其他理论阐释模式更具有语义的优先权。"⑤ 作为一种"无法超越的地平线",马克思主义"容纳这些显然敌对或互不兼容的批评操作,在自身内部为它们规定了部分令人可信的区域合法性,因此既消解它们同时又保存它们。"⑥ 相对于马克思主义的"基础/上层建筑"的阐释模式,所有的其他理

---

① [美]詹明信:《晚期资本主义的文化逻辑》,生活·读书·新知三联书店 1997 年版,第5 页。

② 同上书,第 11 页。

③ Douglas Kellner(ed.),*Postmodernism*,*Jameson*,*Critique*,Washington,DC:Maisonneuve Press,1989,p. 12.

④ [美]詹明信:《晚期资本主义的文化逻辑》,生活·读书·新知三联书店 1997 年版,第22 页。

⑤ 同上书,第 146—147 页。

⑥ Fredric Jameson,*The Political Unconscious*,Ithaca,New York:Cornell University Press,1981,p. 10,又参见 [美]詹明信《晚期资本主义的文化逻辑》,生活·读书·新知三联书店 1997 年版,第 148 页。

论阐释模式，比如结构主义的"语言交流"、弗洛伊德主义的"欲望"或"利比多"，荣格或神话批评的"集体无意识"，各种伦理学或心理学的"人文主义"等等，都不具有绝对的优越性。而马克思主义却可以把所有这些理论都纳入其中，为我所用，使其成为马克思主义批评的理论资源。詹姆逊所做的就是要建立这样一种囊括其他多种理论的马克思主义阐释学。

詹姆逊把这种思维模式称为"辩证思维"（dialectical thinking），或"思维的二次方"。综合詹姆逊关于辩证思维的多处论述，可以得出在辩证思维指导下文学批评的三个主要研究对象，即对研究对象的研究、对研究者立场的思考和对研究过程中的方法、概念和范畴的反思。其特点在于：一是"强调环境本身的逻辑，而不是强调个体意识的逻辑"，即把研究对象放入具体的历史语境中来加以研究，或者说将研究对象"历史化"；二是"寻求不断地颠覆形形色色的业已在位的历史叙事，不断地将它们非神秘化，包括马克思主义历史叙事本身"；三是"坚持以矛盾的方法看问题"。[①] 建立在辩证思维基础之上的批评方法就是"辩证批评"，或"元评论"（metacommentary）。[②]这种评论是一种"评论的评论"，它带给我们的不只是"批判的武器"，同时也是"武器的批判"，马克思主义正是这样一种"元评论"。因此，在这个意义上，并非只有信仰共产主义才可以成为马克思主义者，"许多事实上在做元评论工作的人没有意识到他们干的正是马克思主义"。[③] 这样，"元评论"就成为马克思主义所特有的一种方法论，也成为马克思主义批评的标志。

在此基础上，詹姆逊提出了他那句振聋发聩的口号——"永远历史化"（Always historicize）！这已经不只是一个口号，而且变成了一种方法论。任何批评都不可忽视历史的存在，都应该把研究对象纳入历史的语境之中，从历史的角度来加以审视，历史也就成为詹姆逊自始至终的研究视

① ［美］詹明信：《晚期资本主义的文化逻辑》，第35—36页。张旭东把此访谈作为詹姆逊的《晚期资本主义的文化逻辑》的汉译本的"代序言"。

② 凯尔纳（Douglas Kellner）认为《元评论》（*Metacommentary*）（1971）一文不但是从《马克思主义与形式》向《语言的牢笼》的过渡，而且也是通过保卫批判的解释学来反对当时甚为流行的桑塔格（Susan Sontag）的"反对阐释"（anti‑interpretation）。凯尔纳认为完全可以用"元评论"来概括詹姆逊的文学理论和批评实践的特点。（Douglas Kellner（ed.），*Postmodernism*，*Jameson*，*Critique*，Washington，DC：Maisonneuve Press，1989，p. 11）

③ ［美］詹明信：《晚期资本主义的文化逻辑》，生活·读书·新知三联书店1997年版，第20页。

点。可以说，"从六十年代末期到现在，詹姆逊一直把文本的历史维度和历史的阅读置于特权地位，他把自己的批判实践带入了历史的屠宰房，也将批判话语从学术的象牙塔和语言的牢笼中移开，使其经历了学术领域里的荣衰和变动，而'历史'这一术语正是这一过程的标记。"①他正是以这种历史化的视角来审视俄国形式主义和法国结构主义的。索绪尔语言学，以及以此为基础的俄国形式主义和法国结构主义的致命缺陷就在于抛弃了历史，从而将自身囚禁于自己建立的"语言的牢笼"之中。因此，要超越形式主义就必须为其增加一种历史的维度，并把它与社会和意识形态联系起来。詹姆逊认为，只有"通过揭示先在符码和先在模式的存在，通过重新强调分析者本人的地位，把文本和分析方法一起让历史来检验，……只有这样，或以相类似的东西为代价，共时分析和历史意识、结构和自我意识、语言和历史这些孪生的、显然无法比较的要求才能得到调和。"②也只有这样，结构主义才能打破这个"语言的牢笼"，把文学和语言向历史开放，回归文学和语言的意义层面和意识形态功能。但他并没有抛弃结构主义的合理内核，而是在拒绝了结构主义的非历史化倾向的同时，极力肯定了索绪尔、格雷马斯和其他结构主义者的科学的中立立场和批评方法。③他把这些理论和方法通过"符码转换"的方式转变成马克思主义的一部分，并应用于马克思主义的文本阐释学之中。

克罗齐认为"一切历史都是当代史"，任何历史研究的最终指向都是当下政治，关注历史只是关注政治的一种表征。正如詹姆逊所言："一切事物都是社会的和历史的，事实上，一切事物'说到底'都是政治的。"④

---

① Douglas Kellner（ed.），*Postmodernism*，*Jameson*，*Critique*，Washington，DC：Maisonneuve Press，1989，p. 5.

② Fredric Jameson，*The Prison - House of Language*，Princeton：Princeton University Press，1972，p. 216. 在一年前出版的《马克思主义与形式》中詹姆逊已经明确提出了类似的表述，这为《语言的牢笼》奠定了基本主题。他认为辩证思维的基本运动就是要"调和内部的与外部的、内在的与外在的、现存的与历史的，以便使我们能够在单一的确定形式或历史时刻中进行探索，同时在对它作出判断的过程中置身其外，超越形式主义和对文学的社会学的或历史的运用之间的那种无效的和静止的对立，而我们却往往被要求在这种对立之间作出选择。"（Fredric Jameson，*Marxism and Form*，Princeton，New Jersey：Princeton University Press，1971，pp. 330 - 331）

③ Philip Goldstein，*The Politics of Literary Theory：An Introduction to Marxist Criticism*，Gainesville，FL：The Florida State University Press，1990，p. 151.

④ Fredric Jameson，*The Political Unconscious*，Ithaca，New York：Cornell University Press，1981，p. 20.

罗兰·巴特为了批判萨特的介入文学，把文本作为一种能指的游戏，并认为对文本的阅读所获得的是类似于性欲满足的身体快感和愉悦，这种"文本的愉悦"与政治毫无关系。但是詹姆逊则认为这种愉悦和快感本身与政治根本就无法分离，甚至干脆把那篇评述萨特与巴特之间论争的文章直接定名为《快感：一个政治问题》。① 他的《政治无意识》的主旨就是要"论证对文学文本进行政治阐释的优越性"，并把政治视角"作为一切阅读和一切阐释的绝对视域。"②可以看出，在詹姆逊的马克思主义批评理论中，政治和历史是紧密相连，互为表里的。只有具有政治指向的历史研究才是有价值的，同时也只有依据历史的政治批评才是深刻的。

　　但是文学的本质是审美的，审美则是形式的。文学艺术的政治（在文学中表现为意识形态）和历史内涵都蕴含于艺术形式之中，并通过审美形式的中介得以存在和呈现。因此，在西方马克思主义的文学批评中，政治（意识形态）、历史和形式是三位一体的。不同于苏联庸俗马克思主义对艺术形式的排斥，詹姆逊认为，科学的马克思主义文学批评必须把形式作为最重要的研究对象，"批评家需要像关注文学内容一样关注文学形式。因为形式不只是艺术作品的'装饰'，而且体现着强大的意识形态信息。"③艺术形式与意识形态的内在关联使批评家需要首先把形式作为研究对象，更重要的是作为探索意识形态内容的先在条件。但这并不意味着批评家只需停留在形式层面，形式研究的最终指向还是政治。正如其所言，"我历来主张从政治、社会和历史的角度阅读艺术作品，但我决不认为这是着手点。相反，人们应从审美开始，关注纯粹美学的、形式的问题，然后在这些分析的终点与政治相遇。……我更愿意穿越种种形式的、美学的问题而最后达致某种政治的判断。"④ 尽管马克思主义文学批评要求"永远历史化"，认为政治才是其"绝对视域"，但是和形式主义一样，认为文学艺术的首要研究对象还是形式。不同只是在于形式主义仅仅停留在形式层面，不敢向意义、政治和意识形态层面迈进一步，而马克思主义则把后者作为

---

① Fredric Jameson, "Pleasure: A Political Issue", *The Ideologies of Theory: Essays* 1971 – 1986 (*Vol.* 2: *The Syntax of History*), Minneapolis: University of Minnesota Press, 1988, p. 61.

② Fredric Jameson, *The Political Unconscious*, Ithaca, New York: Cornell University Press, 1981, p. 17.

③ Adam Roberts, *Fredric Jameson*, London and New York: Routledge, 2000, p. 4.

④ ［美］詹明信：《晚期资本主义的文化逻辑》，生活·读书·新知三联书店 1997 年版，第 7 页。

其形式研究的最终指向。詹姆逊认为这种"把社会历史领域同审美—意识形态领域熔于一炉应该是更令人兴趣盎然的事情"。他之所以对卢卡奇情有独钟，原因就在于卢卡奇"从形式入手探讨内容"的方法是文学研究的"理想的途径"。①

由此可见，以辩证思维为指导，把马克思主义和形式主义结合起来进行综合创新是詹姆逊的文学批评的基本方法论。正因为对形式主义理论的吸收和借鉴，以及对艺术形式的普遍关注，詹姆逊形成了自己独特的批评方法，也为他赢得了空前的声誉。2008 年，挪威路德维希·霍尔堡纪念基金会将被誉为人文社会科学领域内的"诺贝尔奖"的霍尔堡国际纪念奖授予詹姆逊，认为他创造的"社会形式诗学""对理解社会形成和文化形式之间的关系做出了突出的贡献"。② 詹姆逊自己也用"马克思主义与形式"或"历史"与"形式"来概括自己一生的学术研究。③ 詹姆逊坦言，作为一个马克思主义者，他之所以对形式问题如此感兴趣，原因在于"传统的马克思主义文学批评大都致力于内容和意识形态分析，总是关注内容因素，即作品的思想是什么？反映了什么样的意识形态？等等。很少有人研究叙事的特点、作品所采用的叙述方式以及意识形态得以呈现的形式。"④因此，马克思主义文学批评要取得新的进展就应该将"形式的意义"或"形式的意识形态"作为突破口。

二 形式的意识形态

詹姆逊发现，"在近来的文学批评中，关于'形式的意识形态'的观点，即作品的形式而非内容有可能表达一定的意识形态倾向的观点，已经被人们普遍接受。"⑤ 伊格尔顿把马克思主义文学理论和批评划分为四种模式，即人类学的、政治的、意识形态的和经济的模式，在这四大模式中最

---

① ［美］詹明信:《晚期资本主义的文化逻辑》，生活·读书·新知三联书店 1997 年版，第 13 页。

② 王逢振:《詹姆逊荣获霍尔堡大奖》，《外国文学》2008 年第 6 期。

③ 何卫华、朱国华:《图绘世界：弗雷德里克·詹姆逊教授访谈录》，《文艺理论研究》2009 年第 6 期。

④ 杨建刚、王弦:《马克思主义与形式——弗雷德里克·杰姆逊教授访谈录》，《文艺理论研究》2012 年第 2 期。

⑤ Fredric Jameson, *The Modernist Papers*, London: Verso, 2007, p. 114.

具特色的当属意识形态批评模式，因为这种模式不是对文学作品的意识形态内容进行简单分析，而是把"形式的意识形态"作为研究对象。这种模式之所以能够获得马克思主义批评家们的普遍接受，原因在于它解决了文学理论研究中长期以来崇尚形式与崇尚内容两种观念之间难以调和的矛盾。正如伊格尔顿所言："如果马克思主义批评的第三次浪潮最好称为意识形态批评，那是因为它的理论着力点是探索什么可以称为形式的意识形态，这样既避开了关于文学作品的单纯形式主义，又避开了庸俗社会学。"① 可以说，"形式的意识形态"概念的提出，或者把形式的意识形态作为马克思主义文学批评的主要对象，是西方马克思主义批评家对马克思主义与形式主义长期以来持续不断的论争的回应，也是在他们之间进行对话的结果，而这一批评范式的真正成熟完全得益于詹姆逊的批评实践。

马尔赫恩认为"形式与内容的关系"问题是马克思主义的当代发展中遇到的两大难题之一，另一个难题是"文本及其外部领域的关系"问题。② 不只是形式主义者对形式问题情有独钟，事实上，西方马克思主义者也一直非常重视形式问题。卢卡奇认为："艺术中意识形态的真正承担者是作品的形式，而不是可以抽象出来的内容。"③ 阿多诺也认为，在艺术中，"形式是理解社会内容的钥匙"。④ 马尔库塞同样关注形式问题，认为"一件艺术作品的真诚或真实与否，并不取决于它的内容（即是否'正确地'表现了社会环境），也不取决于它的纯粹形式，而是取决于它业已成为形式的内容。"⑤因此，在法兰克福学派理论家那里，本来由内容所承载的艺术的意识形态和社会批判性在这里自然而然地转移到了审美形式上。

詹姆逊在对形式主义理论进行充分吸收的基础上将西方马克思主义的形式理论推向深入。如其所言："整个这一'形式—内容'的问题既不是纯粹局部的、美学的问题，也不是局部的、技巧的哲学问题，而是在各种当代语境中不断反复出现的问题。……内容和形式的问题大大超越了它们

---

① Terry Eagleton and Drew Milne（ed.），*Marxist Literary Theory：A Reader*，Oxford UK & USA：Blackwell Publishers Ltd.，1996，p. 11.

② ［英］弗朗西斯·马尔赫恩：《当代马克思主义文学批评》，北京大学出版社 2002 年版，第21 页。

③ ［英］特里·伊格尔顿：《马克思主义与文学批评》，人民文学出版社 1980 年版，第 28 页。

④ ［德］阿多诺：《美学理论》，四川人民出版社 1998 年版，第 394 页。

⑤ ［美］马尔库塞：《审美之维》，广西师范大学出版社 2001 年版，第 196 页。

纯粹的美学指涉，从长远看，会不断涉及社会的各个角落。"①因此，解决形式与内容之间长期以来悬而未决的问题就成为建立科学的马克思主义文学批评的关键所在，而整个形式主义和西方马克思主义对黑格尔的形式与内容的二元对立关系的反思为詹姆逊重新思考这一问题奠定了基础。詹姆逊认为一切事物都处于二元对立的矛盾之中，我们对世界和事物的解释也是借助于二元对立。比如马克思主义的基础与上层建筑、主体与客体，结构主义的能指与所指等等。"要摆脱二元对立并不是要消除它们，而是常常意味着使它们增多。"② 在文学研究中，最重要的二元对立就是形式与内容。"内容是形式的前提条件，形式也是内容的前提条件。要克服形式与内容的对立（即使它富有成效），必须使它复杂化，而不是消除其中的一个方面。"③ 在他对形式与内容的二元对立进行复杂化而建立形式的意识形态批评模式的过程中，语言学家路易斯·叶尔姆斯列夫（Louis Hjelmslev）为其提供了重要的方法论启示。

根据叶尔姆斯列夫的看法，一种形式可以拥有自己的内容，这种内容区别于事件、人物和场景等内容，在一个特定作者修改形式以再现一种现实的过程中，事件、人物等内容可能充满形式。④也就是说，在一部文学或艺术作品中，形式中有内容，内容中有形式，事实上我们很难说清楚什么是形式，什么是内容。我们不能简单地说体裁、文体、句法、修辞是形式，而人物、故事、情节就是内容。可以说，在现代主义作品中，形式就是内容；反过来说也成立，现代主义作品的内容就是形式本身。在形式与内容的二元对立中片面强调任何一方而忽视另一方都会导致一种歪曲。形式与内容是互为条件的。因此，解决形式与内容的二元对立的唯一办法不是仅仅抓住一方而抛弃另一方，而是将这种对立进一步复杂化，并且分析二者之间的交叉和互渗关系。在叶尔姆斯列夫的两组二元对立，即表达/内容和形式/材料的分析模式的启发下，詹姆逊提出了自己的形式与内容的关系模式。他将形式与内容的二元对立复杂化为四项对立，即内容的形

---

① Fredric Jameson, *The Modernist Papers*, London: Verso, 2007, pp. xvii – xix.

② Ibid. , p. xiii.

③ Ibid. .

④ ［美］海登·怀特：《形式的内容：叙事话语与历史再现》，北京出版集团 2005 年版，第 207 页。

式、内容的内容、形式的形式、形式的内容。①

这四种组合已经穷尽了形式与内容之间可能构成的所有情况。詹姆逊认为，"从实践角度来看，其中的每一个组合或观点都反映了一种文学批评类型，它们各自在具有自己的有效性的同时也具有自己的内在局限性；从某些外在边界的角度来看，在从描述向处方（prescription）的滑动中，每一种组合都将为作家设置一个用以遵循的特殊的美学和程序。"② 内容的内容指的是一种尚不具有实际的文学形式的社会和历史现实，或者说内容还处于无法表达和尚未定型的阶段。内容的形式是作家用以将这种无形的、原生态的现实，也包括抽象的观念，表达出来的具体的文学语言和艺术形式。比如狄更斯以小说形式反映贵族阶级的生活。即使没有小说，这种生活也存在，但是它却只能是无形式的，而小说则使这种内容的内容具备了审美的形式，从而转化为艺术对象。一旦作家赋予了无形式的内容以形式，那么这种内容的形式就已经包含了我们可以称之为意识形态的任何东西。寓言就是对内容的形式的最集中体现。而形式的形式则是那种纯粹的无内容的纯形式，是康德所说的作为纯粹美的形式。詹姆逊认为，对内容的内容和形式的形式的过分强调代表了文学批评活动中的两种极端倾向。可以说，将文学艺术与社会现实和经济基础简单等同的庸俗马克思主义和简单的实证主义属于前者，而纯粹的为艺术而艺术的形式主义则是后者的代表。绝对地指向内容会走向自然主义，而绝对的形式主义则使艺术成为唯心主义和虚无缥缈的东西。那么，要超越这两种极端化倾向，就必须走向第四种情况，即关注形式的内容。现代主义表面上强调的是艺术形式的变革，但是它那变异的艺术形式下面隐藏的则是社会批判的意识形态内容。詹姆逊之所以对现代主义艺术情有独钟，其根本原因即在于此。他对现代艺术的形式分析的最终目的就是要揭示出这种形式中的内容。詹姆逊把第四项，即形式的内容（形式的意识形态）作为文学艺术批评中形式与内容的二元对立的最佳解决方案。在具体的文学批评中，形式主要体现

① Fredric Jameson, *The Modernist Papers*, London：Verso, 2007, p. xiv.

② Fredric Jameson, *The Modernist Papers*, London：Verso, 2007, p. xiv. 詹姆逊认为，形式与内容的二元对立构成的这四种可能组合各自代表了一种文学批评类型。他对这四种组合的分析是以从内容的内容、内容的形式、形式的形式到形式的内容的顺序进行的。他仅仅对前三种情况做了简要的分析和描述，而把第四种作为克服形式与内容的二元对立所出现的极端化倾向和一系列问题的解决方案。因此他说他的分析是一种由描述向处方的滑动。

为叙事性文本，而内容就是意识形态。这样，形式的内容，或形式的意识形态就转变为文本的意识形态。马歇雷和伊格尔顿的艺术生产理论讨论的就是意识形态如何进入文本，进而转变成文本深层的政治无意识的。形式的意识形态极其隐蔽，这就需要批评家对文本进行深度剖析，从而将这种意识形态或政治无意识挖掘出来，这也正是詹姆逊建立马克思主义文本阐释学的目的所在。

三　马克思主义的文本阐释学

詹姆逊认为，马克思主义作为一种元评论，它的阐释学和诸如伦理的、心理分析的、神话批评的、符号学的、结构的和神学的等等阐释方法都有所不同。马克思主义是一种多元开放的理论体系，它可以容纳当今知识市场上所有的理论方法，并将其转化为马克思主义的知识资源。正是这种开放性使马克思主义的阐释学成为"包含了明显敌对或不可通约的批判操作的所有批评都'无法超越的视域'。"① 詹姆逊的"视域"（horizon）概念明显来自于伽达默尔的解释学，它对各种理论方法的综合吸收、融汇转化也正是伽达默尔所说的"视域融合"（fusion of horizons）。但是他并不关注现代解释学所注重的那些问题，比如海德格尔的前理解（pre – understanding）或先在结构（fore – structure）、伽达默尔的偏见（prejudice）和赫施（Hirsch）的假设（hypothesis）等等。詹姆逊的马克思主义阐释学所关注的是艺术形式中的历史和意识形态内容，即"形式的内容"或"形式的意识形态"。

如前所述，马克思主义的文本阐释学就是要将文本"永远历史化"。这包括相反相成的两个方面。一方面是要把形式或文本历史化，即把特定文本放入历史语境中来加以理解。在历史的长河中，任何解释都是相对的，都会带上特定时代的意识形态"偏见"，都体现着特定阐释者的"前理解"。但是如果就特定的历史语境而言，这种阐释则是"绝对有效的"。詹姆逊认为伽达默尔的阐释的历史相对主义和赫施的阐释的绝对有效性的对立忽视了特定历史条件下的意识形态限制，如果加入马克思主义的"绝

① Fredric Jameson, *The Political Unconscious*, Ithaca, New York: Cornell University Press, 1981, p. 10.

对的历史主义"这一视域的话，这种对立就可以迎刃而解。① 另一方面则是历史的形式化或文本化。不同于马歇雷和伊格尔顿对文本概念的抽象化理解，詹姆逊极为关注叙事作品，他所说的文本就是叙事，而文本化就是叙事化。正如内容的内容不能成为艺术一样，历史本身在文本中也只能成为一种阿尔都塞所说的"缺场的原因"。因此，历史要成为艺术对象就必须将其加以文本化，把历史纳入文本和叙事之中，这样历史才能转化为审美对象，我们所能看到的也只是文本化或叙事化了的历史，因此新历史主义把历史本身看作一种叙事也不无道理。

但是不同于叙事学所说的讲故事意义上的叙事，詹姆逊把这种叙事作为一种"社会象征行为"，一种潜藏着丰富的历史、政治和意识形态的象征性内涵的"寓言"。文本的审美化效果则使这种内涵处于一种无法察觉的状态，即文本中的"政治无意识"。用他的话说就是，"一切文学，不管多么虚弱，都必定渗透着我们称之为一种政治无意识的东西，一切文学都可以解作对群体命运的象征性沉思。"② 比如，詹姆逊认为"现代主义自身就是资本主义，尤其是资本主义中的日常生活的异化现实的一种意识形态的表现。……然而，现代主义同时又可以看作是对物化给它带来的一切的乌托邦补偿。"③ 康拉德的现代主义作品就是高度物化和异化的资本主义现实政治的象征，其中每一个叙事文本都是一种意识形态象征行为，而每一个人物的故事都具有明显的象征意义。在康拉德的《吉姆爷》中，"斯坦的故事就是资本主义扩张的英雄时代正在逝去的故事"。④ 通过吉姆的故事，"康拉德假装讲述个人如何与自身勇气和恐惧斗争的故事，但他非常清楚真正的问题并不在这里，而在于吉姆不得不树立的社会样板，以及吉姆在意识形态神话中发现萨特式的自由而产生的非道德化效果，也正是这些意识形态神话使统治阶级发挥作用并断言它的统一性与合法性的。"⑤ 由此可见，叙事作为一种社会象征行为，其文本深层刻写着时代的意识形态。没有意识形态内涵的文本是根本不存在的，问题仅仅在于这种意识形

---

① Fredric Jameson, *The Political Unconscious*, Ithaca, New York: Cornell University Press, 1981, p. 75.

② Ibid., p. 70.

③ Ibid., p. 236.

④ Ibid., p. 237.

⑤ Ibid., p. 264.

态的性质和强度不同而已。但是由于文本的意识形态不同于作家的意识形态，它可以独立存在，因此文本的叙事过程中所潜藏的这种意识形态甚至连作家本人也没有意识到。这也就有了作家背弃自己的阶级立场、作品超出作家预期效果的情况。

正是因为历史和意识形态是通过叙事的编码方式体现出来的，叙事过程中不可避免地带有丰富的意识形态内涵，并且文本的表层语言和结构与深层意蕴之间存在巨大差异，所以对叙事文本进行阐释就是极有必要的。可以说叙事和阐释是一对孪生姐妹，有叙事就必须有阐释。只有通过文本和叙事，历史才能够接近我们；同时，也只有通过阐释，我们才能真正理解和把握这种历史和意识形态。因此，"马克思主义的任务不是拒绝阐释，而是在历史的否定和压抑中解救阐释。"① 这种阐释不是简单地弄清楚"它的意思是什么？"而是通过"主符码"或"主叙事"对复杂现实的不可避免的重写。可见，詹姆逊的这种阐释和形式主义者的"内在阐释"是不同的。在60年代之前美国学术界居主导地位的阐释模式是新批评，而詹姆逊所提出的阐释模式则完全不同。有人把二者做了一个比较，认为"新批评的巨大成功就是将美国大学中对文学的'政治的'解释锁闭起来，这种成功直接来源于他们所宣称的内在阐释。新批评的基本观点是，只有当所有外在于文本的信仰或教义都被悬置起来，文学作品的阅读唯独能够运用他们自己的标准和价值的时候，文学理解才成为可能。如果对这种内在解释看得过于重要的话，要发现形式主义者在哪里错了就是非常困难的。马克思主义和其他'政治的'文学批评方法认为新批评是错误的，因为它提供的是一种逃避主义的形式，用詹姆逊的话说就是，它否定和压抑了历史。"② 在詹姆逊看来，新批评等形式主义者试图摆脱政治和伦理的"内在的超越阐释"是不可能的，马克思主义阐释学的主符码是意识形态，准确地说是"形式的意识形态"。

"形式的意识形态"批评要求像形式主义者那样关注艺术形式，但是它"绝不是从社会和历史问题向更狭隘的形式问题的退却"，而是通过对艺术文本的审美形式的分析来揭示其中所蕴含的历史、社会和意识形态内

---

① William C. Dowling, *Jameson*, *Althusser*, *Marx*: *An Introduction to The Political Unconscious*, Ithaca & New York: Cornell University Press, 1984, pp. 99 – 100.

② Ibid. , p. 104.

涵。可以说，"詹姆逊对形式的强调已经成为他将以前明显非政治的东西予以政治化的主要工具。"① 因此，在具体的阐释模式的建构中詹姆逊对形式主义，尤其是结构主义的阐释方法进行了批判性的吸收和借鉴。

通过对弗莱等人的批评理论的吸收和借鉴，詹姆逊提出了自己的"三个同心圆"阐释模式，并将其作为发掘文本深层政治无意识的有效方法。这个问题笔者已经有过分析，故在此不予赘述。② 除此之外，他还将结构主义叙事学和符号学方法，尤其是格雷马斯的"符号矩阵"运用于对文本深层的政治无意识的发现和挖掘之中。詹姆逊虽然也意识到格雷马斯的符号矩阵"能否无限丰富地运用于文学与叙述性结构的分析也还是一个问题"，③ 但是这种方法为我们的文化分析提供了"整个意义产生的可能性"，可以为马克思主义文学批评"提供一条进入文本的路径"。比如，格雷马斯用符号矩阵将列维—斯特劳斯的人类学研究中所关注的两性关系进行分析，建立了"两性关系的社会模型"、"两性关系的经济模型"、"个体价值模型"，并由此构建起了一个人类的"性关系体系"。④ 詹姆逊认为如果我们把某一社会的婚姻规则作为起点，"这个语义四边形就能让我们得出这个社会常规的和可能发生的两性关系的全部内容。"⑤因此，正如把符号学方法作为"分析意识形态封闭的特殊工具"一样，詹姆逊把格雷马斯的符号矩阵也作为"一种探讨意识形态的方法"，并从中发现了"政治无意识"的运作方式。

如果说格雷马斯主要用这个符号矩阵来探究文学叙事中的深层结构模式，那么詹姆逊运用这一模式所发现的是这种深层结构模式中所包蕴的文化和意识形态内涵。比如，詹姆逊用这种方法对《聊斋志异》中的《鸲鹆》进行分析，剖析了人、非人、反人和非反人这四项对立所生成的金钱

---

① Caren Irr and Ian Buchanan (ed.), *On Jameson: From Postmodernism to Globalization*, Albany: State University of New York, 2006, p. 5.

② 杨建刚:《文本与意识形态——马克思主义与形式主义对话中的一个关键问题》,《文艺研究》2010 年第 1 期。

③ [美] 詹明信:《晚期资本主义的文化逻辑》, 生活·读书·新知三联书店 1997 年版, 第332 页。

④ [法] A. J. 格雷马斯:《论意义——符号学论文集》(上册), 百花文艺出版社 2004 年版, 第 147—154 页。

⑤ [美] 詹姆逊:《批评理论和叙事阐释》(《詹姆逊文集》第 2 卷), 中国人民大学出版社 2004 年版, 第 286 页。

影响下的权力和友谊的逻辑关系。在詹姆逊看来，《鸲鸽》不再只是一个用于娱乐的故事，而是关于文明进程的，"探讨的是究竟怎样才是文明化的人"，"探讨'人'怎样可以变得'人道'，'人'又怎样成为'反人'，以及'非人'又怎样可以具有人性，等等。"在对《画马》的结构分析中，詹姆逊从中看到的也不只是故事是如何展开的，而是"一种新的再生产关系"，是对货币社会中的一个核心问题，即"货币怎样才能增长"或"货币再生产"进行艺术思考。康拉德的《吉姆爷》体现的是行动和价值的对立，"《吉姆爷》中的矩形是19世纪维多利亚时代的意识形态，是对资本主义社会的分析诊断。"① 由此可见，通过对格雷马斯符号矩阵的运用，詹姆逊已经把文学故事变成了一种意识形态"寓言"。

除了对文学作品的分析之外，詹姆逊还把这一方阵运用到了对包括马克斯·韦伯社会学理论、拉康的精神分析、乌托邦问题以及后现代主义建筑等文化问题的分析和阐释中去。格雷马斯的符号矩阵在詹姆逊这里已经具有了更广泛的用途和更深刻的文化价值，已经不仅仅是一种用于文化分析的特殊工具，而且成为社会文化存在的一种基本的方式。格雷马斯的符号学分析中运用了大量类似于数学公式的图式，因此有人称符号学为人文社会科学里的数学，具有明显的科学主义倾向。格雷马斯主要运用这个符号矩阵对叙事性作品的叙事结构进行语义分析，进而试图揭示故事背后的文化原型和深层结构。詹姆逊对格雷马斯符号矩阵加以运用并推进一步，用其挖掘文学作品叙事结构背后隐藏的意识形态或政治无意识，体现出较强的人文主义色彩。无论格雷马斯的符号矩阵理论正确与否，詹姆逊将它作为一种意义生产机制来使用的做法却是新颖的，而且对于说明叙事如何发生作用以加强或消解在不同发展时期社会结构的"意识形态"具有启发意义。

结　语

从以上分析中我们可以明显地看出，形式主义，尤其是结构主义的方法已经渗透到了詹姆逊文学批评的理论建构和批评实践的方方面面。如果说结构主义也是一种阐释学的话，那么詹姆逊已经把它完全纳入了自己的

① ［美］杰姆逊：《后现代主义与文化理论》，北京大学出版社2005年版，第110—140页。

马克思主义的阐释框架之中，从而极大地丰富和发展了马克思主义。站在马克思主义的立场上吸收和借鉴形式主义，进而对二者的方法和理念进行辩证综合，也成为詹姆逊文学批评和学术研究的方法论基础。伊格尔顿的新著《怎样读诗》（*How to Read a Poem*，2007）和《怎样读文学》（*How to Read Literature*，2013）延续了詹姆逊的批评方法，在借鉴形式主义批评方法对文学文本进行细读的基础上，进行了"形式的意识形态"的批评实践。尽管詹姆逊在马克思主义与形式主义之间的对话也存在诸多问题，对二者的辩证综合也不尽完美，但是这种在不同理论之间进行综合创新的方法却是非常有效的，对我国的文学理论，尤其是马克思主义文学理论的发展具有重要的启示意义。

目前，我国马克思主义文学理论和批评的影响力之所以不断缩小，其中的一个重要原因就在于它对艺术形式的忽视使其对文学艺术缺乏真正的解释力。摆脱过去的宏大叙事，从粗线条的社会历史批评向文本自身的形式结构和审美价值回归，或者说把文学艺术的形式问题作为社会历史批评的起点和重要方面，应该成为中国马克思主义文学批评走出当前的低谷状态的重要途径。"马克思主义者到底该怎样读文学？"也应该成为中国的马克思主义文学理论研究者认真思考和亟待解决的理论问题。

不可译的文体

——阿多诺论说文的美学内涵

常培杰[*]

摘要 阿多诺式论说文与学院体制认可的论文存在明显区别，在英语学界素以"不可译性"著称。这种"不可译性"与阿多诺论说文的艰涩论题和独特文体密不可分，也与经验主义占主导地位的英语文化和思辨哲学占主导地位的德语文化之间的差异有关。阿多诺的论说文观念，受到勋伯格、卢卡奇和本雅明等人的影响。在阿多诺看来，论说文以本雅明的"星丛"观念作为模型，具有勋伯格"无调性音乐"的特质。作为"非同一性哲学"的极佳表征，论说文反对"哲学视角主义"，推崇"内在批评"，是一种卓越的批评文体。

关键词 阿多诺；论说文；不可译性；星丛；内在批评

阿多诺（Theodor W. Adorno）素来重视思想观念的表征（representation）问题，在他看来思想的传达效果与思想的表征密不可分，而且表征会作用于思想的具体运作。他认为最理想的哲学表征和批评文体即论说文（essay，亦译为"随笔"、"小品文"）。受本雅明（Walter Benjamin）《德意志悲苦剧的起源》（*The Origin of German Tragic Drama*）① 一书影响，他自青年时代就自觉以论说文这种文体写作，寻求一种能够真正打开客体、表征（represent）真理的文体

---

* 常培杰（1981— ），男，山东东明人，文学博士，中国社会科学院哲学研究所在站博士后，研究方向：文艺美学。本文首发于《中国文学批评》（2015 年第 3 期），系第 58 批中国博士后科学基金面上资助项目，项目编号：2015M580174。

① ［德］本雅明：《德意志悲苦剧的起源》，李双志、苏伟译，北京师范大学出版社 2013 年版。

形式。① 他在 20 世纪 30 年代所做的两次标定其一生哲学规划的演讲，不仅从哲学角度解释了他为何青睐这种文体，甚至还用"论说文主义（essayism）"来指称其哲学取向。② 阿多诺的大部分著作，尤其是他谈论文学、文化和艺术问题的著作，如《棱镜》（Prisms）、《美学理论》（Aesthetic Theory）、《文学笔记》（Notes to Literature）和《批判模型》（Critical Models）等，不仅采用了此文体，而且为此文体打上了自己的鲜明烙印，使得这种成熟于 19 世纪晚期的文体获得了新的内涵。总体而言，"阿多诺式论说文"是一种反总体、非压抑性的"星丛"（constellative）文体。这种文体的构造方式符合阿多诺"非同一性"哲学关于思想元素排布方式（arrangement）的论说，其具体表现即文本构成要素平等存在，行文辩证而繁复，其中充满了阐明、否定、否定之否定。读者要在这样的文本中读解其思想并非易事。可以说，要进入阿多诺的思想世界，人们首先要面对的问题即理解阿多诺式论说文的形式特征及其用意。

一　不可译的"自律"文体

就论说文的创作而言，虽然为之者不在少数，且多名望卓著，如尼采、叔本华、席美尔、卢卡奇和本雅明等，但这种文体毕竟是一种独特的小众传统，它不仅没有受到主流学院体制的认可，还被注重原创和本真性的西方传统判定为不登大雅之堂的"混杂物"（hybrid）。③ 尽管如此，阿

---

① 阿多诺是最早发现《德意志悲苦剧的起源》的价值的人。1931 年，阿多诺在法兰克福大学任教的第一年开设的研讨班的主题就是本雅明的这本书。参见［美］沃林《瓦尔特·本雅明：救赎美学》，吴勇立、张亮译，江苏人民出版社 2008 年版，第 174 页。

② 这两次演讲即《哲学的现实性》（Die Aktualit？ t der Philosophie/ The Actuality of Philosophy，1931 年 5 月 7 日，就职演讲）和《自然历史观念》（Die Idee der Naturgeschichte，1932 年 7 月 5 日）。在《哲学的现实性》一文中，阿多诺第一次明确提出"把第一哲学（prima philosophia）转换成哲学的论说文主义（essyism）"，并提及布洛赫的"痕迹"（trace），本雅明的"星丛"、"构型"等概念。（阿多诺：《哲学的现实性》，张亮译、吴勇立校，见张一兵主编《社会批判理论纪事》（第 2 辑），中央编译出版社 2007 年版，第 247—260 页）他在《自然历史的观念》的开篇即阐明了自己的文体取向："我的演讲既不会给出什么结果，也不提供什么系统的阐述。相反，我不得不说，它将依然保持在论说文层面上"。（阿多诺：《自然历史的观念》，张亮译、吴勇立校，见张一兵主编《社会批判理论纪事》（第 2 辑），中央编译出版社 2007 年版，第 233 页）在思想的影响和发生问题上，本雅明对阿多诺的影响怎么评估也不为过。可以说，阿多诺的《自然历史观念》和《哲学的现实性》是本雅明《德意志悲苦剧的起源》中蕴含的哲学思想（尤其是"星丛"观念）的另一种系统化表述。

③ Theodor W. Adorno, "The Essay as Form", see Notes to Literature (Volume 1), ed. Rolf Tiede-mann, trans. Shierry Weber Nicholsen, New York：Columbia University Press, 1991, p. 3.

多诺却十分青睐这一文体，有意拓展了其蕴含的"非同一性"意蕴和反传统内涵。他不仅视论说文为理想的批评文体，还将其视为"非同一性"哲学的最佳表征。受浪漫派诸君、尼采、利希滕贝格、克劳斯等人的文体影响，他的论说文具有鲜明的"断片"（fragment）特征，文章的构成要素并不依据严密的形式逻辑组织自身，而是围绕核心理念"松散地"聚合在一起，文章的段落、章节乃至全文，都可视为"格言"（aphorism）①的集合或"断片"②的扩展。这些文章要素构成了一个非压抑的"文本共同体"。他的论说文还缺乏学术论文所要求的"明晰和平衡"，带有很强的个人色彩和批判意图。然而，若是有人以"传统的明晰与平衡概念"来责难阿多诺，那么他们就根本无法把握阿多诺论说文的力量与结构。与学院论文的做法不同，阿多诺在论说文中提供的并非思想的结果，而是展示思想辩证

---

① "格言"（aphorism/ Aphorismus，亦译为"警句"）来自希腊动词"aphorizein"，意为"划界"（abgrenzen），引申开来就有"下定义"的意涵。它通过直面客体，找出客体蕴含的不同于与它最为接近的更高一级的普遍性之间的差异。它批判人们熟知的"习语"和陈词滥调，具有主观性强、出语警策、反对体系、修辞性胜于逻辑性等特征。就语境而言，格言体兴盛的时期，亦多是动荡不安、解体和过渡、精神崩解和重建的时期。一本格言集可视为一个精神要素相互辉映、彼此批判、并置互证的观念"星丛"。它提供的不是思想的结果，而是对既有思想的挑衅，是思想的起点。它的破碎面貌虽然体现出为知识和思想的奠基之物的崩解，但它并非思想的无能，亦非时代的无创造性的反映，而是思想客体本身的疑难决定的。它是尼采、阿多诺这类"拿着锤子思考"的思想者青睐的文体。（参见普茨《Pütz 版编者说明》，见尼采《朝霞》，田立年译，华东师范大学出版社 2007 年版，第 10—13 页）

② "断片"（fragment）无疑可以视为放大的"格言"或"短幅论说文"（Kurzessay）。在西方语境中，"断片"可以指：（1）古典作家如赫拉克利特、巴门尼德等人的著作"残篇"；（2）作家未完成的遗作，如阿多诺的《美学理论》就是未完成稿；（3）作家有意选择的言简意赅的近乎格言的文体，如浪漫派作家、尼采的著作。作为一种文体和主题，断片创作可以追溯到英国和法国伦理作家那里，如英国的夏夫兹博里和法国的蒙田、帕斯卡尔和拉罗什福科等，后来在德国浪漫派的创作中发扬光大，成为影响深远的文体形式。作为一种文学形式，"断片"具有如下特征：首先，每个断片都是整体思想的一个未完全展开的片段，具有未完成性和开放性；其次，断片处理的对象复杂多样，没有系统的研究方法和明确的研究主题；最后，断片是一种非总体的文体，虽然每个断片都带有总体的印迹，但是总体并非断片之和。（参见菲利普·拉库—拉巴尔特、让—吕克·南希《文学的绝对：德国浪漫派文学理论》，张小青、李伯杰、李双志译，译林出版社 2012 年版，第 22 页）德国诗学家胡戈·弗里德里希认为，"断片"对于现代诗歌（同样适用于文学、艺术）意义重大，它能"让不可见者在可见者中以最可能的艺术方式显形"，从而"展示出了不可见者的优越和可见者的不足"，它打碎并重组现实，如此在具有"断片"特征的诗歌中，"现实世界似乎贯穿了严重裂缝的纷乱脉络而不再现实"。（胡戈·弗里德里希：《现代抒情诗的结构》，李双志译，译林出版社 2010 年版，第 185 页）弗里德里希的观点翻译为阿多诺的语言即：艺术作品蕴含的不可见的"真理内容"在其可见的"外观"（appearance）或言"审美形式"中显现出来，而此"外观"是一种具有"星丛"特征的论说文。

展开的过程，保留传统的论述语言无法呈现的思想张力和不能为论说逻辑容纳的思想火花。① 因而无论是读解还是翻译阿多诺的著述都非易事。

仅就翻译而言，译者若仅仅注意阿多诺的文章主旨和论题转换而不顾及其文体形式，会错失阿多诺著述的很多精意。每一个翻译阿多诺的人，应该都能体会到阿多诺文体的繁复性，且受其困扰。然而，阿多诺论说文的难度，并非因为他使用了多么复杂的语式、晦涩的专业词汇、偏僻的外来语，他也不像海德格尔那样喜欢自造新词，而主要是因为他的用词具有"差别性"（differentiatedness）特征，即"在同一句话中，使用同一个词汇（或同源词汇）的不同意义，形近而义远，揭示出貌似一致实则相异的现象的细微差别"，"这一原则的变体是反转词语或反转概念，使得它们与其本来指称的现象相反"，词义随着语境的变化而滑动。② 这种在句子内部充满反讽和自我否定的论说文，往往使得读者有一种有句无篇、难以把握其主旨的困惑，译者也会在阿多诺的否定辩证思想的无休止摆动和对思想的不断改写和重述的圆圈中变得沮丧不已。《否定的辩证法》的英译者阿什顿坦言："这本书的翻译使我犯了我认为哲学翻译者必须遵循的首要准则：在你自认为弄懂了作者的每一句话、甚至每一个词的意思之后再去翻译"，"我发现自己虽然翻译了整本书，却看不出它是如何从论据得出结论的"，并沮丧地认为该书（当然并不仅仅是这一本书）是"不可译的"（untranslatable）。③ 可以说，每个阿多诺著作的译者，都是在拿自己的职业生涯冒险。④

---

① Peter Uwe Hohendahl, *Prismatic Thought*: *Theodor W. Adorno*, Lincoln: University of Nebraska Press, 1995, p. 76.

② Susan Buck – Morss, *The Origin of Negative Dialectic*, New York: Free Press, 1977, p. 101.

③ 阿什顿：《英译者按语》，见［德］阿多诺《否定辩证法》，张峰译，重庆出版社 1993 年版，第 1—2 页。

④ 早期的阿多诺英文译本质量参差不齐，鲜有不受到批评的，如詹姆逊指出了阿什顿翻译的《否定辩证法》（1973）中的一些误译，还谈到莱恩哈特（Christian Lenhardt）翻译的《美学理论》（1984）"拆散了句子和段落而产生了一个文字畅通体面的大不列颠式文本，以至于我几乎不能辨认它。"（詹姆逊：《关于版本和翻译的提示》，见《晚期马克思主义》，李永红译，南京大学出版社 2008 年版，第 1 页）《美学理论》新英译本的译者胡洛特—肯特（Robert Hullot – Kentor）也批评莱因哈特翻译的《美学理论》不仅存在詹姆逊所说的上述问题，而且该译本还在出版商的压力下对文本做了段落切分，没有顾及阿多诺行文的潜在意图。（Robert Hullot – Kentor, "Translator's Introduction", see Theodor W. Adorno, *Aesthetic Theory*, trans. Robert Hullot – Kentor, Minneapolis: University of Minnesota Press, 1997, p. xiv. ）豪恩达尔也指出莱恩哈特的《美学理论》译本需要重译，即便卡明（John Cumming）译的《启蒙辩证法》（1972）也有改进空间。（See P. U. Hohendahl, *Prismatic Thought*, Lincoln: University of Nebraska Press, 1995, p. 3. ）

的确，阿多诺的文章是不可翻译的，而这恰是其"最为深邃而残酷的真理"①。《棱镜》的英译者韦伯（Sammuel M. Weber）曾仔细分析了这种"不可译性"的成因。他认为这与德语文化抽象而繁复的思辨传统和英语文化推崇简洁明了的经验主义传统之间的冲突有关。虽然英语世界的经验主义哲人们（如培根）常把自己的著作称为论说文②，但是韦伯也谈到，正是受经验主义哲学的影响，英语文化对思辨哲学和辩证法有种内在的排斥，以致在语言层面就存在对形而上学因素的清除。

> 在英文中，对于发展和阐明辩证思考的最大的障碍并非语义问题而是句法问题。明晰的准则表现在对以下语法的严格强化，即禁止使用长句，将长句视为笨拙的，其理想形态仍然是不顾一切的简洁明了。[……] 英文句法的这种趋向于将表述打散为最小的、自主的、单子化 [语句] 的做法，可能是辩证法最大的障碍。缺少词性（word-genders）和曲折变化使得长句不是不可能就是过于笨拙，如此就阻止或损毁了复杂的从句结构，而这正是辩证思考的血液。同样，虽然将长的并列（paratactic）结构打散为短句有助于文章在英文世界脚踏实地，但是这毫无疑问也会使得它们丧失超越性视野。③

与英文不同，德文在观念论思辨传统中发展出句法极为灵活而繁复的表现形态。德文内在的辩证结构是一种"动态的严谨而统一的连续体"，它所要表达的不是"属性"（property）而是动态过程。"德文句子是有历史的；英文句子却趋向于死产（stillborn）。"④ 韦伯指出，阿多诺的独特句法与他反对德语日常交际语言清除"形而上学残余"有关。虽然阿多诺批判了形而上学的抽象冲动和压抑特征，但是阿多诺的批判是救赎性批判，他也指出了形而上学在"物化"（reified）时代的救赎潜质，并非要彻底否弃形而上学。所以，阿多诺为了对抗文化工业时代的物化语言，便在语言

---

① Samuel M. Weber, "Introduction：Translating the Untranslatable", see Theodor W. Adorno, *Prisms*, trans. Samuel M. Weber and Shierry Weber Nicholsen, Cambridge：MIT Press, 1981, p. 15.

② ［德］阿多诺：《哲学的现实性》，见张一兵主编《社会批判理论纪事》（第2辑），第260页。

③ Samuel M. Weber, "Introduction：Translating the Untranslatable", see Theodor W. Adorno, *Prisms*, p. 13.

④ Ibid. .

中融入了辩证思索，来保存一种通过批判和超越之思获取救赎的可能性。①
阿多诺也曾明确指出德语是谈论哲学的最佳语言："德语显然与哲学尤其
是思辨要素有着亲和性，这些要素在西方［英语世界］很容易就被猜疑为
危险的不清晰因素，而且这一看法毫无公正性可言。历史地看，亦即在一
个终究要被认真分析的过程中来看，德语能够表达那些没有在现象的单纯
存在、实证性亦即给定性中耗尽的事物。德语的这种独特品质可以在如下
事实中得到生动的证明，即用其他语言翻译德语哲学文本（如黑格尔的
《精神现象学》和《逻辑学》）的难度近乎令人望而却步。"② 在阿多诺看
来，表征模式（mode of representation）是哲学的本质内容。德语并非确切
不疑的意义传达，而是在客体世界里摸索、传达客体蕴含的真理内容的语
言；它比大多数西方语言尤其是英语更具表达力。

　　正因为德语的独特表现力以及阿多诺文体的独特性，使得他的著作在
英语世界的翻译和出版遭遇难题。比如，他在美国时要出版他的《新音乐
哲学》（*Philosophy of New Music*）主体部分的英文版，同是欧陆移民的编辑
看过其译文后，给出的评价是"组织混乱"（badly organized/ schlecht orga-
nisiert）。数年后，阿多诺再次遭遇此类事件，而且这次经历在他看来近乎
荒谬。他曾在美国旧金山心理分析学会（Psychoanalytical Society in San
Francisco）发表了一个演讲，而后将讲稿给了归属该学会的专业期刊发表。
不料，杂志社将其稿件改得面目全非，以至于稿件的"基本意图难以辨
识"。对于阿多诺的抗议，他们毫无歉意，因为他们认为自己是在按"行
规"行事。这两次出版计划都因为阿多诺对其文本"自律性"（autonomy）
的坚持而落空。③ 阿多诺认为，作者对于自己的文本具有绝对的自律地位，
反对像美国作者那样在强大的商业逻辑面前，按照一种浅俗标准对文本做
不必要的修改。他清晰地认识到，他"所推崇的自律性是作者决定其产品
内在形式的无条件权利，然而与此同时，在高度理性化的商业开发面前，
即便精神产品的自律性也在蜕化"④。美国编辑的做法看似是从专业角度对
文本作出的调整，实则是强大的商业逻辑提出的"可交流性"（communi-

---

① Theodor W. Adorno, "On the Question: ' What is German ' ", see *Critical Models*, trans. Herry
W. Pickford, New York: Columbia University Press, 1998, p. 213.

② Theodor W. Adorno, "On the Question: ' What is German ' ", see *Critical Models*, p. 212.

③ Ibid., pp. 212 – 213.

④ Ibid., p. 213.

cability）要求的妥协，这种做法违背了文本的内在逻辑和题材要求。这相对于纳粹的所作所为无疑是微不足道的，但是对于阿多诺而言，却是无法接受的，也是他为何在获得了美国公民身份后，仍毅然回到百废待兴的西德的最为重要的原因。也正是在此意义上，文体就具有了政治内涵和道德意味。①

显然，阿多诺的文章难度很大程度上是有意为之，意在维持思想自律，拒绝"可交流性"对严肃思考的侵蚀。数年的流亡经验使他明白：语言一旦沦落到主要为了"交流"而存在的时候，就已经丧失了其微言大义，势必走向粗鄙。② 在作为极权主义变体的文化工业时代，读者的思维深受商业文化的侵袭，他们在思想上是懒惰的，追求的只是熟悉的陈词滥调（cliché）和语言的"可交流性"，"他们认为是可理解的东西，正是他们不需要再去用心去理解的东西；唯有商业铸造的而且确实是异化的（alienated）词汇，才能真正触动他们，让他们感到亲切"③。熟悉提供安全感，然而虚假的熟悉是一种意识形态。人们不假思索地使用充满陈腐之见的语言，在语言和现实之间建立虚假的对应关系，然而这种自动的无意识认知只是停留于语言的相互指涉而无关现实，遮蔽了语言的丰富性和现实的复杂性。阿多诺认为，人们鼓吹的表述（formulation）的"可交流性"，不仅背叛了他们真正想要交流的东西，培养了思想贫乏的读者，亦败坏了知识分子的思想世界，需要被一种新的语体替代。阿多诺拒绝向大众语言投降，即便是公共演讲他也保持了论题和语言的严谨。④ 因而，从翻译的首要准则即"准确性"角度讲，如果说阿多诺的著述是易译易解的，那么其代价将是其固有语言张力的消解和这种具有讽喻（allegorical）特质的文本蕴含的思辨维度的丧失，因为"那种构成阿多诺的句子、格言、论说文和书籍的、贯穿始终的不可化解的张力，是对形式与内容、语言与意义的

---

① Theodor Adorno, *Minima Moralia*: *Reflection From Damaged Life*, trans. E. F. N. Jephcott, London & New York: Verso, 2005, p. 101.

② Theodor W. Adorno, "On the Question 'What is German'", see *Critical Models*, pp. 212–213.

③ Theodor W. Adorno, *Minima Moralia*: *Reflection From Damaged Life*, p. 101.

④ 收录于《文学笔记》、《批判模型》（*Critical Models*）中的论说文（essay），大多是阿多诺在电台的演讲稿。据统计，阿多诺是当时西德在广播电台或电视台做演讲最多的人文学者，计有218次。参见［瑞士］瓦尔特－布什《法兰克福学派史》，郭力译，社会科学文献出版社2014年版，第227页。

和谐统一的不可能性的见证"①。

阿多诺自己也经常强调自己的著作的表述方式不能与其哲学和美学观念分离开来。可以说，在阿多诺那里，文体形式即思想呈示；形式并不外在于真理，而是真理的一部分。每个阿多诺的研究者和阅读者，都不能不在关注阿多诺的哲学、美学和文学论说的同时，关注其语言表述，正如乌尔里希·普拉斯（Ulrich Plass）所言："阿多诺哲学的关键，尤其是他论说艺术的论说文，在于他所谓的真理不能与表述媒介分割开来。"② 在这一点上，阿多诺既受到黑格尔形式与内容的辩证法的影响，也更为直接地受到自己的师友本雅明的《德意志悲苦剧的起源》一书的启发，有意追求一种以"客体优先性"为形式准则的"构型"（configuration）或"星丛形式"。也正因此，阿多诺的文本具有本雅明意义上的"讽喻"特征，言外之指（signification）多于言内之意（meaning），以"逐字逐句"（literally）为原则的翻译，是无法真正把握他的思想精髓的。

二 非体系的"星丛"文体

无可否认，阿多诺的文章的这种"不可译性"和他有意为之的独特的文本构型有关。阿多诺的文本具有一种令人眩晕的伪逻辑（pseudo – logical）转换、句读、重复，以及加速和减速的节奏，文中大多数主从句结构，是一种奇怪的并列关系，在总体结构上避开了观点循序渐进地线性展开。③ 其思考与行文有种编曲、音乐般的质感，是一种"严格然而非概念化的艺术转换"④。毕其一生，阿多诺都坚持音乐经验和审美经验、美学感知和认识判断之间的相似性，不断强调艺术和哲学的异质同构，其目的在于"拯救在论述逻辑的统治之下丧失的事物，如口头语言和论述逻辑切割

---

① Samuel M. Weber, "Introduction: Translating the Untranslatable", see Theodor W. Adorno, *Prisms*, p. 14. 近似的观点还见于阿什顿翻译的《否定辩证法》的译序。阿什顿的一位知名翻译家和批评家朋友在给他的信中谈道："我时常感到奇怪，像本雅明、卢卡奇和阿多诺这样的作家，只要译者不冒险用英语来思考他们，他们在英语世界里该有多么不同的名望。"阿什顿：《英译者按语》，见［德］阿多诺《否定辩证法》，张峰译，重庆出版社1993年版，第7—8页。

② Ulrich Plass, *Language and History in Adorno's Notes to Literature*, New York: Routledge, 2007, p. 4.

③ Ulrich Plass, *Language and History in Adorno's Notes to Literature*, p. 1.

④ Theodor W. Adorno, "The Essay as Form", see *Notes to Literature* (Volume 1), p. 22.

去的事物"①。他还从自己早年的音乐学习和编曲实践中，尤其是勋伯格的十二音阶无调性音乐那里，获得了"否定辩证法"的早期形态即"瓦解的逻辑"（logic of disintegration）的观念。

勋伯格的无调性音乐是阿多诺论说文的模型。阿多诺认为，勋伯格的无调性音乐没有将音乐看作个人"意图"（intention）的表现，而是将其看作真理的"非意向性再现"（unintentional representation）。这种音乐充分尊重了其客体即音乐材料的特质，强调艺术并非对现实的简单模仿，而是与现实保持了一种"非再现的相似性"（non-representational similarity）关系。他的无调性音乐辩证地"祛魅"（disenchanted）了"调性"，使得"调性"不再是音乐的本质和必然要求。在无调性音乐的结构中，各种音乐要素都不再具有优先性或主导地位，它们是自由要素聚合而成的"星丛"。阿多诺的工作是将勋伯格的音乐模型转化为自己的哲学模型。他认为勋伯格对调性音乐或和谐音乐的内在批判，与他对以黑格尔为代表的同一性哲学的批判有异曲同工之妙：都从主体和整体转向客体和部分。如果说勋伯格的音乐展示了矛盾中的同一和同一中的矛盾，不允许矛盾中的任何一个要素居于主导地位，那么阿多诺的论说文亦是如此："阿多诺的词语组织通过一种辩证的倒转和倒置的次序表达一种'理念'。这些句子的展开就像音乐主题：它们散开并进入到各种变体形成的螺旋之中。"② 可以说，阿多诺不是在"书写"而是在"谱写"（composed）论说文。我们甚至可以将阿多诺论说文的结构看作是对免除了管控因素的社会结构的"模仿"。③ 尽管阿多诺强调尊重客体，尽可能地保存被形而上学的抽象过程抹去的丰富经验和驳杂现实，但是阿多诺也指出，论说文作为对客体的"批判性摹仿"（critical mimesis）并不屈从于"纯粹现实"，因为论说文相对于客体的"批判性"使得论说文成为自律的。④ 由此也可以看出，阿多诺的思考实则仍然带有形而上学的冲动，即实现思维与存在的同一，言说不可言说之物。

阿多诺的论说文在文本构造上具有非体系性特征。受本雅明诗学的影

---

① Theodor W. Adorno, "The Essay as Form", see *Notes to Literature* (Volume 1), p. 22.

② Susan Buck-Morss, *The Origin of Negative Dialectics*, p. 101.

③ Ibid., Chapter 8.

④ Robert Hullot-Kentor, *Things Beyond Resemblence*, New York: Columbia University Press, 2006, pp. 133–134.

响，他并不喜欢使用过渡和关联词汇等"中介"（mediation）要素，许多句子的过渡是"突兀的"（offensive）。他曾在 20 世纪 30 年代批评本雅明的批评文章缺乏"中介"、将文化现象与经济基础直接关联起来。① 他还认为，本雅明在"卡巴拉"神学、象征主义和超现实主义诗学的影响下发展出的"辩证意象"（dialectic image）理论是"非辩证的"，因为这一概念的运作方式是将位于两极的事物直接"并置"（juxtaposition）在一起，忽视了其间的中介环节。但是在本雅明 1940 年秋被迫自杀后，阿多诺的思考和写作明显融入了本雅明的思索：将看似不相关、非同一的元素，甚至两极对立的元素，直接并置在一起。这种"极性并置"（juxtaposition of extremes）"不仅意味着发现对立因素的相似性，还要发现看似不相关的现象元素的关联（内在逻辑）"②。"极性并置"的表现之一是阿多诺思想中存在的诸多"反题概念对"（antithetical concept – pairs），如他经常谈到的个体与社会、理性与非理性、自然与神话等概念就是如此。③ 这些辩证对立的概念在"反题概念对"中既共存共生又相互否定。它们不是非此即彼的对立，而是既此又彼的限定。④ 每个概念对子都有两个对立的意义层，他将这两个意义层并置一处，让它们在相互否定、相互确证和证伪的过程中，揭示出思想的不确定性和复杂性，进而表明矛盾冲突是思想体系的内在属性，也是社会无法规避的现实。可以说"极性并置"概念道出了阿多诺思想的运作形态及其论说文的形式特质。

　　和"极性并置"相似，阿多诺最喜欢的修辞技巧是语言内部的反讽与悖论。他往往"将真理证明为矛盾的，而非将矛盾之物证明为非真理"；他会通过转换词序将意识形态表述"转换"（transform）为批判性的句子，

---

　　① 阿多诺在致本雅明的信中谈道："让我尽可能以简单和黑格尔式的方式来表达自己的观点。除非我错得离谱，你的辩证法缺乏一个东西：中介。从头至尾，你的文章中始终存在着一种将波德莱尔作品中的实用性内容，与他时代的社会历史的直接关联起来的特点，尤其是与其时代的经济特点相关联的固执倾向。"Theodor Adorno and Walter Benjamin, *The Complete Correspondence*: 1928 – 1940. ed. Henri Lonitz, trans. Nicholas Walker, Cambridge: Polity Press, 1999, p. 282. 译文参见 ［德］阿多诺、本雅明《阿多诺、本雅明通信选（3）》，蒋洪生译，《艺术时代》2014 年第 1 期，第 120 页。

　　② Susan Buck – Morss, *The Origin of Negative Dialectics*, p. 101.

　　③ Ibid. , pp. 58 – 59.

　　④ ［德］阿多诺：《自然历史的观念》，见张一兵主编《社会批判理论纪事》（第 2 辑），第 242 页。

如"真理不在历史中；历史却在真理中"。① 此类转换是"内在批判"（immanent critique）的要求，即表征须尊重它所细察的对象，批判须在理解对象的基础上从其内部出发、瓦解其逻辑、颠转其主旨、保留其真意。他喜欢那种聚积词汇的文体，这些词汇不仅是中介，还是分割和对立。这些词汇的聚积效果是矛盾的：一方面，这些词汇的辩证对立和逻辑展开，意味着一种动态进程；另一方面，它们反反复复地探讨一个问题，而在文体上被指责为"静止的"（static）。他的文章并不缺少并列（coordinating）、从属（subordinating）和对偶（antithetical）因素，各个部分（句子、断片）如"无窗单子"（windowless monad）一般互相独立，亦如互相辉映的星星，它们具有各自的力场，却在互相的作用下形成一个力量中心，并围绕此中心聚合为"星丛"（constellation），以独特的构型（configuration）呈示真理。② 他赋予"星丛"观念独特的认识论意义，意在呈示在科学实证主义、观念论形而上学以及先验现象学等哲学进路提出的哲学主张中丧失的"非意向性真理内容"（unintentional truth content）。③ 阿多诺认同本雅明的灼见："真理是意图的死亡。"④

在阿多诺看来，论说文的理想形态是其构型方式与现实结构保持一致。阿多诺反对卢卡奇推崇的"总体性"（totality）观念，认为此概念压抑了局部和特殊性，因而他的论说文并不"装作演绎出了自己的对象，而且也不装作应该讨论的东西都已经毫无遗漏地谈到了。论说文的自我相对化（self-relativization）内在于它的形式之中：它的建构方式是它总是可以在任何一个点上中止。它以断片的方式思考，就像现实是断片的，在破碎之物中并通过破碎之物寻找它的整体，而不是通过掩盖破碎之物达到这一点。"⑤ 论说文的形式是非连续性的，"它的题材总是那种被带入停顿（standstill）的冲突"⑥。其中的各种要素处于一种张力关系中。在这种张力关系中，没有任何要素能够占据中心位置，或者说论说文涉及的任何客体或概念与中心理念的距离都是等距的，如此又构成了一个看似静止的平衡网络。

① Susan Buck-Morss, *The Origin of Negative Dialectics*, p. 101.

② Ulrich Plass, *Language and History in Adorno's Notes to Literature*, p. 3.

③ Susan Buck-Morss, *The Origin of Negative Dialectics*, p. 160.

④ ［德］本雅明：《德意志悲苦剧的起源》，李双志、苏伟译，北京师范大学出版社2013年版，第12页。

⑤ Theodor W. Adorno, "The Essay as Form", see *Notes to Literature*（Volume 1），p. 16.

⑥ Ibid. .

它们互相支撑，每一个都通过它与其他概念的构型得到阐明。在论说文中，彼此反对的离散元素聚合在一起形成一个可读的语境；论说文没有立起任何脚手架和结构。但是那些元素却通过他们的运动结晶为一个构型。这个星丛是一个力量场域，正如每个智识结构都必然在论说文的凝视下转化为一个力量场域。①

构建论说文的核心理念如同磁场的中心，是一种引力，而其构成部分就如同磁场中的铁屑，既相互吸引又相互排斥。中心是不可见的，各个部分具有相同的分量，围绕中心编排，也正是通过这种编排，引力中心才变得隐约可见。② 艺术作品的外观是真理内容的显现或痕迹（trace）。可以说，论说文本身是一种力量场域，语言作为概念载体，在文章中竞争，既有妥协亦有合作。论说文的"断片"特征拒绝了囊括一切的"总体性"（totality）概念，使得"总体的"显现为虚假的，也拒绝从既有体系或概念推演现实和对象的结构。"论说文要使得总体性在部分的特性（feature）那里得到阐明，而不强调总体性的呈现，无论这种特征是选取的或纯粹是偶遇的"③。可以说，阿多诺"试图"通过论说文，知其不可而为地建立一种表征真理的无压迫的"形式乌托邦"。

阿多诺正是通过上述手段，有意识地突出了"并置表征原则"（paratactical principal of presentation），而不是屈就于一种"演绎层次原则"（deductive – hierarchical one），后者的逻辑推演和构建严整体系的意图，是一种意在构建具有压抑性的等级的冲动，其出发点并非具体现实或人类不可予夺的鲜活经验，而是抽象观念。④ 阿多诺采用这种"并置表征法"（parataxis）的根本目的是"抛开主体的肆意歪曲而对事物进行纯粹的审视检验"，尽量减少主体在阐释现实时的主观介入，从而实现哲学观念与无限多样、不断流逝变化的现实事物的真正"契合"（correspondence），这

---

① Theodor W. Adorno, "The Essay as Form", see *Notes to Literature* (Volume 1), p. 13.

② ［德］格雷特尔·阿多诺、罗尔夫·蒂尔德曼：《〈美学理论〉后记》，见阿多诺《美学理论》，王柯平译，四川人民出版社1998年版，第608页。

③ Theodor W. Adorno, "The Essay as Form", see *Notes to Literature* (Volume 1), p. 16.

④ ［德］格雷特尔·阿多诺、罗尔夫·蒂尔德曼：《〈美学理论〉后记》，见阿多诺《美学理论》，第610页。

"有助于事物翔实地表明其缄默性与非同一性",让事物自己言说自身,呈示它们自身蕴含的真理内容(truth content)。① 现实的含混而无限多样与表征的明晰而有限之间的矛盾,是无法通过理论学说予以解决的。阿多诺采用论说文,非中心地构造其文本(尤其是《美学理论》),正是为了尝试解决这一两难命题。

阿多诺采用这种文体来构建自己的后期文本,是其思想发展的必然要求:反体系的"非同一性"哲学和美学观念,无法容忍以"同一性"为根底的逻辑严密、刻板且带有压抑倾向的体系文体。批判"体系"是阿多诺毕生的哲学冲动。在他看来,体系限制了哲学家对哲学可能性的探讨,成为客观性的障碍,体系即压制的代名词。鉴于思想体系最终会落实为社会实践,造成压制性的社会秩序,因而反击体系也就带有了解放人类意识和生存状态的诉求,而这些诉求都内在于论说文激进的反体系冲动之中。可以说,正是对理性主义和经验主义把握现实时的体系化倾向的失望,阿多诺才诉诸论说文,寻求一条能够真正解开客体谜团的方法路径。阿多诺的《作为形式的论说文》一文,实则是他的认识论观念的集中表达,也是一次带有先锋色彩的文体实践。

三 "非视角主义"的"内在批评"文体

在阿多诺这里,论说文不仅是表征哲学思想的最佳形式,还是一种理想的批评文体。它具有鲜明的"实验"(*Versuch*)特征、② 以及与之相关的"易错性"(fallibility)和"暂时性"(provisional character),与自巴门尼德以来的西方哲学宣称的唯有永恒之物才是哲学和理论探讨的对象的观念是直接冲突的,而这恰恰符合阿多诺的形而上学批判意图。从根本上讲,论说文关注的不是普遍而永恒的"理念"(idea),而是具体而特殊的"自然历史"(natural history),即无限多样又不断流逝变化、无从把握的

---

① [德]格雷特尔·阿多诺、罗尔夫·蒂尔德曼:《〈美学理论〉后记》,见阿多诺《美学理论》,第 608 页。

② Max Bense, "On the Essay and Its Prose", trans. Eugens Sampson, see *Essayists on the Essay*, e-d. Carl H. Klaus, Ned Stuckey - French, Lowa City: University of Lowa Press, 2012, p. 71.

"现象"。① 其意图是在客体世界探索出自己的道路。就此问题，阿多诺饶有意味地引用了马克思·本泽（Max Benze）② 的一段话：

> 那么，这就是论说文区别于论文（treatise）的地方。以论说文方式写作的人就是一个将写作作为实验的人，他将他的对象翻转过来，问询它、感受它、测试它、反思它，他从不同方面攻击它，将他在自己的思维之眼中看到的整合起来，并表述出客体在写作过程创造的情境中让他看到的东西。③

本泽将论说文与论文的差别类比于实验物理与理论物理的差异。理论物理依据现有的理论成果通过想象和严密的逻辑推理得出结论，而实验物理则必须通过对对象的反复实验得出结论。在本泽看来，论说文即一种实验性写作。题材是实验的对象，论说文制造一种"条件"（condition），在此"条件"下，题材被带入到文学构型的语境中，呈现它自身蕴含的意义。此"条件"即论说文家审视材料的独特视角（perspective）。这些论说文家在如下意义上提出了一种"哲学视角主义"（philosophical perspectivalism）：他们通过自己的论说文，提供了认知事物的不同视角和方式，而这些视角决定了文本的内在意涵，也因为与之匹配的行文技巧而形构了文本构型，使之具有了"论说文式"（essayistic）形态。④ 本泽还谈到，在德语中"论说文"的意思是"实验"（Versuch），其创作过程亦即一个不断围绕题材进行文体创造的过程，而这一过程的起点往往不是什么宏大体系，而是一句精妙的"警句"（prose）。⑤ 它们像一粒粒种子，在论说文中不断增殖自身。这些"警句"与

---

① ［德］阿多诺：《自然历史观念》，见张一兵编《社会批判理论纪事》（第2辑），第233—246页。

② 马克思·本泽（Max Bense，1910—1990），德国科学哲学家和美学家。本泽关于论说文的思考主要见于他的《论论说文和试验》（"On the Essay and experimentation"）一文。

③ Theodor W. Adorno, "The Essay as Form", see *Notes to Literature*（Volume 1），p. 17. See also Max Bense, "On the Essay and Its Prose", trans. Eugens Sampson, see *Essayists on the Essay*：*Montaigne to Our Time*, pp. 71–72.

④ Max Bense, "On the Essay and Its Prose", see *Essayists on the Essay*, p. 72.

⑤ 在西方现代文学作品中，"Prose"是诗歌、戏剧之外的叙事作品的总称，主要指非韵文文类，一般译为散文或小说，亦可译为随笔、小品文、评论和杂记等。但结合该文语境，本泽所谓"prose"指论说文中的精彩句子，译为"警句"更为恰切。Max Bense, "On the Essay and Its Prose", see *Essayists on the Essay*, p. 72.

诗歌没有什么精准界限。它们是论说文的"基本"句子，是触发思想整体的断片（fragments）。此类句子在德国浪漫派（如施莱格尔、诺瓦利斯等）的格言创作中最为典型，影响也最为深远。每一个善于创作论说文的作家都是卓越的批评家和探索文学形式的行家里手。而且，从论说文的发展史来看，怀疑和批判是论说文的内在精神，也是人类智识经验的必然要求。

显然，阿多诺吸收了本泽的诸多观点，但是亦有批判。就本泽所谓论说文可以从"警句"出发"无限制""漫衍"的观点来说，阿多诺认为既有真理性亦有非真理性。其真理性的一面在于，论说文确实具有"漫衍"特征，并不意在达成什么确切结论，论说文甚至将自己无法获得什么结论作为对自己的任何先验限制的反讽；其非真理性的一面则在于，论说文的"漫衍"并非没有限制，更非"任意"（arbitrary），客体以及关于客体的经验和理论，限定了论说文的内在构成和外在边界。阿多诺认为："论说文既比传统思想更开放也比传统思想更封闭"。[1] 其开放性在于，论说文除了不寻求确切结论外，还拒绝杰作（masterscript）、创造性（creativity）等传统文体观念，更拒绝体系和总体这样的思想观念。但是，这种开放性，并非感情和情绪的含混开放，亦非无边际的衍生，对象本身限定了论说文的形式。论说文的形式遵循如下批判性观念：人类不是创造者，故而不能主宰万物；更不是被造物，所以不应被动地承受宰制。"当主体断言自身是万物的培根式主人并最终是万物的观念论创造者时，它便把一种认识论的和形而上学的东西"带进了幻象之中，在这种幻象中寻求控制自然的理性及其原则拥有至高无上的地位；[2] 但是，当主体认为自身是一种被造物时，就预设了存在一个万物的抽象本原，在对本原的寻求中压抑流变物（即"自然历史"），如此再次堕入到观念论之中。为了规避这两种错误趋向，"论说文总是直接朝向已经造就的事物，而不把自身呈现为被造物，也不会垂涎无所不包（all－encompassing）的事物，此类事物的总体性会重新排布那些被造物"[3]。这也指明了论说文的封闭性："它的工作更强调它的表征形式。表征的非同一性意识和题材驱使表征做不懈的努力。"[4] 在这一点上，它既保留了哲学对精确性的寻求，也有了准艺术特质。

---

① Theodor W. Adorno, "The Essay as Form", see *Notes to Literature* (Volume 1), p. 17.

② ［德］阿多诺：《否定的辩证法》，重庆出版社 1993 年版，第 177 页。

③ Theodor W. Adorno, "The Essay as Form", see *Notes to Literature* (Volume 1), p. 17.

④ Ibid., p. 18.

　　然而，作为批评文体，论说文既非科学亦非艺术，而是处于二者之间或者说兼具二者特征的文体：一方面，论说文深受反体系哲学家的青睐，"席美尔、青年卢卡奇、卡斯纳（Kassner）和本雅明将论说文尊奉为沉思特殊的、尚未具有文化预制形式的（culturally pre-formed）客体"的文体①，用以表达他们的哲学思想，具有明显的学术研究色彩；另一方面，论说文虽然因为自身对形式因素的强调而近似于艺术，但是又因"其媒介、概念及其赞同的缺乏审美表象的真理而异于艺术"②，而卢卡奇恰恰忽视了这一点。作为一种认识论模式，它一方面会科学化地借助概念将对象分解为基本元素；另一方面，通过艺术式的排列组合这些承载了对象基本要素的概念，将概念构造为与对象的真实存在状态趋近的"星丛"。但是，它能把握哲学研究著述和艺术虚构不能把握、遗漏的真理："作为纯文学和哲学的中介形式的论说文的本质在于它把握真理的能力，这里的真理是潜伏于象征性表现模式和概念性表现模式之间的空白地带的真理。"③ 要把握住被遗漏的"真理"，就需要借助论说文的表征形式。阿多诺已经充分认识到哲学和批评的文体并非思想内容的静态载体，唯有关注如何（how）论辩和表达的力量才能更好地服务于内容（what）。④ "表征意在拯救略去定义时丧失的精确性，而且不会为了投向可以一劳永逸地作出裁定的概念意义的任意性而背离素材（subject matter）"⑤。可以说，阿多诺试图在哲学与艺术的对立，以及强调概念明确、逻辑严密、行文系统的学术文体与讲求自由、创造的艺术形式的对立中，批判性地寻找一种可以最大限度地呈现和保存真理内容的文体。

　　论说文的反体系特征还表现在它"内在批判"（immanent critique）地使用理论而非本泽所谓"视角主义"地挪用理论。如前所述，阿多诺承袭卢卡奇的观点，将论说文看作是一种典型的批评形式，认为"它适合达成人们所期待的哲学抽象性和艺术具体性之间的两极综合"⑥。他明确指出，

---

　　① Theodor W. Adorno, "The Essay as Form", see *Notes to Literature*（Volume 1）, p. 3.

　　② Ibid. , p. 5.

　　③ ［美］沃林：《瓦尔特·本雅明：救赎美学》，吴勇立、张亮译，江苏人民出版社 2008 年版，第 89 页。

　　④ Ulrich Plass, *Language and History in Adorno's Notes to Literature*, p. 36.

　　⑤ Theodor W. Adorno, "The Essay as Form", see *Notes to Literature*（Volume 1）, p. 12.

　　⑥ ［美］沃林：《瓦尔特·本雅明：救赎美学》，吴勇立、张亮译，江苏人民出版社 2008 年版，第 89 页。

论说文从一开始就是超群的批评形式：它深入到批评对象内部，从对象建构自身的原则和逻辑出发，考察其内在的逻辑矛盾和蕴含的社会冲突和真理要素，而不是简单地评判对象是否与某种预设的真理观念及其先验条件吻合，这是一种"内在批评"（immanent criticism）。它依据事物的本来面貌与抽象地想象事物的概念体系作对抗，揭示这种想象的虚假性，在此意义上，"内在批评"又是一种"意识形态批判"（critique of ideology）。① 论说文在批评实践中往返于文本与历史之间，综合了文本的内部形式要素和外部的社会历史要素，因而还是一种"辩证批评"（dialectic criticism）。论说文作为沟通哲学和艺术的批评文体，在具有哲学理性的同时，也能从艺术的丰富感知经验出发，保存哲学抽象和概念体系压抑的感性事物。它尝试通过将艺术语言蕴含的真理内容翻译为相对明确的概念，将艺术从无语状态中解救出来。②

阿多诺谈论文学艺术的论说文并非其哲学思想的简单拓展，而是基于他对文本的细读。艺术作品是鲜活的人类经验的结晶，当人们"经验"艺术作品时，必须从内部来"经验"，而不能依据已经系统化的艺术史、艺术理论或美学概念来"图解"。在这一问题上，阿多诺批判了卢卡奇晚年的著述。他认为卢卡奇晚年的论说文已经逐渐退化为一种"席勒式"的观念演绎、依据确定概念和体系裁定现实的理性主义的"先验批判"（transcendental critique），丧失了其早期论说文的批判性、丰富性和生命力。③他认为，论说文"越是努力地将自己固化为理论，并像手里拿着哲人的石头一样去行动，智识经验就越是容易遭致灾难"④。这种做法不过是将理论工具化为一种"仅仅作为'视角'的哲学"（a philosophy of mere perspective），它在艺术领域的表现即根据某种抽象原理图解艺术作品，而非从作品内部阐明作品蕴含的真理内容。阿多诺反对此类做法。他对学院批评（academic criticism）和艺术教学亦持批判态度：

---

① Theodor W. Adorno, "The Essay as Form", see *Notes to Literature* (Volume 1), p. 18.

② ［美］沃林：《瓦尔特·本雅明：救赎美学》，吴勇立、张亮译，江苏人民出版社 2008 年版，第 90 页。

③ Theodor W. Adorno, "Extorted Reconciliation: On Georg Lukács' Realism in Our Time", see *Notes to Literature* (Volume 1), p. 216.

④ Theodor W. Adorno, "The Essay as Form", see *Notes to Literature* (Volume 1), p. 18.

　　想要在学院里学习什么是艺术作品、语言形式、审美属性甚至审美手法的年轻作者，通常只能杂乱地学习它们，或者顶多是从任何一种流行哲学的现成品那里获取一些信息，武断而成问题地套用在作品内容上。但是若他转向哲学美学，他就会困扰于那些与他想要理解的作品无关且事实上并不代表他正尝试理解的内容的抽象议题。①

　　正是出于对这种"视角主义"阐释方法的警惕，阿多诺提出应该内在批判地清理和吸纳各种理论："论说文会吞噬与之接近的理论；它的倾向时常是清理意见，包括那些作为它的出发点的意见。"② 鉴于系统思想在现实中往往演变为一种实体化的压迫体系或为现实辩护的工具，论说文的这种将理论打破重建的批评方式，就带有了"救赎"色彩。

结　语

　　可以说，如果人们不考虑阿多诺是如何将哲学自身作为语言予以反思并发展出相应的文体形态的，那么他们将不能理解阿多诺，这尤其适用于他的文学、艺术和美学思想。阿多诺的文体选择，并非盲目不加反思地依从一种小众传统，而是基于他对哲学思想、文学与艺术状况、文化观念和时代精神等的判断作出的选择。他在写作中不断地对文体形式和语言表述做自我反思，这种自我反思作为思维的自我延展，也赋予论说文以拓展自身的内在动力。③ 也正因为阿多诺对语言问题的关注，使得他的哲学思想具有了元诗学（meta‐poetic）维度：他不断地质问这个时代的语言、形式、表述和修辞，对语言的任何堕落和腐败保持警惕。作为一种批评文体，论说文也有潜在的启蒙意向，但是它诉诸公众的方式并非浅白说教，而是通过"拒绝"来批判启发。阿多诺认为这尤其适用于文化工业时代的文化状况。如果说启蒙思想的表达要求的是显白明晰，以获得尽可能多的公众、发挥文章的政治影响力的话，那么阿多诺拒绝"可交流性"写作的

---

① Theodor W. Adorno, "The Essay as Form", see *Notes to Literature*（Volume 1），p. 9.

② Ibid., p. 18.

③ 他的《作文形式的论说文》一文本身就是一篇论说文，该文以"内在批评"的方式发展了论说文的内涵，并反思了论说文的文体特征和内涵。如此，此文亦是论说文的"自我批判"。See Robert Hullot‐Kentor, *Things Beyond Resemblance*, p. 134.

"潜在"政治意义则在于：在一个文化日趋标准化、同一化、浅薄化和伪个性化的时代，秉持一种繁复而辩证的文风，恰恰是对已经不能心无旁骛地沉思的公众的再次启蒙，对已经物化的启蒙文化的批判性救赎，也是对价值领域过度分化的现代社会的审美批判。

雷蒙德·威廉斯的乡村教育"阶梯观"

徐淑丽[*]

摘要 英国马克思主义文化批评家雷蒙德·威廉斯是在从事成人教育的过程中开始建立自己的文化研究理论的，教育思想是威廉斯整个思想体系中的重要组成部分。威廉斯依据自身经历和对英国教育及社会状况的观察，认识到精英教育之不足，在批驳精英式"阶梯"教育的基础上提出"共同教育"的理想。随着威廉斯在 20 世纪 60 年代之后研究重心的转移，他对"阶梯"教育的思考也从理论著作转移到乡村小说中，更为形象生动地表达出"阶梯"教育的局限。威廉斯"阶梯"观的演进折射出威廉斯"共同文化"思想的发展脉络。把握这一演进过程是深入理解威廉斯文化理论的重要途径，对乡村社会发展也具有参照意义。

关键词 乡村；阶梯教育；共同教育；共同文化

英国马克思主义批评家雷蒙德·威廉斯毕生从事教育事业，对教育尤其是成人教育的贡献已是无可争辩的事实。英国学者本·卡林顿甚至认为，威廉斯同理查德·霍加特和 E. P. 汤普森一样，"与其说在特定的时刻写出了著作，不如说他们都是处在正规高等教育的边缘和外部，参与了这一政治过程的教育家。"[①] 尽管威廉斯被称为"教育家"，英美学者在论及威廉斯教育思想时却仍然侧重于探讨其成人教育的影响或进行抽象的理论评析，对威廉斯教育思想的发展体脉络缺乏清晰而全面的认识。国内对威廉斯教育思想的研究成果更加稀少，仅有的数篇论文均是从成人教育视角

---

* 徐淑丽（1977— ），女，山东青岛人，青岛大学公共外语教学部讲师，中国社会科学院马克思主义学院文艺学专业博士生，主要研究方向为马克思主义文艺理论。
① 陶东风编：《文化研究精粹读本》，中国人民大学出版社 2006 年版，第 14 页。

展开。实际上，威廉斯是在批驳精英主义"阶梯教育"的基础上形成"共同教育"思想的，后者成为其"共同文化"思想的重要组成部分。从早年对"阶梯"教育与"共同教育"的提出，到晚年对其以小说叙事进行完善和深化，威廉斯的教育思想经历了漫长的发展历程。了解这一历程不但有助于全面了解威廉斯文化思想，对探索乡村未来发展也具有重要的参考价值。

一 观点的提出

威廉斯本人虽然"出生于乡村世代务农的家庭"①，却得以进入剑桥大学接受精英教育。独特的成长经历使得威廉斯尤其关注那些从社会底层成长起来又为劳动人民发声的文化精英。因此他对来自乡村并描写乡村的威廉·科贝特、擅长乡村社会小说的简·奥斯汀和展现乡村变迁的乔治·艾略特等作家都表现出高度赞赏与认同。威廉斯自剑桥大学毕业后，从事成人教育长达十五年之久。在此期间，威廉斯开始考虑普通劳动者的文化地位问题，对少数乡村劳工和工人阶级子女获得精英教育的现象进行了分析，并在1958年出版的《文化与社会》中提出了教育"阶梯观念"。威廉斯将普通家庭子女通过教育获得阶层提升称为登上"阶梯"，并在同年发表的《文化是平常的》一文中进一步拓展了这一观点。

教育中的"阶梯"意象并非威廉斯的首创，早在威廉斯之前就有用"阶梯"来喻指底层子弟所受精英教育的先例。在《文化与社会》之前一年出版的《识字的用途》中，理查德·霍加特将通过精英教育获得阶层提升比喻为踏上"阶梯"，并在该书中多次运用这一意象。霍加特认为这些穷人子弟在进入新的阶层后会产生不适感，"有时候他得到的工作更增添了他微微晕眩的感觉，好像自己仍然站在阶梯上似的。"②霍加特详细描写了这些孩子在接受精英教育后试图融入中上层社会文化而经历的艰辛，他们如履薄冰、小心翼翼，内心长期在痛苦与煎熬中挣扎。但霍加特更偏向于将那些获得奖学金继续读书的穷人家孩子称为"奖学金男孩"。霍加

① Raymond Williams, *Culture and Society*: 1780 – 1950, Garden City: Anchor Books, 1958, p. 278.

② Richard Hoggart, *The Use of Literacy*, London: Penguin Books, 1957, p. 248.

特本人也是"奖学金男孩"，他和威廉斯这样受过精英教育"恩惠"的知识分子开始以自身经历和感受出发，思考这种教育的有效性和局限。

霍加特仅仅对平民子弟踏上阶梯之后的生活与心理状态进行了描述，对于如何应对这种状况霍加特未置一词。于是威廉斯对"阶梯观念"进行了诠释和进一步拓展。威廉斯认为，在中产阶级和无产阶级中分别存在着服务观念和团结观念。中产阶级以"服务观念"为指导的教育在很大程度上实际上是一种"奴仆训练"，是为了维护现有的统治秩序而设立的。这种奴仆教育并不能得到劳工们的认可，于是资产阶级又为工人阶级炮制了一种"阶梯观念"以便取代工人阶级的"团结观念"。威廉斯指出，"对行之有效的团结观念的另一个替代观念是个体机会观或阶梯观。服务的形式之一，便是提供在工业、教育或其他领域向上攀爬的阶梯"[①]。在统治阶级眼里，劳工和工人阶级子女可以利用这种阶梯获得自己的权益，因此便有可能对炮制这种阶梯观的中上层阶级产生认同。但是威廉斯并不赞成这种观点，他认为由"阶梯"教育无论是对统治阶层还是对劳动阶层都作用有限，他所期待的是一种人人平等的教育。在1961年出版的专著《漫长的革命》中，威廉斯以《教育与英国社会》一文回顾了英国教育发展的历史，再度指出精英教育的不足，并提出实现"公共教育"的理想，这一理想与之前"共同教育"思想一脉相承，均是将教育视作实现"共同文化"的手段。

就在出版《漫长的革命》的同一年，威廉斯辞去牛津大学远程教育辅导教师的职位，进入剑桥大学英文系工作。此后威廉斯继续整理在从事成人教育工作期间撰写的讲稿，发表了《传播》、《从狄更斯到劳伦斯的小说》等作品。同时威廉斯将目光投向更为广阔的社会学领域，将文化与整个社会发展联系起来，总结前期文化唯物主义思想的《马克思主义与文学》、《文化社会学》等作品也相继问世。这些理论作品在风格上已经完全不同于早期的《文化与社会》，越来越多地显现出学院派气象。在有些学者看来，此时"教育在他的作品中被提到的越发少了"[②]。的确，在威廉斯整个六七十年代的理论作品中，教育已经完全成为一种抽象的概念。威廉

---

① Raymond Williams, *Culture and Society*: 1780 - 1950, Garden City: Anchor Books, 1958, p. 350.

② Leslie Johnson, *The Cultural Critics from Matthew Arnold to Raymond Williams*, London: Roureldge & Kegan Paul, 1979, p. 173.

斯虽然频频提及教育对实现共同文化和民主的重要性，但并未对教育再进行过专门的论述。然而，这并非意味着威廉斯对教育的探讨已告终结。实际上，六十年代后威廉斯教育思想逐渐沿着两条并行不悖的路线发展。一方面，威廉斯进入更为宏观的社会学研究中，分析教育等习俗机构在统治者实现文化霸权中的作用。《文化社会学》、《马克思主义与文学》也因此成为国外学者研究威廉斯教育思想的重要依据。另一方面，威廉斯将目光置于乡村工人阶级内部，探讨阶梯"教育"给受教育的平民子弟造成的精神流放和工人阶级内部的疏离与断裂，这种现象在"威尔士三部曲"（《边村》、《第二代》、《为马诺德而战》）中得到了清晰的刻画。可以看出，威廉斯对教育尤其是"阶梯"教育的关注并未停止，而是在经过长期酝酿与积累之后以更为生动和明晰地展现了出来。

二 "阶梯"教育的意义与局限

随着威廉斯思想的发展，威廉斯思想中的人道主义色彩逐渐被斗争的激情所取代。与之相应，"阶梯"教育观也不再是一种抽象的理论，而是逐渐成为威廉斯揭露资产阶级虚伪的战斗工具。对于威廉斯思想的转变，伊格尔顿评论说："人们已经谈腻了的情形是，某某人由一个年轻激进分子成了中年反动分子，他却令人欣慰地把这句话颠倒过来了。"① 威廉斯这一转变在小说"威尔士三部曲"中也明显地表现出来。1960 年出版的《边村》主要探讨了主人公马修离开乡村，精神上无所皈依的痛苦。但是在 1979 年"三部曲"的最后一部《为马诺德而战》中，作者更关注的是接受过"阶梯"教育的知识分子为保卫马诺德乡村而与统治阶级进行的斗争。马修和彼得发现在马诺德的开发计划中可能存在着政治腐败和国外势力的操纵，而这一切都在马诺德居民不知情的状况下进行，于是马修和彼得为保护马诺德与当权者开始进行抗争。在威廉斯看来，接受过精英主义教育的人，能够更透彻而理性地观察精英层对底层的操纵是如何运作的，从而才有可能实行对抗。在小说《边村》中，来自乡村工人阶级的马修同威廉斯一样获得奖学金进入大学读书，毕业后成为大学教师。在《为马诺

---

① ［英］特里·伊格尔顿：《历史中的政治、哲学、爱欲》，马海良译，中国社会科学出版社1999 年版，第 260 页。

德而战》中，马修对成为政府官员的学者罗伯特·莱恩说："我知道一件事，那就是，打败官僚机构的唯一方法是进入官僚机构；担任官职才能挑战官员；进入委员会才能与委员会对抗。不是避免接触他们，而是融入其中直接面对他们。"①马修通过担任政府顾问，得以发现马诺德乡村开发计划可能存在腐败与国外势力操纵。正是因为自身通过精英教育获得的才干与阶层的提升才使马修等人具备了与统治阶级对话的机会与能力。

　　尽管"阶梯教育"有其可取之处，威廉斯仍然对这种教育进行了抨击。在《文化是平常的》中，威廉斯不满地说："只有那些值得培养的人才能获得教育机会，这一点现在依然显而易见。"② 那些智力和才华出众的穷人家的孩子被挑选出来，获得与中上层阶级子女同样的学习机会，威廉斯对这种教育模式非常反感。他希望人人都能获得平等的教育机会，期待一种教育上的"共同改善"。在《边村》中，威廉斯刻画出一个试图通过其他途径踏上阶梯却遭遇挫折的人物形象艾伦。艾伦是一名体格健壮的足球健将，被来自卡迪夫的教练选中并带到城里发展。但是没过多久艾伦就遭解聘，心灰意冷地回到了村庄。艾伦给正在申请奖学金的马修泼冷水："不要以为自己有什么特别。接受自己被淘汰出局很艰难，我已经尝到这种滋味了。"③ 像马修和艾伦这样的乡村穷人子弟，对于自己能否登上阶梯毫无自主权，只能被动地被选择。而对中上层社会的孩子来说，接受精英教育的机会却是理所当然。据威廉斯回忆，他在进入剑桥大学后发现，很多家境优越的学生视进剑桥读书为理所当然。这些中上层子弟自幼就知道自己能够进入剑桥大学读书，因为优质的教育资源主要就是为他们这样的孩子准备的。在小说《忠诚》中，农家子弟葛文得以进入剑桥大学读书，实际上是生父的上层社会朋友暗中帮助的结果。虽然像威廉斯一样的"奖学金男孩"能够接受比同一阶层的其他孩子更多的教育，但那不过是为了培养服务于中上层阶级的奴仆。威廉斯考察了英国的教育史，发现挑选穷人子女纳入教育计划在英国历史悠久。自 19 世纪后半叶始，英国的中等教育就开始接受少量穷人家的孩子。威廉斯指出，"虽然这些学校招生的学生大部分仍来自于中上层阶级，但毕竟也为中下层阶级和工人阶级的孩

---

① Raymond Williams, *The Fight for Manod*, London：The Hogarth Press, 1988, p. 16.
② Raymond Williams, *Border Country*, Cardigan：Parthian, 2006, p. 289.
③ Raymond Williams, *Resources of Hope*：*Culture*, *Democracy*, *Socialism*, London：Verso, 1989, p. 7.

子们提供了方便，他们可以填满剩余的空额。"①威廉斯冷静的陈述实际上暗含了对这一政策的嘲讽，因为这种教育政策的出发点根本不是为了给劳动阶层子女平等的教育机会和更美好的未来。

威廉斯看到"阶梯"教育还有一个严重缺陷，那就是得益于这种教育的只能是极少数人。所以，对登上阶梯的人来说，"毫无疑问，它提供了向上爬的机会，但它毕竟只是单个人使用的装置：你只能独自一人顺着阶梯向上爬。"② 美国学者丹尼斯·L. 德沃金也指出，尽管在威廉斯笔下"个体成员攀上了提供给他们的阶梯"③，但是工人阶级的集体民主意识并未改变。这种教育将来自中下层的绝大多数年轻人拒之门外，造成了劳工和工人阶级的内部分裂。在《边村》中，威廉斯对这种分裂进行了细致地刻画。马修获得奖学金离开乡村进入大学读书，但是后来却遭遇严重的精神危机。在乡村共同体中长大的马修不能真正融入城市生活，与周围的人群极少交流。同时，马修与家乡人民也产生了隔阂。马修对自己的离开非常愧疚和自责，内心备受折磨。马修父亲的好友摩根·罗瑟看到了马修痛苦的根源，指出："你没有身处像我们一样接受你的人之间。"④威廉斯本人虽然未遭受如此严重的精神危机，但也时常遇到两种不同生活方式之间产生的冲突。威廉斯听同事说在剑桥路逢熟人也不必打招呼，但1963年在街头偶遇利维斯时他还是热情地挥手致意。对此，威廉斯解释说："在威尔士边界的故乡，不管是遇到朋友还是陌生人，人们从来不会未经致意或问候就擦身而过。"⑤ 尽管威廉斯离开乡村多年，但他的言行举止还是与周围氛围格格不入，所以伊格尔顿常常说他看起来仍然像个乡下人。

威廉斯还发现，走上教育"阶梯"的乡村劳工或城市工人的子女常常被主导文化所收编，在来到阶梯顶端之后背弃原来的阶级，所以威廉斯说"尽管教育方面发生了很多变化，多数知识分子要么是直接来自统治或特

---

① ［英］雷蒙德·威廉斯：《漫长的革命》，倪伟译，人民出版社2013年版，第156页。

② Raymond Williams, *Culture and Society*：1780 – 1950, Garden City：Anchor Books, 1958, p. 350.

③ Dennis L. Dworkin & Leslie G. Roman, *Views Beyond the Border Country*, New York：Routledge, 1993, p. 45.

④ Raymond Williams, *Border Country*, Cardigan：Parthian, 2006, p. 355.

⑤ Raymond Williams, *What I Came to Say*, London：Hutchinson Radius, 1989, p. 15.

权阶级，要么很快就同这些阶级保持一致"①。来自乡村却受过教育的穷人子女未必都能为乡村代言，乡村居民对于他们也在心理上日渐疏离。在《为马诺德而战》中，马诺德居民对政府部门聘用的顾问马修并不信任，尽管马修对家乡的发展极为关注，却被告知："你不必说话时表现得就好像是我们其中一员似地。你是作为官员回来的，你是政府那边的一员。你属于控制我们的那个集团，你们的生活更与我们格格不入。"②事实上，马修在同马诺德乡村背后的操纵力量对抗时显得极为无助，他不但在同决策者论战时心脏病突发，他的行为最终能起多大作用作者也未能做详细交代。"阶梯"教育最终并不能成为解决乡村问题的良方，所以英国学者莱斯利·约翰逊指出："教育阶梯的意象永远不会富有成效，因为它是一个分裂了的社会的产物，将会随着分裂的消失而消亡。"③

三 共同教育

对"阶梯"教育权衡利弊使威廉斯认识到，精英教育并不足以解决乡村日益边缘化所带来的危机。乡村文化的未来只能存在于"共同教育"之中。其实早在1958年发表的《文化是平常的》一文中，威廉斯就初步形成了共同教育的思想，他指出，"我们必须要强调的应是普通公路，而非阶梯。因为每个人的无知都会令我渺小，而每个人的技能则使大家皆获增益。"④在此之后，威廉斯对这一思想不断加以论证和完善，威廉斯共同教育的目标非常明晰，那就是要"把阶梯这个意象抛开，重新关注合适的目标：创造共同的教育资源；关心物质分配的平等；致力于传统和经验共同体的形成过程"⑤。从阶梯转向共同教育并"塑造传统和经验共同体"的过程，实际上就是经由共同教育实现共同文化的过程。威廉斯将共同教育

---

① Raymond Williams, *Resources of Hope*：*Culture*，*Democracy*，*Socialism*，London：Verso，1989，p. 144.

② Raymond Williams, *The Fight for Manod*，London：The Hogarth Press，1988，p. 170.

③ Raymond Williams, *Resources of Hope*：*Culture*，*Democracy*，*Socialism*，London：Verso，1989，p. 15.

④ Leslie Johnson, *The Cultural Critics from Matthew Arnold to Raymond Williams*，London：Rouledge & Kegan Paul，1979，p. 169.

⑤ Raymond Williams, *Culture and Society*：1780 – 1950，Garden City：Anchor Books，1958，p. 351.

当成了其"共同文化"思想的实现手段和重要组成部分。

为了能够实现"共同教育",威廉斯提出"教育是平常的"①。威廉斯认为不只是牛津、剑桥等大学的精英教育是教育,读书看报、去博物馆参观、欣赏音乐会、接受成人教育等都能使得一个人获得知识技能或修养智慧,达到教育的目的。教育并不只存在于知识分子云集的伦敦,而是在日常生活之中。威廉斯钟爱的几个善于描写乡村场景的小说家乔治·艾略特、哈代和劳伦斯曾被一名议会批评家称为"自学成才者"。威廉斯对此非常愤慨,因为这三名作家并非未受教育,只不过是没有进入牛津剑桥而已。在统治阶层眼里,只有精英教育才算教育。威廉斯对此非常不满,就算这几个作家没接受剑桥牛津大学的教育,"如果真要问起来,英国议会或任何别的什么地方的人,又有多少能够经得住跟乔治·艾略特认真比较呢?"② 在《边村》中,普通信号工人哈利·普莱斯在变化动荡的社会中精神笃定、冷静决断;小工场主摩根·罗瑟洞悉世事、人情练达。他们未受过精英教育,却充满了生活智慧,能够给处于迷茫中的马修带来精神力量。这种智慧和人生观是传统教育未必能够造就的。通过打破对精英教育的盲目尊崇,威廉斯提出,社会普通成员接受的成人教育、公共教育和在工作和生活中获得的技能都应该得到认可与尊重。

威廉斯的"共同教育"不但涵盖不同的教育方式,而且涉及不同的社会群体。威廉斯将成人教育、中等教育都视为是"公共教育"的分支,认为这是实现共同文化的一部分。很多威廉斯的读者认为威廉斯从事的是工人阶级教育,但威廉斯并不喜欢这种说法,因为"成人教育比工人教育更为广泛"③。实际上,威廉斯所从事成人教育的校舍地处苏塞克斯郡东部的偏远乡村,并非在工人聚集的大都市。这就决定了威廉斯的教学主题不可能是纯粹的工人阶级,而是由农场工人、手工业者等形形色色的群体混合而成。对此威廉斯曾经作出过说明,他说,"我在哈沃西斯有一班学生是家庭主妇,他们想读点文学作品。她们的学习兴趣完全是认真的,但是其

---

① Raymond Williams, *Resources of Hope: Culture, Democracy, Socialism*, London: Verso, 1989, p. 14.

② Raymond Williams, *The Country and the City*, New York: Oxford University Press, 1973, p. 171.

③ Raymond Williams, *What I Came to Say*, London: Hutchinson Radius, 1989, p. 157.

社会内涵全然不同。"① 对于来自不同阶层的学习者，威廉斯都倾注全力进行教育，并且在从事成人教育和剑桥精英教育的过程中都形成了独特的理论成果。

威廉斯眼中的共同教育还意味着一种延长了的教育期限。1944 年英国的"巴特勒法案"规定，将英国的义务教育年龄延长到 15 岁，义务教育从小学延伸到了中学阶段。这样一来，普通劳动者接受教育的年限便得到了延长。威廉斯对此仍然不满，他认为一个十五岁的孩子应该继续学习。在劳动人民子女中挑选头脑聪明的孩子并安排他们继续接受教育是不合理的。而且，在威廉斯看来，对孩子们来说，到 15 岁就戛然而止的教育是不充分的。威廉斯指责说，"如果一个拥有中等学习能力的孩子不能在目前规定的年限内，学到当代普通教育的精髓，那么唯一的答案是给他更多时间，而不是抱着一种顺从天命的遗憾心情，将一些精髓弃之不顾。"② 威廉斯的这种观点使他成为英国开放大学的坚定支持者。开放大学成立于 1969 年，没有传统大学那样严格的入学要求，只要年满 21 岁即可申请，许多来自偏远乡村的年轻劳动者获得了第二次教育机会。威廉斯将这所大学视为促进终身教育理念的典范，并在《现代主义的政治——反对新国教派》中对开放大学的理念赞赏有加。

结　语

从威廉斯的思想发展历程来看，威廉斯从自身的教育经历出发产生了对"阶梯"教育的思考，并提出了"共同教育"的思想。这一思路同威廉斯在批判利维斯派精英主义思想的基础上逐渐形成"共同文化"的历程是一致的。所以说，经由"阶梯教育"生发的教育思想是威廉斯整个文化理论的重要组成部分。虽然"阶梯"教育思想所关注的除了乡村子弟外还有广大工人阶级家庭子女，但威廉斯主要是在自己所熟悉的威尔士乡村对"阶梯"教育的利弊展开探讨，所以其阶梯教育观对乡村发展具有尤其重要的意义。威廉斯致力于为乡村寻求平等的地位和对自身未来的决定权，

---

① ［英］雷蒙德·威廉斯：《政治与文学》，樊柯、王卫芬译，河南大学出版社 2010 年版，第 62 页。

② ［英］雷蒙德·威廉斯：《漫长的革命》，倪伟译，人民出版社 2013 年版，第 161 页。

最终发现只有实现共同文化才能为乡村未来找到出路。在资本主义制度下，他的"共同教育"理想充满了乌托邦色彩，但他至少探索了左派知识分子斗争的方向，正是在威廉斯这样的知识分子努力下，被排除在资产阶级文化和实际权力之外的劳动人民子女才能获得更多的权益，才能看到"在持续不断的努力下，那些大门正在慢慢打开"①。

---

① Raymond Williams, *Resources of Hope：Culture，Democracy，Socialism*，London ． New York：Verso，1989，p. 7.

后马克思主义与文学理论的当代性

张 中[*]

摘要 当文学遭遇理论泛滥之际，文学自身也顿显尴尬和窘迫。那么，如何还原文学应有的鲜活生命力，这是每一时代理论家都十分关心的问题。后马克思主义理论家对文学的关注主要体现在文学自身的权能、书写主体之真理以及文学生成性等方面。概言之，福柯对主体和真理的解构击破了元叙事的空洞幻想；德勒兹对多元和差异的推崇暗示了文学生成的无限可能性；而朗西埃则直接赋予文学以自身的内在书写政治。后马克思主义凭借对各种学说的综合性批判使用，在一定程度上使文学恢复了自主性和创造力，而文学理论也在这一过程中逐渐实现当代性之建构。

关键词 主体 真理 差异 书写 文学的政治

今日话语之空前纷繁多样，实是表达衰落的结果。这是福柯的观点，不过也是当代批评的写照。萨义德据此认为，话语正以别样的方式重复另一话语。的确，检视 20 世纪批评理论的历史，你会发现它们其实很相似。一种批判的态度和决心弥漫其中，而主体解构之计划和策略也大致相仿。在这一特殊时刻，后马克思主义应运而生：它的兴起表明了一种决心，即揭示出那种隐藏的多元主义历史，揭示出那些隐藏在团结表象背后的东西。[①] 因此之故，后马克思主义者大都反对总体化及宰制性写作，赞成多

---

* 张中，江苏睢宁人，文学博士，哲学博士后。山东大学（威海）文化传播学院讲师，硕士生导师，主要研究方向：西方哲学、美学、中国现当代文学。

① ［英］斯图亚特·西姆：《后马克思主义思想史》，吕增奎、陈红译，江苏人民出版社 2011 年版，第 8 页。

元主义、差异，强调他者、政治自发性，以及激进写作。在这些理论家中，少有坚定的马克思主义信徒；他们大多是同情者，而有的却是激烈的反对者。不过当写作日益储备强烈的政治意涵之时，马克思主义竟然成为其共同的武库。萨义德指出，写作属于一个言说系统，它要综合诸方面因素才能被理解；那么，只做马克思主义式的文学分析并不能构成在伟大世界中的政治计划的基础。正因如此，萨义德始终强调所谓"现世性"批评。这种"认属性"标志着书写与批评需要走向其"具体情境"，亦即与当前的政治和伦理紧密相连。人们或许认为，这类书写会损害理论的纯洁性；但重要的是理论的效价，而非其纯洁性。因之，福柯、德勒兹、朗西埃或萨义德，这些后马克思主义者或准马克思主义者在一定程度上拓展了马克思主义的理论视界，并使之与文学形成有效链接，并最终实现文学及理论的交互共生。

一 主体，或真理

马克思在《神圣家族》中说，历史什么事情也没有做，它并不拥有任何无穷尽的丰富性，它并没有在任何战斗中作战！创造这一切、拥有这一切并为这一切而斗争的，不是"历史"，而正是人，现实的、活生生的人。"历史"并不是把人当作达到自己目的的工具来利用的某种特殊的人格，它不过是追求着自己目的之人的活动而已。由此可见，劳动的、说话的"人"，鲜活的生命是关键。马克思把人放在当下和未来加以考察，于是人成为积极进取的主体，成为改造世界的主体。那么，思想的运动是怎样运作的？我们怎样才能把思想从历史的尘埃中解放出来？巴什拉指出，"一旦进入精神的梦想，我们就超越了历史，也超越了心理学。"[①] 这意味着，要给精神以自由，让行动成为主导，而非按历史行事。思想运作实际是一个自由实践的过程，也是自我确认和自我超越的过程。在这一过程中，主体的存在与非存在、内在与外在、意识和非意识都会随时出现，并不断延展和增殖。这正如哈贝马斯所言："人在自我意识中认识到自己处于在场状态，一旦他意识到自己是唯一自主和有限的存在，他就必须承担起超人

---

① ［法］加斯东·巴什拉：《梦想的权力》，顾嘉琛、杜小真译，华东师范大学出版社 2013 年版，第 28 页。

的使命，建立起事物的秩序。"① 当然，马克思早已认识到主体的异化问题。虽然异化的根基在于经济基础、剥削方式和程度，但从差异政治角度来看，它首先植根于不同文化、经济和政治层面的冲突或差异之中。按此逻辑，主体与客体在资本主义时代变成了对立关系，而对象化也成为异化。如此一来，主体在马克思那里也就必然成为难题。于是在《共产党宣言》中他告诫我们说，主体的位置在资本主义商品化之下已经变得不再稳定可靠。② 不过，或许是审美现代性给予马克思以自由信念，因而他更强调此种困难的内在解决。事实上，马克思主义的文学观念正是建立在这一积极立场之上的。

问题是，马克思的主体依然显示了本质主义的幻象，他似乎没有、甚至也未曾打算解构主体。正因如此，后马克思主义不仅不再对主体存在幻想，反而试图摧毁它。于是，继尼采宣布上帝之死后，福柯宣布人也死了。这是一次激进的思想革命，也是剧烈的自我解构。尼采的"上帝之死"，对巴塔耶来说是"自我之死"，而到福柯这里则演变为"人之死"。福柯在尼采作品中看到根除人类学的尝试，他认为尼采通过语文学批判和某种生物主义发现人与神相互属于；而在此刻，"神之死与人之消失同义，超人的允诺首先意味着人之死。"福柯认为，"上帝之死不是为我们恢复一个受限和实证的世界，而是恢复了一个由经验而揭露出其各种限制的世界，此世界被那僭越它的过分行为制造和拆解。"③ 那么，上帝之死不仅仅是一个形成当代经验的"事件"，它还持续无限地追踪其伟大轮廓的痕迹。对巴塔耶来说，"伟大轮廓"是指生活原初的样子，以及那不可能性的可能经验。不过重要的不是这一行为的后果，而是行为本身。或者说，尼采

① ［德］哈贝马斯：《现代性的哲学话语》，曹卫东等译，译林出版社 2004 年版，第 307 页。

② 马克思在此写道："生产中经常不断的变革，一切社会关系的接连不断的震荡，恒久的不安定和变动，——这就是资产阶级时代不同于过去各个时代的地方。一切陈旧生锈的关系以及与之相适应的素被尊崇的见解和观点，都垮了；而一切新产生的关系，也都等不到固定下来就变为陈旧了。一切等级制的和停滞的东西都消散了，一切神圣的东西都被亵渎了，于是人们最后也就只好用冷静的眼光来看待自己的生活处境和自己的相互关系了。"（参见《马克思恩格斯全集》第 4 卷，第 469 页）关键是，社会分化带来的不仅仅是斗争，它还激发我们去重新审视主体和民主本身。因为，"大众并非是'多'的无序的动荡，而是围绕着排斥性的'一'的激情而形成的仇恨性的聚集。"由此来看，哲学似乎误解了大众的真实意象，从而使自己身陷囹圄（参见朗西埃《政治的边缘》，中译本，第 27 页）。

③ Michel Foucault, *Aesthetics*, *Method*, *and Epistemology*: *Essential Works of Foucault* 1954—1984 (*Vol.* 2), ed. James D. Faubion. Penguin Books, 2000, p. 72.

思想所预告的就是上帝的谋杀者之死；就是人的面目在笑声中爆裂和面具的返回；就是时间的深层之流的散布，人感到自己被这个深层之流带走了，并且人甚至在物的存在中猜想到了它的影响；这是大写同一的返回与人的绝对散布的等同。① 甚至，尼采在今天仍从远处一再向我们指明这个转折点，他断言人的终结比上帝的消失（或死亡）更为紧迫。在福柯眼中，大写主体之"人"已伴随上帝的死亡烟消云散，因此需要寻回那个活生生的、说话的和劳动的人。当然这并非指生物性之"人"，而是指鲜活的、说话的和能动的自由"个体"。就这样，"一个高高在上的、操纵、保证意义并将意义永远固化的起源性权威被移除了。"②

在齐泽克眼中，马克思和拉康都希望超越纯粹的表象或"症状"，看到个体在其行为和社会关系中的真正动机。那么作为一种匮乏的主体，拉康主义的主体使我们能够突破在后马克思主义中的某些本质主义残余，从而进入激进政治的所谓"不可决定的地形"。追随拉康和齐泽克，拉克劳和墨菲在证实现代社会的碎片化基础上，深度质疑了固有主体的地位，进而对"作为匮乏主体的主体"进行辩护。他们认为，我们需要走向一种"结合原则"：即，承认改变各种联合的复杂性和那些困扰社会行动者的大量矛盾，并在自己的分析中解决它们。于是，差异不再是边缘化的东西，反而转变成为社会想象的中心，成为反抗霸权和辩证法的激进政治概念。③ 在这一场景下，文学及其批评藉此成为批判的武器，但它也必然成为武器的批判。德里达曾说："欲望追求在场与非在场的外在性。……言语始终是自由的最好表达。"④ 文学实践体现的就是欲望的发现和表达，而它将会不断自我阐释与缝合。无论是作者还是读者，在这一文学实践中均各自展示主体的自我解释运动。朗西埃认为，"文学已经成为一个强大的自我阐释的机器，也是使生活重新诗意化的机器，它能够将日常生活的所有废料转变为诗歌实体和历史符号。"⑤ 那么，文学是模仿的还是真实的？这个老问题困惑人们千年，却从来没有被真正解决过。特里林指出，真实意味着

---

① ［法］福柯：《词与物》，莫伟民译，上海三联书店 2001 年版，第 504 页。

② ［巴基斯坦］萨义德：《开端：意图与方法》，章乐天译，生活·读书·新知三联书店 2014 年版，第 484 页。

③ ［英］斯图亚特·西姆：《后马克思主义思想史》，吕增奎、陈红译，江苏人民出版社 2011 年版，第 19—73 页。

④ ［法］德里达：《论文字学》，汪堂家译，上海译文出版社 2005 年版，第 242—243 页。

⑤ ［法］雅克·朗西埃：《文学的政治》，张新木译，南京大学出版社 2014 年版，第 39 页。

向下运动，穿过所有文化的上层建筑，到达一个地方；一切运动都在这里结束，也在这里开始。从这一角度看，文学真实首先意味着主体的自我分析和自我省察，以及自我批判与自我建构。可惜的是，我们在当代小说创作中看不到这些。西方现代文学曾经以巴尔扎克、托尔斯泰和塞万提斯等叙述大师引以为傲，然而当代文学却故意让主体退隐，让叙述者隐匿。特里林认为，叙述曾经是小说创作最重要的手法，但现在写小说的人总是千方百计躲避、模糊或掩饰讲述行为。看起来这是一个值得同情和哀悼的悲剧事件，但在后马克思主义者眼中，这却是文学新的可能性之路。同时，主体还在这里展示了自身，并向书写灌输真理。比如朗西埃就曾说，"现代小说则表明，书写的权力同文字的扩散是相互关联的，文字没有正当性的躯体却走遍了世界。"① 或许，走向一种无主体的主体正是新的主体性真理，而它凭借的正是语言。

福柯说，"文学，只有达到了一种强烈的展示自我的程度，才是一种不断接近自身的语言，确切地说，它是一种尽可能远离自我的语言。"与自身的分离，预示着文学所创造的外部空间反过来进一步强化了其要求，而这一要求迫使作者抹除自身痕迹。与罗兰·巴特的"零度"写作和布朗肖的"中性"书写相仿，福柯强调作者必须努力抹去自身。在他看来，当语言掌控人后，它就会把后者缩减为一个话语的功能。② 从文学理论角度看，福柯的（反）话语和作者这两个概念意义重大。前者可使我们在研究文学文本时考察现实权力与历史权力，进而思考文学文本生产问题；而后者则有利于我们解决文本与环境之间的矛盾。从作者之死到话语理论，福柯凭借的是文学的语言分析，而他所获的经验则是一种直觉性体验。这种体验并不要求规范化，毋宁说，它更喜欢个体性之呈现。质言之，只有这样做才能恢复感性经验，才能发现权力和真理的衍化过程。按照福柯，语言的"越界"是通向"外部"的关键路径："语言，既不是真理也不是时间，既不是永恒也不是人类；相反，它总是外界的解散形式。"事实上，

---

① ［法］雅克·朗西埃：《词语的肉身：书写的政治》，朱康、朱羽、黄锐杰译，西北大学出版社 2015 年版，第 138 页。

② 为此，福柯曾经写下《何谓作者？》（1969）这篇著名的文章。此外，他曾戏谑说要出版抹去作者名字的作品，让人们自己评说。他甚至还曾说，"是什么人写作，有什么重要？"或者，"谁在说话有什么关系？"（See：Michel Foucault, *Aesthetics*, *Method*, *and Epistemology*：*Essential Works of Foucault* 1954—1984 （*Vol.* 2）, ed. James D. Faubion. Penguin Books, 2000, p. 222）

福柯是从布朗肖的小说中看到这种"外界经验"的。为此他指出，小说不在于展示不可见，而在于展示可见物的不可见性的不可见程度。这种"不可见性"意指"外界"，而它也正是福柯长期以来迷恋的东西。对"越界"的迷恋体现了他对自由书写的渴望，以及对现存文化秩序的挑战。总之，早期福柯尝试越出语言的边界，并创制一个"外部"空间。对他来说，"文本的边界不仅仅是空间或修辞政治的分界线，更是持续不断的变化过程中临时的差异界限和暂时的建构手段。"① 从语言出发，福柯试图解构主体；而在寻找外在性的过程中，他看到的则是文学的虚构之力。

文学是主体个性化的展示，也是另一种"真实"。后马克思主义者强调个体性之感受、体验和生命，而这些都能在文学实践中被获取。当福柯强调作者仅仅是话语功能的替身时，他一定是将文学与生活的界限取消了。朗西埃说："文学讲述事实，把事实提供给我们去感受，将这些个体性从个体化和客观化的链条中解放出来。这就是实现文学和生活同一性的适当方式。"② 显而易见，文学既是主体的训练场，也是生命的阿里阿德涅之线。在某种程度上，从事文学创作与文学阅读的价值和作用是相同的；二者都以主体和真理的交互发现、交相反馈为目的。或许我们可以认为，拉康、福柯与德里达都是出色的"文学家"；而萨德、卡夫卡和鲁塞尔也均为优秀的"读者"。萨义德指出："每一部小说都是某一种形式的'发现'，同时也是让'发现'去适应社会范型——即使不是社会范型，也是一个特定的'小说化'的阅读过程。"③ 这就意味着，文学实践是一个综合性主体运作过程，而其表现形式也包括身份的曲折、惋转与认同。按照福柯的思路，文学是通达"外界"的道路，是显示真理和自由的必然之途。我们知道，马克思从文学作品中得到的启发其实远多于他从生活中所获得的真理。他相信文学所带来的真理，并将其运用到其科学理论之中。后马克思主义者虽强调真理的相对化和生产性，但他们均看重文学实践所引领的真理探索。比如，通过对弗洛伊德《狼人》的分析，朗西埃就告诉我们，文学的真理首先是记录在事物上的真理机制。重要的不是物体本

① ［德］施瓦布：《文学、权力与主体》，陶家俊译，中国社会科学出版社 2011 年版，第19—20 页。

② ［法］雅克·朗西埃：《文学的政治》，张新木译，南京大学出版社 2014 年版，第87 页。

③ ［巴基斯坦］萨义德：《开端：意图与方法》，章乐天译，生活·读书·新知三联书店 2014 年版，第138 页。

身，而是思想如何操作。文学真理的产生源于真实与幻想之间的折返和交叠，它可以体现在任何人那里，但却是以语言为标识出现的。在这里，"真理通过将不起眼的表演转换为能标志事件异质性的符号而获得。真理还将通过翻转某种言语去对抗虚无言语而获得，而这种言语就记录在事物中，通过相反物的游戏而获得。"① 因之，在小玛德莱娜甜点里，在那餐叉的叮当声，或触摸餐巾破碎褶皱的感觉中，普鲁斯特获得了关于这些事件的真理，以及关于时间的真理。事实上，普鲁斯特创造的无意义之"废话"并不比福楼拜少，但二人均赋予语言以极大权能，从而寻获文学的真理。在极端情况下，语言可能还会实现能指的漂移，并使书写成为真理的延宕。萨义德指出，"像巴塔耶、萨德和弗洛伊德这类作家的意义，就在于因为他们的存在，甚至性关系都被非自然化了，都被扔进了语言的空空如也的空间里，由后者来支配。"② 由此来看，语言本身已经成为主体和真理的策源地。

一个真实的事件必然指向历史，而后者也往往被认为是真理的栖息地。不过，福柯曾在访谈中指出，他关注的是知识、学术和理论同真实历史之间的奇特关系。他关心的不是"真实"或"虚假"的历史，而是一种具有政治重要性的真言化体制的历史。福柯说，"真言化体制不是某种真理的律法，而是一组规则，这些规则可以使一个既定的话语确定出那些陈述在其中可能被刻画为是真或假。"此外他还进一步指出，从浪漫主义到法兰克福学派，人们一直进行的质疑合理性以及对所特有的权力重压的批判与他自己的工作并不相同。因为，他所从事的对知识的批判并不在于揭露被理性压制的东西，"对知识所作的政治批判并不在于驱逐被确认的整个真理中所存在的权力的自大……我所提出的批判在于确定在哪些条件下并且会产生哪些结果，某种真言化才得以实施……相关于某些证实和证伪规则的一类系统表述才得以实施。"③ 于是在《性经验史》中福柯断言，仅仅研究局部焦点对分析权力和知识并不足够，我们必须要去追踪总体策略的更大线索。那么，历史就是其批判线索之一。按照福柯，历史永远是

---

① ［法］雅克·朗西埃：《文学的政治》，张新木译，南京大学出版社2014年版，第235页。

② ［巴基斯坦］萨义德：《开端：意图与方法》，章乐天译，生活·读书·新知三联书店2014年版，第467页。

③ ［法］福柯：《生命政治的诞生》，莫伟民、赵伟译，上海人民出版社2011年版，第30—31页。

权力的历史——权力既是历史的主体，也是其客体。历史不仅限于描述权力的发展，而它本身也构成一个权力的事件，它是权力对自身的论述。换言之，"历史，就是权力的话语，义务的话语，通过它，权力使人服从；它还是光辉的话语，通过它，权力蛊惑人，使人恐惧和固化。"① 历史在话语中显示权力，但历史空间指向的却是外部。本质上说，它以运动的方式展现力量关系，并显示出一个又一个偶然和间断的历史瞬间或时间碎片。显然，福柯更为看重的还是"偶然冲突"、僭越、与必然性的对立以及事件的独特性——这些打破元叙事、连续性和既有的语言游戏的行为。或者说，他在意的是寻找"击破"点，亦即那些能暴露出种种美丽的断裂和响亮的异议的感性地带。② 福柯对历史档案的处理不仅表明其立场，也使得"真理"被重新考察和布置。正如在"文学时期"所做的那样，福柯始终将主体、权力和真理问题连接在一起思考，因而他获得了许多特异性看法。当然，对后马克思主义者来说，对一系列等价物的清晰说明，总是依赖社会—历史进程的绝对偶然性。③ 以此来看，福柯是他们的先驱和激进引导者。

德勒兹曾说："真理并不是必须建筑在发现真理的方法之上，而是必须建筑在欲求真理的手段、程序和进程之上。"④ 那么，在通往主体解放的道路上，文学书写和历史书写都暗含自我解释的意图，而主体自身也在其中寻获属己的真理。主体在语言中的消散伴随着语言碎片的熠熠生辉，相反地，真理却在其中自行涌现。从萨德、巴塔耶，到布朗肖，文学书写以超越性姿态显示了这一点，而文学批评也在其间找到新的生长点。萨义德认为，"任何传达主体的意思的尝试，都总是包含着主体对自己的客观化……自我的话语就是一种永远在距离之外的言说，其真实的、难以捉摸的主体被清空了，从而让实存的自我拥有可为他人所见的、外在于自身的清晰鲜明。"⑤ 由此可见，主体与真理始终处于相互增补和互为条件的网络链条之上。当梅洛—庞蒂以身体—主体取代传统意识主体之时，他实际已

---

① ［法］福柯：《必须保卫社会》，钱翰译，上海人民出版社 2010 年版，第 50 页。

② ［法］阿兰·布罗萨：《福柯：危险哲学家》，罗惠珍译，漓江出版社 2014 年版，第 6 页。

③ ［斯洛文尼亚］齐泽克：《意识形态的崇高客体》，季广茂译，中央编译出版社 2014 年版，第 5 页。

④ ［法］德勒兹：《哲学与权力的谈判》，刘汉全译，商务印书馆 2000 年版，第 132 页。

⑤ ［巴基斯坦］萨义德：《开端：意图与方法》，章乐天译，生活·读书·新知三联书店 2014 年版，第 458 页。

经看到真理就在前者的运作之中。凭借对文学、历史和艺术的越界探索，后马克思主义不再迷恋主体的超越性权能，而是努力发现自我祛魅和真理建构的路径。巴迪欧认为，只有在无客体的主体的道路上，我们才能重新回到诗人时代，而它也是哲学复兴的核心问题。为此他坚持说，一个单独的概念，即类性程序概念，包含了真理和主体的去客体化，让主体表象为事件之后没有客体的真理单纯的有限碎片。① 就这样，马克思主义的总体化真理观，以及主体的无限权力逐渐退隐。因为后马克思主义者认识到真理永远是有限的，所以主体在其中首先要做的就是直觉或体验。或许如萨义德所言，重要的不是揭开人类真相的一种方式，而是深入参与人类体验的一种方式——就像梅洛—庞蒂或福柯所做的那样。

二 多元与差异

特里林认为，"在我们今天的文学中，根本不存在幻想中的秩序、和平、光荣与美之类的标准。我们或许可以从它的缺席中看到它的在场：当代文学的特征就是痛苦而轻蔑地拒绝这一标准，由此我们可以认为，这是对幻想不可能实现的一种绝望的表达。"② 那些曾经的崇高元素和美的尺度，在现代性和后现代主义的逼仄下逐渐烟消云散，它留下了一个个空无的座席。即便对文学依然饱含渴望和诗意想念，我们也不得不仔细查验这些空场所留下的虚空之程度。怀旧主义者批判当代文学，因为他们在其中看不到任何希望——在这桩极其冒险的文学生意中，他们早已心猿意马或意乱情迷。假如以更放松的心态和更宽广的视野来看待现当代文学，我们一定会发现福柯和德勒兹等人的见解其实是有趣的和富有建设性的。总体

---

① 巴迪欧的哲学源自于对真理和事件的分析，而这主要建立在柏拉图、马克思和康托尔的思想之上。在他看来，哲学存在四个前提：数元、诗、政治和爱。巴迪欧把这些前提的集合称之为"类性程序"，后者对真理生产的程序作出说明和归类。它分别对应四种真理：科学真理、艺术真理、政治真理和爱的真理。事实上，这正是巴迪欧"存在和事件"哲学的核心概念，他最终认为"真理之源就是事件的秩序"。（参见巴迪欧《哲学宣言》，中译本，第10页及以下）按照这样的逻辑，巴迪欧宣扬所谓"非美学"之观念。该观念认为：首先，艺术并非哲学的附庸，它有其独立的思想；其次，艺术是真理的生产者；第三，反对思辨美学。事实上，巴迪欧使得文学和艺术获得了创造真理的权能，从而超越了传统美学方案（参见艾士薇《阿兰·巴迪欧的"非美学"思想研究》，武汉大学出版社2014年版，第115页及以下）。

② ［美］莱昂内尔·特里林：《诚与真》，刘佳林译，江苏教育出版社2006年版，第41—42页。

而言，后马克思主义者认为多元主义意味着马克思主义总体化视野和宏大叙事的终结，而它以"差异"为标志。差异这一概念源自于黑格尔，但他认为差异只是暂时性和否定性的，而差异也最终将在一元总体性中被克服。不过，德勒兹从柏格森和尼采那里获得启发，不仅强化了后者的多元主义，而且也使得前者的差异观念获得新生命。进入现代以来，许多文学作品从种族主义、女性主义和个体流亡等角度阐释了差异及其政治想象。按照齐泽克、拉克劳和墨菲，差异政治就是激进的自我解放之路。不过詹姆逊似乎对此信心不足，对他来说，"差异没有提供任何一种文化变革的议程，差异的形式仅仅是我们所陷入的文化停滞的另一个症候。"① 相较而言，德勒兹更强调一种作为思想的"差异"，而它与主体化和个体性紧密相关。这位思想家在《千高原》中指出，"存在着一种个体化的模式，它迥异于一个人、一个主体、一件事物或一个实体的个体化"，它就是所谓"个体性"。由此可见，差异就在于个体性本身。巴迪欧曾以道路两边的梧桐树为例来说明本体论差异存在的意义，他认为差异是绝对而个体性的。因为尽管这些树都以相似的表象或模式而活着，但它们是绝对不同的。巴迪欧强调，"任何差异，即便是被证明只有一丁点不同，都会导致它们在本体上的绝对差异。"② 事实上，德勒兹强调的就是这种绝对差异和本体差异；而且作为尼采主义者，他是反黑格尔和马克思的。总之，他拒绝同一性、总体化和辩证法，而赞同多元和差异。因而詹姆逊认为，德勒兹是一个本体论者，他研究的是差异本体论而非同一性。

福柯指出，《反俄狄浦斯》③ 向我们表明这一观点：即，要热爱积极和

① ［英］斯图亚特·西姆：《后马克思主义思想史》，吕增奎、陈红译，江苏人民出版社 2011年版，第 72—73 页。

② ［法］巴迪欧：《第二哲学宣言》，蓝江译，南京大学出版社 2014 年版，第 69 页。

③ 作为颇受争议的哲学名著，《反俄狄浦斯》是德勒兹和加塔利首次合作与思想实验的结晶。该书之所以受到广泛关注、欢迎与非议，就在于德勒兹批判了那种陈旧的、法律的、政治的和道德的——甚至是哲学的传统与范畴。它虽以精神分析为批判标靶，但其论述目标极为宽泛、论证也极具穿透力；并且提出著名的"精神—分裂分析"（Schizanalysis）思想（在他们看来，这就是一种"微观政治学"）。概言之，重新发现由无意识的内在法则所确定的先验无意识，及其相应的实践活动就是所谓的"精神—分裂分析"，它是革命性的、唯物主义的精神病学（参见黄文前《德勒兹和加塔利精神分裂分析的基本概念及其特点》，引自《国外理论动态》2007 年第 10 期）。用德勒兹自己的话来说，"精神分裂分析只有一个目标，那就是让革命机器、艺术机器、分析机器成为彼此的零件和齿轮。"（参见德勒兹《哲学与权力的谈判》，第 27 页）同时，该书还隐含了德勒兹差异与自由的哲学观念。福柯曾为该书作序，并认为此书是一部伦理学著作：它提醒我们要时刻警惕法西斯主义——尤其是我们头脑中的法西斯主义。

多元的事物，差异超过一致性，流胜于统一，运动协调胜于体系；相信生产不是固定不动的，而是在于游牧。实际上，这部著作首先要摧毁的是权威的内在化，而它对差异和多元呼唤所显示的就是一种后马克思主义姿态。体现在文学中，多元与差异首先显示为混杂："文学有趣之处，而且每件事物有趣之处，在于它和其他事物混杂的程度，而不是它的纯粹。"①混杂体现出一种块茎和游牧思想，而这则是德勒兹的核心理念。在《差异与重复》中，"游牧"意味着由差异与重复的运动所构成的未被科层化的自由装配状态；而在《反俄狄浦斯》中，德勒兹则认为分裂症的本质在于欲望的自由游牧。② 与福柯相似，德勒兹也喜欢用文学作品来阐释自己的观点，不过他更偏爱所谓"少数（族）文学"。这类文学书写摒弃宏大叙事，体现差异、多样化和微观叙事。更为重要的是，"恰恰是在微小叙事相互竞争的现代世界中，修辞而不是理论的严格性变成了主流。"③ 于是，"少数（族）文学"对德勒兹来说就具有解放和创造性意义。此外他还认为，法国小说整体上是悲观与理想主义的；而英美文学则是生成和创造性的，它是"少数（族）文学"的代表。按德勒兹的说法，"多数主义文学"是传统和理性的象征，它们将自身呈现为对法则或独立于文本的含义的忠实描述。在那里，重复和再现是第一要义，而文本本身并不重要。多数主义文学是"镜喻"和"树喻"的代表，而"少数（族）文学"则恰恰相反。少数（族）文学重复过去和现在，是为了创造未来。它不依赖主体自身声音的回响，也不依靠传统理念的贯彻；而是直接听命于语言自身的权力，让语言自身说话。德勒兹从亨利·詹姆斯、菲茨杰拉德、劳伦斯、麦尔维尔和惠特曼等人那里看到少数（族）文学的魅力，不过他似乎更看重阿尔托、卡夫卡、鲁塞尔、贝克特等人创造性的"口吃"文学。对德勒兹来说，文学是一种力量的"配置"或"展布"，它与意识形态并不相关。当然，这种看法在正统马克思主义者看来一定是十分荒谬和危险的。然而，重要的是要看到文学的"块茎学"力量，以及由此而来的"游

---

① ［巴基斯坦］萨义德：《权力、政治与文化：萨义德访谈录》，单德兴译，生活·读书·新知三联书店 2006 年版，第 111—112 页。

② 麦永雄：《德勒兹与当代性——西方后结构主义思潮研究》，广西师范大学出版社 2007 年版，第 79 页。

③ ［英］斯图亚特·西姆：《后马克思主义思想史》，吕增奎、陈红译，江苏人民出版社 2011 年版，第 154 页。

牧（性）"创造。文学的"配置"类似欲望机器的自由运转，它将不断地解除被编码和辖域化的命运。德勒兹（和加塔利）的名作《千高原》是反资本主义逻辑的，而它本身其实也显著体现了解域化和块茎的特征：即，彻底的反系统，拼贴连缀的布片，绝对的散逸。当然，块茎（学）也一定是反谱系学的，因为它是一种短暂记忆或反—记忆。块茎是一架"生产机器"，它通过变异、拓展、征服、捕获和分衍而运作。块茎图式可以分离、联系、颠倒和修改，它具有多个入口、出口及逃逸线。按照德勒兹，"块茎"具有如下原则：即，联系性、异质性、多元性、反意义的裂变、制图学与贴花原则等。这是与树状结构相对抗的思想原则，也是自由的运作模式。

就像普鲁斯特和卡夫卡所认为的那样，只有成为少数的才能成为世界的——德勒兹也坚持这一点——而要成为"少数"，就必须运用"外语"写作。这里的"外语"并非语言学意义上母语之外的语言，而是指那种身处"外边"的语言（空间）。布朗肖说，卡夫卡就居处于这个域外的空间里，亦即身处彻底的外部性（无限性）之中；他用自己的"书写"指向外部。[①] 与之相近，德勒兹认为卡夫卡就是一个块茎，一个地洞——他很难进入，他是一个"少数（族）文学"的典型代表。事实上，生活中的卡夫卡也是游移不定的"多面人"，他时刻保持自身存在于一种"外部"世界之中。其实是在《卡夫卡：为弱势文学而作》中，德勒兹首次提出并阐释所谓"少数（族）文学"这一概念的。按其解释，这种文学就是所谓的"弱势文学"，它具有三个特征：语言脱离领土；个人与当前政治挂钩；表述行为的群体性配置。前两个好理解，但第三个是什么意思呢？其实，德勒兹想说的是"主体"的消退、隐匿，以及话语的蔓延。少数（族）文学没有主体，没有作者的主观加入，而是纯粹依凭话语进行"配置"。不过按德勒兹的阐释逻辑，弱势才可能强大，才可能具有革命性。这种看法看似是一种奇谈怪论，但德勒兹或许是想告诉我们如下道理："弱势文学"并不能用人数、地域或数量的多寡为其指征，它其实指的乃是一种既内在又外在的"生成性"文学。本质上说，"少数（族）文学"就是一种使用主流文学语言，同时又从内部来颠覆这种语言的文学样式。当然，这是"块茎"和"游牧"式文学，也是一种"解辖域化"的文学。我们说，

---

① ［法］布朗肖：《从卡夫卡到卡夫卡》，潘怡帆译，南京大学出版社2014年版，第300页。

"卡夫卡文学世界中的生成动物（the becoming—animal）——不再是人与动物的二元对立模式，而是人与动物的解辖域化，是处于一种流变之间的链接，是一个生成（becoming）问题，其容纳了最大的差异。"[①]那么，在不断的配置（dispositif）中，卡夫卡切实地实现了生成—动物、生成—弱势、生成—女人、生成—不可感知者（那个甲壳虫难道不是个好例子吗？），而文学也在其中实现自我的褶皱和去褶皱。不仅如此，德勒兹还在《千高原》中批判语言学，他甚至认为语言学没有任何本质性的东西。事实上，德勒兹真正看重的乃是一种所谓"精神—分裂分析"的语用学："句法创造或风格——这就是语言的生成。不存在词语的创造，也没有在句法之外具有价值的新词，这些新词正是在句法效果中得以发展。"[②]以此来看，德勒兹的语言观乃是一种凸显动态和生成的语言观——它强调运动、逃逸、生成和死亡——而在这一运动中，语言集中体现为皱褶和衍生，以及褶曲或裂变。按此逻辑，文学书写既是思想的僭越式体验，也是语言的动态性生成。在这一过程中，主体不仅悬置了成见，而且重塑了自我。当然，它首先要做的事情就是制造差异。

差异本身是对同一的反驳，也是对重复的去蔽。对后马克思主义者来说，差异体现平等、民主和自由。在某种程度上，文学书写和文学实践所蕴含的平等因素远多于政治领域，否则席勒、康德和德国浪漫派也不会迷恋于强调审美解放。进入现代社会，文学早已越出其固有疆界，它要寻获自身的政治，亦即文本的自由、平等和解放。即便是在人们不再迷信审美解放的今天，文学平等所表达的政治意涵要远大于作品本身。因而长期以来，文学家的工作似乎都在创造一种本体论的平等，其实这正是文学的形而上学固有的政治。用德勒兹的术语来说，这种平等乃是一种分子式平等，它是一种更为真实、更为深刻的平等。朗西埃指出，"平等的特征与其说在于总体化，不如说在于去类别化、消解秩序所设定的自然性，而代之以分化所带有的纷争的意象。它是不连续的分化的力量，并且总是重新开始，它把政治从种种动物性的意象之中摆脱出来：巨大的集体性的机

---

① 麦永雄：《德勒兹与当代性——西方后结构主义思潮研究》，广西师范大学出版社 2007 年版，第 168 页。

② Gilles Deleuze, *Essays Critical and Clinical*, Trans. Daniel W. Smith & Michael A. Greco, London & New York：Verso, 1998, p. 5.

体、为自然的循环和功能所证明的秩序的动物学、兽群的仇恨性的聚集。"① 这里说的是"政治"平等，但用来谈论文学平等也定当恰如其分。平等才能创造差异，而差异才显示平等，二者相辅相成。正是在这一意义上，德勒兹喜爱梅尔维尔的人物"巴特比"，因为后者正是差异的化身，亦即"特异者"。这一"特异者"以生成性和个别生挑战并颠覆了"模仿"的大厦，从而激发文学的自律与思想革命的展开。这是因为，"特异者不仅仅是文学生产的化身，他们还是摧毁父系共同体这一模型与复制品世界的神话人物。"② 如果与列维纳斯相遇，我们就会知道"他者"是外在的、绝对的和不可取代的。甚而至于，"我的人类主体性并不存在于任何我也许拥有或缺失的特性或能力，比如理性、自主或社会劳动，而是存在于我的感性中——也就是，我对他者的回应性中。"③ 这是一种伦理，也是一种政治。本质上说，列维纳斯的"他者"从反面确证了差异的激进政治意义。那么，以此逻辑为依凭的文学及其理论也就必然不断地越向他者、制造差异。形成"特异者"，就是制造"他者"。不过，因为他者固有的模式总是与一种或另一种的政治现实相关，所以要把更具政治警觉的分析形式同正在进行的政治和社会实践相结合。萨义德的这一看法不仅代表了后马克思主义，而且也深度暗示了文学与政治的紧密关系。在一定程度上，萨义德后殖民主义批评不仅复原了"差异"的原初面貌，而且赋予了文学以他性政治的意涵。他性政治的意义就在于其伦理和政治合法性，以及责任、感性和正义诉求的现实合理性——康拉德、奈保尔或图尔尼埃的作品恰好体现了这一点。

三　文学的政治

文学曾经是政治的附庸，也是道德的婢女。不过必须注意的是，它们并非文学和文学理论现代性的唯一阐释标准和解读路径——尤其是当人们

---

① ［法］雅克·朗西埃：《政治的边缘》，姜宇辉译，上海译文出版社 2007 年版，第 29 页。

② ［法］雅克·朗西埃：《词语的肉身：书写的政治》，朱康、朱羽、黄锐杰译，西北大学出版社 2015 年版，第 235 页。

③ 张永清、马元龙编：《后马克思主义读本》，人民出版社 2011 年版，第 135 页。

寄望于道德批评之时。① 马克思主义文学理论在其原初功用中主要是政治目的，因而它必然将文学归属于政治。20 世纪以来的文学批评与各种理论不断与马克思主义展开论争，从而促使文学与政治的关系不断被加以考量和追问。在此境况下，后马克思主义者重设文学的政治议题，他们谈论的是书写的"政治"，而非意识形态的"政治"。吊诡的是，文学的道德评判自古以来似乎并不受限制，然而其错讹和误导之处更为严重。詹姆逊认为，"伦理二元论对于其他的二元论而言意味着总是诱惑我们将善/恶这个轴重新插入应该不受它制约的概念领域，并且要求我们作出判断，而在那个领域，所有的判断都是不合适的。"② 正因如此，特里林从《拉摩的侄儿》中看到道德批评的一种反转意义：道德评价不是终极评价，不应该仅仅局限于狭隘的善恶领域来理解人的本性与命运。以此为鉴，他从法国文学中获得启发，最终认定"真诚"乃是文学及其书写的核心理念。这种"真诚"意指的是对自己及他人坦陈自己，书写者要承认其伤风败俗及惯常要加以掩饰的特性或行为——或许就像卢梭所表现的那样。③ 按照特里林，我们需要传承、葆有和发展一种"严肃艺术"，而它意味着要公开或暗地里与那种统治性文化保持对立。不过，萨义德却认为文学与批评是在"内部"进行对话，而不是公开的对立。问题在于，"身为批评家的我们今天最大的失败就是，我们似乎未能把我们的分析、我所谓的我们的批评作品（critefacts）重新连接上它们所源自的社会、机构或生命。"④ 概言之，文学

---

① 在《诚与真》一书中，特里林考察了狄德罗《拉摩的侄儿》中所出现的"诚实的灵魂与分裂的意识"之关系。他向我们解释说，席勒在看到狄德罗此书时欣喜若狂，黑格尔则读了席勒的这一译本并赞其具有非凡意义；而马克思和弗洛伊德都激动地阅读过此书，并作出经典评价——甚至弗洛伊德说自己据此创建了俄狄浦斯理论。事实上，他们都注意到了其中的异化、矛盾等因素，但他们似乎更倾向于像尼采那样认为"人真正形而上的命运不是表现在道德中而是表现在艺术中"。这就意味着，文学的政治与道德无关，一如黑格尔所言"道德评价完全是倒退，是正确认识人类精神的障碍"那样（参见特里林《诚与真》，中译本，第 27 页及以下）。不过，这一激进看法并不意味着文学要抛弃道德，文学理论要回到自说自话的奥吉亚斯羊圈；毋宁说，它们需要越出道德评价的窠臼，走上一条自我创生之路。

② ［美］詹姆逊：《辩证法的效价》，余莉译，中国社会科学出版社 2014 年版，第 266 页。

③ 卢梭的书写到底是不是"真诚"的，其实并不是一个容易回答的问题。毕竟，与奥古斯丁的《忏悔录》相比，卢梭在很多地方都在试图掩饰自己——他曝光的都是一些细枝末节，而非真正的"大事件"。尤其是当我们看过德里达的卢梭解读之后，我们会对这一点坚信不疑。当然，我们认为德里达关心的不是卢梭的"道德"问题，甚至也并非"真诚"问题；而是"文本"及其"游戏"问题。（参见 ［法］德里达《论文字学》，汪堂家译，上海译文出版社 2005 年版，第 206 页及以下）

④ ［巴基斯坦］萨义德：《权力、政治与文化：萨义德访谈录》，单德兴译，生活·读书·新知三联书店 2006 年版，第 25 页。

理论和批评的困难就在于，它在当代要么变得自说自话，要么脱离现世性情境。前者使得理论（批评）强加于作品之上，并自成传统；而后者则远离真正的认知和实践。在一定程度上，二者均属所谓"暴力批评"，它们都在客观上失去了伦理和政治实践之维度。故而，萨义德认为马克思主义的文学批评是限制远多于解放。

按朗西埃的看法，文学乃是"作为种种关于文学秘密终结之力量的无限的自我演证"，或"作为书写者之意象的不断转化"。正因如此，马拉美不再将一个文本看成是一本书，而是大写之书（The Book）。就这样，如萨义德所言，书写就是一切的一切，而不只是单一的某物了。文学是语言实践，也是自由的实现。文学提供了我们在言词的实际使用中的最高层次的范例，它是最复杂、最有价值的语言实践。① 在这一过程中，真实需要被表现，现实需要被再现。那么，何谓"真实"？什么又是"现实"？在古典写作向现代书写的演变中，文学彰显了语言的张力。奥尔巴赫在著名的《摹仿论》中讨论了《马可福音》中彼得不认主的经典片段，但他认为此时此地的彼得才是真实的和现实的。奥尔巴赫说，古典时代著作强调规范性、明确性和崇高修辞，从而遮蔽了真实，也限制了"现实的再现"。萨义德则进一步指出，作为奥尔巴赫全书的主题，"现实的再现"意味着一种活泼的、戏剧化的呈现，亦即每个作家实际上如何认识现实，如何赋予人物生命，如何阐明他或她自己的世界。不过，朗西埃从中看到的却是另一意涵：这是真正对人民生活的戏剧性呈现，它带着事件才有的那种非凡品质。他认为，借助彼得不认主的叙事，借助基督教言成肉身所特有的感性意指关系的影响，真正的"生活之书"即小说被创建出来。② 显而易

---

① ［巴基斯坦］萨义德：《人文主义与民主批评》，朱生坚译，上海三联书店 2013 年版，第 70 页。

② 在《马可福音》中，在面临生命威胁的一个夜晚，西蒙·彼得当众否认自己与已被拘捕的耶稣之间的亲密关系。萨义德和朗西埃都认为，奥尔巴赫在分析这一写实场景时还原了彼得自己的"现实"。诚然，作为一个曾经的渔夫、一个小人物——即便他是耶稣的得意门徒——在重压之下内心钟摆的摆幅何等剧烈，以至于无法自持。然而，这却是真实的，更是现实的呈显。信念促使彼得认为救世主会挽救回耶稣，但他依然疑虑重重，同时也既绝望又悔恨。不过在经历此事之后，彼得才知道耶稣显现和基督受难的真正意义。这种对弱点、小人物和真实感受的描述，除去事件本身的神学意涵，其意义正在于现实（主义）的书写本身——而它也正好应和着朗西埃所谓的"文学的政治"。（参见奥尔巴赫《摹仿论——西方文学中现实的再现》，序言及第二章；朗西埃《词语的肉身：书写的政治》，第 109—120 页；萨义德《人文主义与民主批评》，第 98—136 页）

见，奥尔巴赫阐述了书写原则的重大转变，他向我们描述了书写的"现世性"及其紧迫性。任何时候，文学实践如果脱离了现实或生活世界，其意义要么肤浅，要么萎缩。从感性出发，从真诚出发，这就是文学实践的首要原则，也是其起点与归宿。无论是巴尔扎克、马拉美，还是福楼拜、普鲁斯特，他们都是生活的描述者和美学家。如果理论家固守教条而不愿变通，那么其理论也终将失去生命，而它反过来又会伤害其主体之创生。伊格尔顿认为，马克思是最深刻的"美学家"，他相信人类的感觉力量和能力的运用。不过人类感觉的主体性是一种客观事物，是复杂的物质历史的产物，因此只有对象的历时性转变，感性的主体才能够生机勃勃。[①] 从这一角度来看，马克思践行了现世性原则，而其文学实践正好体现了现实的政治。

作为阿尔都塞曾经的学生，朗西埃也认为文学与政治关系紧密，不过此"政治"非彼"政治"。对他来说，文学是一种对抗力量的显现，也是一种"民主"力量的表达，它体现了一种"感性的分割"之后的世界。所谓"感性分割"是指"知觉、可见性形式和可知性模式之间的特定模式，使我们能将特定产品视为艺术"。为此，朗西埃具体划分出三种感性分配形式：艺术的伦理机制、再现机制和美学机制。[②] 此外，朗西埃还认为，所谓"文学的政治"包含如下含义："作为文学的文学介入这种空间与时间、可见与不可见、言语与噪声的分割。它将介入实践活动、可见形式和说话方式之间的关系。"[③] 正是在这样的分割之下，我们感受到一个或若干个共同世界。不过朗西埃批评萨特的所谓"介入"文学观，因为后者找到的仅仅是一种文学的外部的政治性，而这正是朗西埃所坚决反对的。重要的不是"意指"，而是一种"物质"。这种物质性彰显文学及其语言的特殊性，所以要将语言的交际功能与诗学功能分割开来。这样的文学才是真正的书写实践，才是民主的体现。朗西埃坚信，文学体现民主，书写展示民主。不过，文学的民主并不是那种制度化的展示，而是"倾向于打破表达与其内容之间的任何确定的逻辑关系"。按照朗西埃的激进分析，"民主这一理念并非是政权的名称，而只是我们同义反复地叫做民主本身的民主

---

① ［英］伊格尔顿：《美学意识形态》，王杰、付德根、麦永雄译，中央编译出版社2013年版，第183页。

② 饶静：《知识的帕索斯——评雅克·朗西埃〈审美无意识〉》，载《文艺研究》2013年第12期。

③ ［法］雅克·朗西埃：《文学的政治》，张新木译，南京大学出版社2014年版，第5页。

化的过程，因此民主是斗争的一个名称，是民主的民主化斗争的聚合。"① 显而易见，这一关于民主的看法早已不同于传统——它关注的是民主化过程，而非民主本身。而在另一个地方，朗西埃还曾进一步向我们指出："民主就是政治的主体化模式。……是一次特异性中断的名称，它中断共同体中诸多身体的分配秩序。"② 而且他认为，民主始终没有实现，它始终处于斗争或实现的途中。与之相应的是，文学（或书写）的民主对立于古典表现秩序，它展示了一种象征性断裂：物体与词语之间确定的关系秩序的断裂，说话方式、做事方式和生存方式之间的断裂。从某种程度上说，朗西埃的这一看法与福柯一致，因为后者也在其"知识型"中强调了这种断裂或不连续性。本质上说，马拉美、福楼拜的书写展示的就是这种文学的民主或书写的政治，而巴尔扎克也是如此。萨义德说，个人作品很重要的一部分就是：在此时此刻提升不满的感受。当然，他并非是要将我们变成为怀旧者或先锋派，毋宁说这只是一种态度、一种姿态。这就是文学民主的本真性含义：重新配置感性，让生活和生命自我呈显。我们知道，在分析巴尔扎克的小说《乡村教士》时，朗西埃再次重申了"文学民主"这一概念之意涵。他指出："民主不能仅仅被界定为一种政治制度，即诸种制度中的一种，其特征仅仅是另一种形式的权力分割。如果做更深刻的界定，民主是一种感性的分享，是一种感性场所的再分配。"③ 这就意味着，文学作为书写，它体现感性的重新分割和配置，它要体现生活的痕迹与生命的姿势。因之，如萨义德所言，马拉美、艾略特这类诗人的书写不需要成为文本。

从兰波的诗中，朗西埃发现一种新节奏，它奠定了一种新型文学关系。感性的分割体现的就是"如此这般"的文学的政治，它对组成世界的共同物体进行切割，并重新配置。同时，它也会对现世的主体加以分割，包括对其观察、命名和改造世界的能力进行分割和配置。这种新的配置方案恰好与德勒兹的"生成"和"布置"观念一致，它致使文学走向一种新的空间，并实现文本和主体的双重自由。正因如此，朗西埃强调："文学的历史特殊性不取决于语言的某种状态或其特殊用法。它取决于语言权力

---

① 张永清、马元龙编：《后马克思主义读本》，人民出版社 2011 年版，第 263 页。

② ［法］雅克·朗西埃：《歧义：政治与哲学》，刘纪蕙等译，西北大学出版社 2015 年版，第 129 页。

③ ［法］雅克·朗西埃：《词语的肉身：书写的政治》，朱康、朱羽、黄锐杰译，西北大学出版社 2015 年版，第 154 页。

的一种新的平衡，一种新的方式，该语言以让人看到和听到的方式行事。简言之，文学是一个识别写作艺术的新制度。"而这正如萨义德所言，语言乃是一种正在进行中的自我阐释，而非一个最初的既成事实。在《文学的政治》这篇著名的文章中，朗西埃坚持认为文学的政治体现的是三种民主：即，主题的平等和任何词汇及句子的可支配性；各种沉默事物的民主；无理由事物状态的分子式民主。这三种方式既是各自独立的民主形式，也是处于相互张力中的政治图式。质言之，文学的政治就是这三种政治的碰撞——它凭此张力体现各自的民主，也凭此探索极限经验。除此之外，朗西埃还说文学的政治乃是双重的，它是两种逻辑的相互交织。一方面，它标示着将表现赋予社会等级的差别体系的垮台；另一方面，民主写作树立一种新的诗学，它在词语的意指过程和事物的清晰度之间创造出另外的对应规则。从古典叙事到现代书写，实际上都体现了这两种逻辑的交响回音。我们说，当主体实现伟大平等之时，书写就必将成为一种政治力量，但丁的文学实践就证明了这一点。当然，伴随诗学政治的运转流变，福楼拜、巴尔扎克和马拉美则走向另外一条民主之路，而这种"元政治"书写甚至影响到了马克思和弗洛伊德。比如，当马克思向我们阐释商品和资本主义生产原理时，其文本参照和阐释行为却直接源自《神曲》和《人间喜剧》。因之，朗西埃认为马克思主义向文学借鉴了最为反常的原理，它使平凡事物恢复其超级感性和幻影的面貌，并使我们从中看到社会功能的数字式写作。① 虽然朗西埃在某种程度上夸大了文学的功能，但他却恢复了文学内在的政治力量。也就是说，他将书写本身看作一种平等、民主和解放的实践策略，从而还原了文学本身应有的阐释功能。按此逻辑，朗西埃认为福楼拜将文学绝对化了，他肯定了每一主体的平等价值，并使得书写转向自身："言语的一切幸福的化身，全部都源于叙事的秘密所做的支配，而文学知道，它不同于这种化身，它的力量仅仅是书写的力量。"② 就这样，文学获得一种表达和自我阐释的权力，不过后者却也将文学置于了伟大的孤独之中。

经由此意，当代文学的作品意义已越出文本，那么文本本身的意义何在呢？按照朗西埃的理解，对马拉美这类诗人而言，可能文本不仅仅在于

---

① ［法］雅克·朗西埃：《文学的政治》，张新木译，南京大学出版社 2014 年版，第 3—42 页。

② ［法］雅克·朗西埃：《词语的肉身：书写的政治》，朱康、朱羽、黄锐杰译，西北大学出版社 2015 年版，第 139 页。

"解释"神秘，而更在于"建构"神秘。这就意味着，文学的政治目的首先在于解释和建构，而非简单的摹写与演绎。如所周知，文学理论和批评需要从文本入手，但文学的民主却要求我们释放文本。萨义德认为，德里达的批评使我们陷入了（into）文本，而福柯却让我们进入（in）而又跳出了（out）文本。那么我们如何处理文本？如何理解那些附加文本呢？"现代文学的一个关键特性就是作家给自己的附随文本（paratext）——关于他在文本制作过程中出现的现实问题的文字——赋予的重要性。"① 为此萨义德解释说，詹姆斯、瓦雷里的笔记，卡夫卡、纪德的日记，里尔克的书信等都体现了这一点。关键在于，这类文本也是作家书写的一部分，哪怕它已经像巴塔耶所表现的那样毁掉了其他作品。换言之，这类文本体现的恰恰是更为真诚的书写，也体现了一种更为广义的伦理和政治之意涵。这是因为，"人并不只是写作，而是与其他作家和写作、其他活动、其他对象处于反对、对立或某种辩证的关系。"事实上，这也意味着写作的物质性存在正是凭此才得以实现的——甚至，它还需要有一种动力的网络来加以限制、选择、安排和形成。② 施瓦布认为，现代文学是一场变化多样的异质文化实践，其目的在于抵制语言的统一和符码化力量，借助语言的认知、交流和情感边界来扩展语言的边界。在这一过程中，主体将实现多样性增生，并使阅读成为文化干预和阅读政治的自主活动。③ 在另外一个地方，萨义德则进一步告诉我们，批评（或理论）不能假定其领域仅限于文本，甚至也不限于名著文本。它与其他话语都栖居于一个论辩激烈的文化空间之内，因此它必须把自身视为一个在人类主体上留下了持久踪迹的事件。如此一来，文学作为广袤文化领域的一个孤立围场（paddock）就消失了。最终，我们将能够使文学具有历史、政治和伦理的有效性，进而开始自由解读和书写。④ 从本质上说，朗西埃的文学理论主要在于还原文学自身的意义、价值和功效，从而使主体回返感性的自由创造之途。

----

① ［巴基斯坦］萨义德：《开端：意图与方法》，章乐天译，生活·读书·新知三联书店2014年版，第385页。

② ［巴基斯坦］萨义德：《权力、政治与文化：萨义德访谈录》，单德兴译，生活·读书·新知三联书店2006年版，第20页。

③ ［德］施瓦布：《文学、权力与主体》，陶家俊译，中国社会科学出版社2011年版，第19页。

④ ［巴基斯坦］萨义德：《世界·文本·批评家》，李自修译，生活·读书·新知三联书店2009年版，第398—399页。

个案研究

贺敬之的歌剧革命化民族化群众化论

杜寒风*

摘要 著名歌剧家、诗人、文艺理论家贺敬之对于中国歌剧的革命化、民族化、群众化进行了不懈的探索。常常是把三者结合起来谈的,把"三化"看作是一体的。其主张可以为今天发展我们民族的新歌剧,总结经验教训,走自己民族歌剧的道路提供"思想启迪、支持与引导"。

关键词 贺敬之;歌剧;革命化;民族化;群众化

20 世纪 50 年代,周恩来对音乐舞蹈提出了革命化、民族化、群众化的口号。著名歌剧家、诗人、文艺理论家贺敬之积极响应之,对于中国歌剧的革命化、民族化、群众化进行了不懈的探索。他曾主创的歌剧《白毛女》以其革命的内容和民族的特色成为里程碑式的作品。新中国民族歌剧虽然出现过困难和曲折,但其发展所取得的成绩也是有目共睹的。贺敬之在新中国成立后关注歌剧的发展,把它看作是我国社会主义文艺的一个重要组成部分。发表了歌剧的专论,或在相关文章中提及歌剧。本人已发表过《贺敬之继承与借鉴中外歌剧遗产论》、《贺敬之文论中的典型性格论》,与贺敬之的歌剧革命化民族化群众化论也有关系。本文就是对贺敬之的歌剧革命化民族化群众化论进行研究,应该能够为今天发展我们民族的新歌剧,总结经验教训,走自己民族歌剧的道路提供"思想启迪、支持

---

* 杜寒风,博士,中国传媒大学文学院教授,教研室主任,主要从事马克思主义文艺理论、美学等研究。

与引导"。① 走中国民族歌剧发展的正确道路，中国的歌剧才能有自己的地位，自己的特色，社会主义文化与资本主义文化的区别也就显示出来了，我们在艺术上才能正确处理好洋与中、古与今（旧与新）的关系。

"表现现代生活的歌剧和戏曲创作，……其中有的我们称之为'新歌剧'，有的称之为'新戏曲'。这是继承我们民族戏剧传统和发展这种传统的新的创造。就文学样式说来，它们是一种诗剧——民族形式的诗剧。诗的特点和民族形式的特点，共同表现在这些剧本中。它们或者是基本上采用民族的传统戏曲形式，或者是吸收民族戏曲传统的表现方法和艺术风格上的特点，而同时，又都是根据新内容的要求，在寻求着新的表现方法，创造着新的艺术风格。……我们已可以把它们通称为'新歌剧'了。这种新歌剧特别为我国的人民群众欢迎和重视。它们的重要意义就在于：用社会主义现实主义的方法，表现社会主义的思想内容，并且和民族形式的继承和发展结合起来。"② 贺敬之对我国新歌剧的性质、特征、意义做了概括，他不止一次强调诗的特点和民族形式的特点，突出了社会主义思想内容的表现。可见革命化、民族化、群众化是相联系的，是一体的。贺敬之在具体讲这"三化"时，会针对问题有不同的侧重，但是作为一体"三化"，是不能完全分离的，不相搭界的。如他曾对赫连尼科夫作曲、法依柯与维尔塔编剧、聂米罗维奇·丹钦科导演的表现苏维埃时代新生活的苏联歌剧《暴风雨》做过评价，就是一体"三化"的评价："这是一部苏维埃时代的新歌剧艺术的典范。我们看到了在歌剧艺术中的俄罗斯古典传统和社会主义现实主义美学原则的结合。列宁主义真理必胜的主题，通过音乐的、诗的和舞台的形象完整地表现出来。真正卓越的创造性的艺术技巧，向我们展示出来；苏维埃时代革命人民的心理的深刻描写和思想感情上完美的诗化；把普通人民的个人遭遇和整个的革命斗争的历史交织在一起的巧妙的艺术结构；强烈的戏剧性和音乐形式的和谐；生动而丰富的表演和优美而动听的歌唱的统一……"③ 贺敬之对之称颂有加，看到了它的

---

① 贺敬之：《寄语〈歌剧艺术〉》，《贺敬之文集》四·文论卷（下），作家出版社2005年版，第263页。

② 贺敬之：《〈1956年独幕剧选〉序言》（该文为贺敬之撰写，商得曹禺、陈白尘、赵寻三位的同意后四人共同署名），《贺敬之文集》三·文论卷（上），作家出版社2005年版，第66页。

③ 贺敬之：《欢迎苏联国立莫斯科音乐剧院在中国演出》，《贺敬之文集》三·文论卷（上），作家出版社2005年版，第43页。

内容和我国今天的现实生活是这样接近。他觉得，这部歌剧的演出，把我们带到当时的革命的真正"暴风雨"中去，使我们和主人公们一起呼吸、歌唱、斗争。而贫农李斯德拉特，他的兄弟连卡，中农弗罗尔和他的女儿娜达莎，这些人物和我们如此亲近，他们也正是活在我国现实生活中的人物。这是一个成功的剧目，使中国观众在情感上引起了强烈的共鸣。对中国歌剧来讲，自然也要和中国古代传统和社会主义现实主义美学原则的结合了，这里侧重讲革命化、民族化，但也不是没有涉及群众化，有中国观众的反映。

贺敬之认为，"歌剧，是我国社会主义文艺的一个重要组成部分。"①继承和弘扬革命的歌剧，是发展新歌剧的应有之义，不能漠视革命歌剧成功的经验，应从理论上加以总结，努力满足人民群众的日益增长的精神文化需要。新歌剧鲜明的时代精神和广泛的群众性的优良传统，要很好地加以继承。新歌剧的内容有革命性，创作不离革命的斗争与生活，革命歌剧的成功经验对新时期的歌剧创作有其历史与现实的启示意义。当然要学习革命歌剧的成功经验，在新的时代，能够反映人民群众的真实的生活，反映他们的意愿与要求、理想，才能具有鲜明的时代精神。"任何一种辉煌的形式，如果不表现内容，就是没有意义的或者意义不大的。从生活中找出歌剧来，从生活中提炼出歌剧来，提高到完美的高度。在这个意义上讲，我以为最主要的是去理解我们的时代精神，去打动千百万人的心。"②"要让社会主义时期新歌剧的声音更响亮些，让十亿人民都说歌剧真不错"。③民族精神与时代精神要能够表现出来，社会主义时期新歌剧才能让亿万人民在歌剧中感受到美和力量，歌剧成为亿万人民的精神食粮，这样歌剧在中国的大地上就一定会得到更多的人民群众的关注、爱护与支持，越来越多的人民群众参与到歌剧事业中来，歌剧创作演出才能长盛不衰，永葆艺术的鲜活之力。

贺敬之提出歌剧战线当前和今后一段时间的主要目标和任务就是：贯

---

① 贺敬之：《寄语〈歌剧艺术〉》，《贺敬之文集》四·文论卷（下），作家出版社2005年版，第263页。

② 贺敬之：《繁荣歌剧，开拓前进——在歌剧观摩演出座谈会上的讲话》，《贺敬之文集》四·文论卷（下），作家出版社2005年版，第101页。

③ 贺敬之：《在1986年歌剧交流演出闭幕式上的讲话》，《贺敬之文集》四·文论卷（下），作家出版社2005年版，第182页。

彻正确方针，增强自主意识，争取民族的、社会主义的歌剧艺术的新繁荣。"增强自主意识，就是增强社会主义的、民族的自主性。我们的新歌剧，既有别于封建主义的艺术，也有别于资本主义的艺术。对于古代和外国的艺术作品，要学习、借鉴，但不能拿这些东西来取代我们自己的创造。对于外国古典的和当代的优秀歌剧剧目，当然需要不断地介绍，用以丰富群众的文化生活，但我们自己的、社会主义的、民族的新歌剧，应在中国的歌剧舞台上占主导地位。对于革命新歌剧的优良传统，要很好地加以继承。这种继承不是墨守成规，机械地重复过去的做法，而是在新的历史条件下把过去的好传统发扬光大。新歌剧是新兴的艺术形式，向来是最勇于吸收、勇于革新的。……我们的改革开放，是在坚持社会主义方向、坚持民族自主性的前提下的改革开放。总之，我们要'自尊、自信、自强、自主'，不能模糊了社会主义的旗帜，泯灭了民族的特色。一个十一亿人口的社会主义大国，应当拿出有自己特色的歌剧艺术来。"① 贺敬之对民族的、社会主义的歌剧艺术的新繁荣寄予了厚望，社会主义的新歌剧，不同于封建主义的歌剧、资本主义的歌剧，要有社会主义的思想意识，有社会主义的审美理想与艺术追求。这属于人类歌剧艺术中的一个重要类别，需要新的创造。作为社会主义大国，既要有自己民族的特色，也要高举社会主义的旗帜。就是说，在此的吸收、革新，要继承革命新歌剧的优良传统，也要在新的时代有新的创造。民族的、社会主义的歌剧艺术自身，就有它的独特处、创造性，是走向世界所不可置换的，是中国这个世界上人口最多的国家应对人类歌剧事业应当作出的贡献。"新歌剧有一个很好的传统，就是鲜明的时代精神和广泛的群众性，它善于反映群众所迫切关心的社会问题，包括政治问题，它曾经在群众中有很广泛、很深厚的基础。这个革命传统应该发扬光大。更自觉、更鲜明地为人民服务、为社会主义服务，这不是对歌剧的束缚，恰恰会给歌剧的发展开拓最广阔的天地。"② "海阔凭鱼跃，天高任鸟飞"，歌剧为艺术家们施展自己的聪明才智提供了大有可为的艺术领域。现在不是"文化大革命"等政治上不利、妨碍歌剧创作的时期，当今歌剧创作上如无法引领广大的人民群众在审美

---

① 贺敬之：《争取民族的社会主义的歌剧艺术的新繁荣》，《贺敬之文集》四·文论卷（下），作家出版社 2005 年版，第 343 页。

② 同上书，第 345 页。

上升华，不从歌剧工作者自身找问题，完全推责于外部条件，则是不公允的。虽然发展中国歌剧有很多现实的困难，但不规避问题，有针对性地研究对策，寻找出路，就便于搞好歌剧工作，经过广大歌剧工作者的不断努力，体现出社会主义文化这一先进文化的世界观、价值观、审美观、艺术观，具有民族特色，形成民族的气派，民族的、社会主义歌剧的高潮终究会再度到来。

贺敬之认为："一台好的歌剧，首先是剧本要有深刻的思想内容，要唱出时代的声音，才能打动人心"。[①] 他提出：搞了反映我们自己的东西，反映得如何？这也还是问题。其中一个重点问题是：这部作品的内容与当今的时代和生活发生什么关系，能不能拨动人们的心弦，引起人们心底的共鸣？贺敬之提醒大家要把好剧本这第一关，要写千百万人共同关心的事情，要更多地贴近现实，则不管是现实题材，还是历史题材或神话故事题材，都需考虑。他形象地比喻歌剧不要满足于表现小的泡沫，而要努力去反映一个大的时代潮流中广大人民最关心的事物，这样才能有深刻的思想内容和典型意义。靠内容取胜是新歌剧作出成绩的重要原因。而歌剧内容与作品的不相称，内容的不足和不打动人，难以出现成功的歌剧作品。内容就是首先要考虑的，而不是把形式的位置摆得最重要。"我们新歌剧，过去还有一点成绩，首先也是靠内容。……歌剧《白毛女》在艺术方面也还存在许多不成熟的地方，但是，这个作品和当时其他一些作品，如《血泪仇》、《刘胡兰》、《赤叶河》等，确实反映了那个时代的激动人心的生活真实内容。它们不仅是喊出了正确的口号，同时，在艺术上还是能够打动人心的。后来的《洪湖赤卫队》、《江姐》也都是靠这些表现了革命的感情，描绘出斗争的画卷。我这样讲，不是说形式不重要。但是这些年来，歌剧作品的内容和形式有些是不相称的，内容的不足和不动人，这是个首要问题。粉碎'四人帮'以后，出现歌剧《星光啊，星光》、《火把节》等作品，比较受欢迎，原因首先也是由于作品的内容符合了当时人民生活的需要。"[②] 贺敬之看到了歌剧作品，在内容与形式上往往存在没有处理好两者关系的情况发生，这样就没有发扬好新歌剧靠内容取胜的这一优

① 贺敬之：《〈第一百个新娘〉及其他》，《贺敬之文集》四·文论卷（下），作家出版社2005年版，第20页。

② 贺敬之：《发展新歌剧的几个问题》，《贺敬之文集》三·文论卷（上），作家出版社2005年版，第497页。

势，内容的不足和不打动人，就难以获得群众的认可与支持。歌剧《白毛女》、《血泪仇》、《刘胡兰》、《赤叶河》及后来的《洪湖赤卫队》、《江姐》在内容上取胜，在形式上也有以情感人，使作品的内容与形式能够做到相称，才能得到观众的称赞。贺敬之回顾《白毛女》的成功，以为"就《白毛女》本身来说，对于它的效果的估计，则首先或主要的是由于内容，由于其主题思想的积极意义。……《白毛女》主要由于主题内容获得效果，而形式或技术方面则存在着不少缺点"。[1] "歌剧《白毛女》作为具有广泛群众性的集体创作，作为在毛泽东文艺思想指导下产生的表现人民群众斗争生活并力求能为人民群众喜闻乐见的一部探索性的民族新歌剧，无论以往和今后，都需要接受人民群众的检验，都需要为继续提高而不懈地向广大观众、读者和同行们学习，吸收舞台实践的经验和文艺批评的意见，这是毋庸置疑的"。[2] 贺敬之等人不认同就艺术表现问题，忽视民族风格和民族艺术经验，离开人民文艺应有的革命创造精神，以西洋歌剧为唯一圭臬，独尊某一类西洋大歌剧为标准模式，否则便是艺术水平低下，甚至不能算是"歌剧"的意见。写出时代的声音，就要符合那个时代人民群众的心理。"《白毛女》、《刘胡兰》就是写了那个时代的斗争，符合那个时代人民群众的心理。人们的思想是各式各样的，现在不打仗了，想把握住人们的心理比那个时候困难得多。作者需要非常关心时代的脉搏，认真研究人民群众的时代感情，才能捕捉住它。"[3] 贺敬之看到了战争时期与和平时期人民群众心理的不同变化，把握住现在人们的心理较之以往困难，不同群众的需求也出现多样化，不与时俱进，研究穿透时代的精神与人们的心理，就难以创作出紧密联系当下生活、反映不同群众诉求，表现不同群众生活的歌剧出来，与观众产生了相当的距离，怎么会让观众喜欢、赞美呢？贺敬之关心当今歌剧的创作，他举出了理论能够引起人共振的内容，如爱国主义的思想内容很容易被人们接受，写伦理道德和人与人之间的关系也容易使人动情。写这样内容的歌剧，易让观众抓住感兴趣。

---

[1] 贺敬之：《〈白毛女〉的创作与演出》，《贺敬之文集》五·歌剧歌词卷，作家出版社2005年版，第230页。

[2] 贺敬之、张鲁、瞿维：《2000年〈白毛女〉重版前言》，《贺敬之文集》五歌剧·歌词卷，作家出版社2005年版，第7—8页。

[3] 贺敬之：《〈第一百个新娘〉及其他》，《贺敬之文集》四·文论卷（下），作家出版社2005年版，第20页。

　　贺敬之说道:"就各个时代间的差异性来说,我国新歌剧应当是社会主义的新歌剧。在它的发展过程中,强调主导性和强调丰富性是一致的,因之提倡主旋律和发展多样化同样重要。不仅在形式风格上,也在思想内容上都要百花齐放、多姿多彩。但是,不能因此就不要求表现社会主义思想内容的主旋律以及与之相适应的社会主义艺术的审美特征,不能由此而放弃使主旋律在整个新歌剧艺术中居主导地位的努力。新时期前存在的狭隘化、单一化的现象不应重复,而近年出现的否定社会主义主旋律,以至要对整个社会主义文化进行'消解'的噪声可能会对歌剧界产生某些干扰,则更应引起警觉。"① 歌剧创作要有表现社会主义思想内容的主旋律,不应被边缘化,居主导地位是发展社会主义文艺的必然选择,新歌剧要明确为人民服务、为社会主义服务的方向,不可迷失方向,没有重点。贺敬之充分肯定丁毅在剧本创作、剧团领导工作、歌剧界的理论活动和社会活动等多方面都作出了众口称道的贡献。贺敬之称赞丁毅道:"作为一名革命老战士和革命艺术家,作为解放区成长起来的一位富有西洋音乐修养的歌剧剧本作家,他始终不改'搞歌剧是为搞革命'、'歌剧理想离不开革命理想'的初衷,始终坚持在马克思主义文艺观和毛泽东文艺思想指引下,走中国社会主义的民族新歌剧正确发展的道路,他一直热情地肯定新歌剧以往取得的每一个成就和改革开放以来每一步新的进展。与此同时,他又清醒地看到前进过程中出现的这样或那样的偏失,并为有效地纠正偏颇、端正新歌剧的航向而尽自己的一切努力。"② 丁毅也好,贺敬之也好,作为老一辈的歌剧人,都有自己的信仰和追求,在社会主义歌剧事业的发展中,起到了中流砥柱的作用,为之后的创作者、研究者贡献了创作、理论的精神财富。贺敬之虽然对歌剧《长征》的政治的思想的内容存在着的党的领导表现得不够有力、没有突出共产党员和党的活动的鲜明形象等缺点进行了批评,但肯定了《长征》的创作与演出,是在舞台上第一次表现了二万五千里长征这一个具有重大的政治教育意义的史诗性的创作主题,它产生了鼓舞群众与教育群众的积极作用。它比较鲜明地表现了革命乐观主义的精神,在整个的红军的形象上,从根本上传达出革命战士的本色,使

---

　　① 贺敬之:《走社会主义民族新歌剧的道路——〈西洋著名歌剧剧作选〉序》,《贺敬之文集》四·文论卷(下),作家出版社 2005 年版,第 480 页。

　　② 同上书,第 480—481 页。

人们感到红军的可爱可敬。贺敬之看了歌剧《党的女儿》，很激动，很高兴，他高度评价了这部歌剧。就艺术上来讲，它是我国新歌剧发展史上的一部很重要的作品。它是 20 世纪 80 年代末 90 年代初国际共产主义运动发生重大挫折之后，由总政歌剧团创作演出的一个剧目，认为它"弘扬了革命正气，表现了共产党人临危不惧、处惊不变、视死如归的崇高气节"[①]，"这个戏在思想和艺术上有许多特点、优点，音乐上、文学剧本上，都有许多新的创造。塑造了田玉梅这样一个坚强的、生动的共产党人形象，她的确是一株傲立在风雪之中的寒梅。彭丽媛同志的唱功、做功都很好，把人物演得出神入化。同时，又塑造了一个叛徒的形象，这不但使我想起民主革命时期的叛徒，也使我想起今天正在叛变或者已经叛变的叛徒。还有那位在最困难的时候入党的七叔公，这个人物使我感到亲切，也使我肃然起敬。我们大家都要像七叔公那样，做'就是剩下两个人我也要参加一个'的革命者……"[②] 贺敬之希望大家都来关心这个戏，共同出点子，帮助它继续提高，它一定能更臻于完美。现在的基础已经很好了，再磨一磨，就会更加光彩夺目。贺敬之对鲜明地反映一个时代的重大主题的歌剧是十分看重的。《党的女儿》在思想和艺术上都有较高的创作要求，使社会主义的倾向、观念在歌剧中得到充分的体现，为观众提供了精神的陶冶与理想的教育。

贺敬之强调不能因为反对消极的浪漫主义，竟连革命的浪漫主义也疏远了，缺乏诗的激情，缺乏艺术想象，缺乏革命的理想等缺陷，是缺乏革命浪漫主义精神的具体表现。"对生活的认识不广不深，看不见生活的来龙去脉；认不清今天，望不见明天，阶级战士的主人翁感觉不强，当然就不可能有强大的革命激情，不可能有丰富的艺术想象，不可能有符合生活发展规律的革命理想。"[③] 歌剧特别适合表现激情，而新歌剧无疑要表现诗的激情、艺术想象、革命的理想，所反映的生活应该鲜明、强烈、神采焕发、动人心魄，而不是把生活表现得灰色、平庸、乏味。新歌剧可以使革命的现实主义和革命的浪漫主义相结合，不能用现实主义包括革命浪漫

---

① 贺敬之：《一台合乎时宜的新歌剧》，《贺敬之文集》四·文论卷（下），作家出版社 2005 年版，第 459 页。

② 同上书，第 460 页。

③ 贺敬之：《谈歌剧的革命浪漫主义》，《贺敬之文集》三·文论卷（上），作家出版社 2005 年版，第 89 页。

主义。

即使是西洋歌剧，也有民族化的问题。西洋歌剧是有一定国际性的艺术现象，贺敬之提醒人们特别值得注意的是民族性。"在我国歌剧界，往往有人把西洋歌剧看作来源自意大利的同一模式，同一风格的艺术，而不注意除意大利外，西欧各国歌剧中彼此不同的民族特点，特别是另外还有俄国（格林卡、柴可夫斯基等）、捷克（德沃夏克、斯美唐纳等）以及欧洲其他各国的风格各异的民族歌剧，也应当纳入我们的视野。这样可以使我们有充分根据认为，包括艺术家个人风格在内的民族风格的确立，是包括西洋歌剧在内的所有正常艺术成熟的重要标志之一。而异族同腔、千人一面、你抄我袭，只能是艺术幼稚或衰落的表现。'越是民族的，越是世界的'，只要是指合格的艺术品而言，这句话的正确性就是无可怀疑的。"① 西洋歌剧是不同国家歌剧的集合，它们绝不是意大利的一同模式，而是有各国不同的民族特点，民族风格的不同，是由各民族的民族精神、民族传统等所决定的。西洋歌剧应是有它丰富的内容的，千万不能想当然视各国歌剧无区别，民族风格的创造，是进入世界艺术的前提，没有民族风格的艺术要成为世界艺术，不能缺乏本民族的文化传承，不能失去广泛的群众基础。

贺敬之表示，我们自己的新歌剧在发展的过程中借鉴了西洋歌剧中好的东西，例如音乐形式。他看了中央歌剧院演出的歌剧《驯悍记》，谈及了这个戏的音乐，他觉得几段合唱、重唱都非常好听。最后男女主角宣示主题的唱段，包括合唱，他特别喜欢。"我们对于外国歌剧的借鉴，运用他们的这种艺术形式，还是应当有自己的创造性。演外国歌剧，要有中国人自己的解释。这次我们不是完全拘泥于原作。我很欣赏苏联专家的话，他说：'你们中国人很美，不要装什么鼻子、头发，要自然的。'他的这些话对人是很有启发的。我们中国人对莎士比亚的解释，对作曲家舍巴林作品的解释，既要忠实于原作，又要显示出我们的创造性。演出原作尚且如此，更不用说运用他们的形式来创作我们自己的东西，反映我们自己的生活了。"② 运用人家的形式，是为我们的创作服务的。不必一演外国戏剧，

① 贺敬之：《走社会主义民族新歌剧的道路——〈西洋著名歌剧剧作选〉序》，《贺敬之文集》四·文论卷（下），作家出版社 2005 年版，第 477 页。
② 贺敬之：《〈驯悍记〉观后》，《贺敬之文集》四·文论卷（下），作家出版社 2005 年版，第 374 页。

都得要装扮成外国人，再装扮得像外国人，也不是真的外国人。能够把原作的精神灵魂抓住，就不会偏离原作太远。借鉴就要学习，学习人家的长处，有选择地运用到自己的创作中，演出外国歌剧，也不是完全照搬，也得考虑本民族的思想感情，本民族的价值观念，不能说没有一点自己的东西在其中。

要坚持民族歌剧的优良传统，歌剧就是要有自己民族的东西。"如果我们不坚持民族的东西，没有我们自己的特点，没有我们自己的个性，我们就不能自立于世界之林。这是个带有方针性的问题。我们搞了多年的歌剧，将来人家问起我们的后代，中国歌剧有哪些时，他们怎么回答？只能在回忆的时候说：若干年前，我们的祖先曾经搞过一点自己的民族歌剧，但是，是什么样子的，我也记不得了，反正现在就是这个样子，都是西洋模式，这样成吗？"① 贺敬之发问，中国音乐学院歌剧系搞得怎么样？如何培养我们的学生？这个问题需要很认真地研究。为什么搞我们自己的民族音乐，搞我们自己的民族歌剧的呼声就不响亮、旗帜就模糊起来了呢？西洋的唱法是需要的，我们自己的唱法也是需要的。就是说，不能只有西洋的唱法而无中国的唱法。贺敬之碰到不少领导同志、干部和群众都有这个呼声，既然有这个呼声，就应该正视问题，解决问题。不能以为只有外国的歌剧好，以西洋歌剧作为衡量一切民族歌剧的唯一标准，而以丧失民族的传统，无力进行民族歌剧的创造为代价，以至于若干年后我们的民族歌剧没有产生大影响，西洋模式歌剧统治中国，只能证明中国歌剧创作者们的严重失职和无能，愧对后代，对世界歌剧的发展也缺乏一个大国应有的作为。"就各个民族间的差异性来说，我国新歌剧应当是中华民族的新歌剧。……在开放性、多样性发展中的主流和主要目标，应是建立自己的民族歌剧。无论在内容上或是形式和风格上都应保持自己的特点，不能因借鉴外国经验而取代对民族优秀传统的继承，不能拿外国歌剧的某种模式来整个取代民族歌剧的主体。"② 就是说贺敬之注重民族歌剧的主体，这是最根本的所在。主体不存，何谈新歌剧创作的再度繁荣，何望新歌剧高潮的再次出现？我们讲"百花齐放"，可以上演外国歌剧，可以上演中国歌剧，

① 贺敬之：《发展新歌剧的几个问题》，《贺敬之文集》三·文论卷（上），作家出版社2005年版，第496页。

② 贺敬之：《走社会主义民族新歌剧的道路——〈西洋著名歌剧剧作选〉序》，《贺敬之文集》四·文论卷（下），作家出版社2005年版，第479—480页。

观众可以喜欢外国歌剧，也可以喜欢中国歌剧，但不是讲"百花齐放"就没有重点，"眉毛胡子一把抓"，无论是限于人力、物力、财力，还是从保护和发展民族歌剧来说，都要有文化战略上的思虑。搞歌剧的重点就是我们自己的民族化、革命化、群众化的歌剧。作为泱泱大国的歌剧事业，我们绝对不能以演外国歌剧为主，"更不能把演外国东西变成唯一的，把自己的民族化、革命化、群众化变成附带的，或者可有可无。好像不演外国作品，中国就没有自己的歌剧了。因此，坚持什么，倡导什么，要有重点。搞自己的东西即使再困难也要坚持，也要以我们自己的东西为主"。[①]在贺敬之看来，对于以搞民族新歌剧为己任的剧院、剧团来说，不能要它同时搞西洋歌剧的形式和风格，不能因为它不搞这方面的东西就说它违反"双百"方针，是"一花独放"。就是说，术业有专攻，剧院、剧团搞民族歌剧为己任，当然它的重点不是搞西洋歌剧的形式和风格为主，当然可以吸收西洋歌剧的东西，为搞民族歌剧服务，保持自己的民族特点。假若我们的歌剧都没有中国自己的民族特点，没有中国人的创造，无非是西洋歌剧的照猫画虎，修修补补，民族主导的精神就无从找寻，民族主导的意志就无从体现。这里我们中国人在发展民族歌剧上要有自己的民族精神和审美理想，自力更生，奋发图强，排除困难，克服局限，才能创作出民族的新歌剧来，才能给中国人民提供好的精神食粮。中国歌剧艺术需要明确发展的重点，需要有自己的战略，演外国歌剧为主显然不是妥当的选择，要以搞自己的东西，发展民族歌剧为主，演外国歌剧虽然也可以有中国歌剧工作者的发挥、创造，但毕竟是外国歌剧，不是自己国家的歌剧代表剧目，不能以之代表中国民族歌剧剧目。

贺敬之对于新歌剧作出的探索是鼓励的、支持的。新歌剧的一些剧目，在进一步继承民族传统方面进行了可贵的探索。"在进一步继承民族传统方面，《小二黑结婚》有重要意义。这个作品得到了更多观众的喜爱。剧本是根据赵树理的短篇小说改编的，具有喜剧风格，语言和人物描写有着真实、朴素和明快的特点。虽然形象的深刻和戏剧结构的完整性上还不足，但整个说来是成功的。这个戏由著名的新歌剧演员郭兰英主演，她的表演和歌唱，正如她在其他戏的演出中一样，有着浓厚的民族风格。更值

---

① 贺敬之：《发展新歌剧的几个问题》，《贺敬之文集》三·文论卷（上），作家出版社 2005 年版，第 498 页。

得注意的是作曲方面。作曲家马可在这个作品中有意识地尝试了在地方戏曲基础上发展新歌剧的做法。他根据剧本内容的要求选择了山西梆子、河北梆子、河南梆子和评剧（落子）作为基础来加以创造，出现了一种从传统出发同时又有所创造的新的风格。这种被传为以'三梆一落'①为基础的作曲法和作曲家在这一个时期发表的一些言论，是正确体现了新歌剧进一步继承民族传统的要求的。"②赵树理的这个小说因为其素材来自生活，作家在生活中实际发现一些现象，敢于揭露村干部存在的阴暗面，采用富有地方特色的语言，人物形象塑造得鲜明生动，有反对包办婚姻，主张恋爱自由，破除迷信，惩处干部欺压群众的恶势力的积极意义，故发表以后曾引起过大的反响，受到读者的喜爱。根据这个小说改编的歌剧也进行继承民族传统方面的可贵探索，无论是主要演员的表演与歌唱的民族风格，还是作曲在地方戏曲基础上发展新歌剧的"三梆一落"的作曲法等，都有明确的艺术追求，使歌剧的内容与形式上都能满足观众的审美需要，又能走在观众前面，有引导的作用，取得成功不足为奇。"马可同志主张的'三梆一落'，就其精神实质来说，是把新歌剧的发展更直接地建立在民族民间传统基础之上。毫无疑问，这是正确的。中国的歌剧要在自己民族文化的土壤上发展。"③贺敬之提到在《小二黑结婚》之后根据地方戏曲原剧本改编而重新作曲的有《槐荫记》，虽然在剧本改编和表演方面没有什么显著的特色，但在作曲方面是在戏曲传统的基础上加以发展创造的又一尝试，音乐创作所依据的是黄梅戏、婺剧等南方戏曲音乐，风格是完整统一的。虽然在音乐形象的塑造上和人物思想感情的表现上还不够深刻，但和《小二黑结婚》一样，证明在戏曲音乐的基础上发展新歌剧音乐是可能的。北方戏曲音乐也好，南方戏曲音乐也好，都可以之为基础来发展新歌剧的音乐。除了戏曲音乐外，各地的民歌也可以成为创作新歌剧的主要依据。不管中国歌剧将来发展的路子有多多，风格有多多，贺敬之倡导新歌剧要唱出中国民族的风格与中国人的思想感情的观点，是永远不会过

---

① 《中国歌剧史》编委会编、文化艺术出版社2012年版的《中国歌剧史》第302页写道："意思是吸收的素材太多，过于芜杂，音乐风格不统一，听起来不习惯。"这是专业圈内的一种批评意见。

② 贺敬之：《谈十年来的新歌剧》，《贺敬之文集》三·文论卷（上），作家出版社2005年版，第121—122页。

③ 贺敬之：《〈第一百个新娘〉及其他》，《贺敬之文集》四·文论卷（下），作家出版社2005年版，第18页。

时的。

对于新歌剧的代表人物，贺敬之主张给予足够的重视，从保存资料上，要录音录像，为这些艺术家留下音像资料，供人学习研究，供人参考。如他提到了郭兰英，"郭兰英这位艺术家，她是我们新歌剧的主要代表人物之一。在她的身上，保留着我们新歌剧的活资料，歌剧表演和演唱艺术的成就，还保存在她身上。……她是从民族戏曲优秀演员到新歌剧的代表人物"。① "郭兰英同志，她原是山西梆子的名演员，……她的戏曲表演和歌唱功底深厚，富于激情，把传统戏曲技巧恰当地用于新歌剧表演上来取得突出成绩，因此，她……受到广大群众的欢迎"。② 郭兰英很好地从民族戏曲中吸收了东西用于歌剧的演唱、表演当中。作为一个代表性人物，要对她进行研究、学习，看看她是如何从民族戏曲优秀演员到新歌剧的代表人物的，她走的能够取得艺术成就的道路，发挥活资料的作用。"王昆同志的歌唱非常出色，由于是农村出身，表演风格真实、朴素。……王昆同志从延安时期起一直在不断实践，她在运用和发展民族唱法，掌握革命现实主义的民族歌剧表演体系上取得了显著成绩，在群众中产生了很大影响。"③ 对王昆的歌唱表演作了很高的评价。贺敬之提出要着重地应当培养我们自己的、民族新歌剧的接班人，而不能主要是为外国观众培养外国歌剧的接班人。也就是说，不能在培养接班人上把重点偏移。外国歌剧自然有外国培养接班人，我们歌剧培养接班人还是要培养民族新歌剧的接班人，外国由于意识形态、文化传统的不同，不可能去培养中国新歌剧的接班人，这个历史的使命义不容辞地落在了中国歌剧工作者的肩上，通过歌剧代表人物的传帮带，能够培养出一批批优秀的新歌剧的接班人，让新歌剧事业后继有人，产生一批批民族歌剧的代表人物，产生一个个民族歌剧的代表作品。

新歌剧"各个艺术创作单位和各个艺术家将会依照本身的条件和本身的特长，创造出各种不同的艺术风格和不同的艺术流派。在他们的艺术创作中，可以在民歌的基础上发展，也可以在戏曲的基础上发展；可以在一

---

① 贺敬之：《戏曲创新和普及问题》，《贺敬之文集》四·文论卷（下），作家出版社 2005 年版，第 12 页。

② 贺敬之：《纪念〈讲话〉发表六十周年答河北电视台记者问》，《贺敬之文集》四·文论卷（下），作家出版社 2005 年版，第 548 页。

③ 同上。

个戏曲剧种的基础上发展，也可以糅合了几个戏曲剧种加以发展；可以更多地保留民歌和戏曲传统原型而加以创造性的改编，也可以不依照民歌和戏曲的原型，而是掌握了民族传统的内在规律和基本特点进行更大的创造。如此等等，将会使在民族传统基础上发展起来的新歌剧，既有统一的民族风格，又有多样的个人风格和各个流派的风格"。① 贺敬之对产生社会主义的民族新歌剧作品充满了信心，他希冀的是各个艺术创作单位和各个艺术家在歌剧艺术上创造不同的艺术风格和不同的艺术流派，八仙过海，各显神通，突出了民族风格、个人风格、流派风格，民族歌剧的百花园应该是百花盛开，争奇斗艳，一花独放不是春，百花齐放春满园。这里，值得一提的是，在四个"可以"发展、一个"加以创造性的改编"，一个可以"更大的创造"中，贺敬之没有画地为牢，思路是开阔的，能够想到的发展、改编、创造，都谈到了。尤其是他说的"可以不依照民歌和戏曲的原型，而是掌握了民族传统的内在规律和基本特点进行更大的创造"，可能这一创造更高，难度更大，也是不离继承的基础。

贺敬之指出："我们要首先从形式主义，从脱离生活、脱离群众的状态中，以及从资产阶级思想的束缚中解放出来，把我们的创造建立在跟时代、跟群众密切结合的基础上"。② 他以为，歌剧创作要与时代的脉搏、与人民的心声吻合，歌剧不能脱离广大人民群众。歌剧创作的不足也存在着与时代的脉搏、与人民的心声不够吻合的地方。"因此我们的声音还不够那么强，不够那么美。美与强的声音从哪儿去找？从生活中，从群众中去找，这是真理。生活中发生的许多新情况、新问题要求我们去研究。我认为决定歌剧创作成败和成就大小的，归根结蒂是这一点。"③ 贺敬之强调改造思想和跟群众相结合决定了新歌剧发展的命运。"实现跟工农兵群众的结合，为工农兵群众而新，为工农兵群众而兴，才可能'新'起来、'兴'起来。"④ 跟群众结合的问题虽然是贺敬之在20世纪50年代阐发过

① 贺敬之：《谈十年来的新歌剧》，《贺敬之文集》三·文论卷（上），作家出版社2005年版，第135页。
② 贺敬之：《谈歌剧的革命浪漫主义》，《贺敬之文集》三·文论卷（上），作家出版社2005年版，第93页。
③ 贺敬之：《繁荣歌剧，开拓前进——在歌剧观摩演出座谈会上的讲话》，《贺敬之文集》四·文论卷（下），作家出版社2005年版，第101页。
④ 贺敬之：《谈十年来的新歌剧》，《贺敬之文集》三·文论卷（上），作家出版社2005年版，第139页。

的，至今也有积极的意义。新歌剧团体和新歌剧工作者要实现跟工农兵群众的真正结合，非得要有政治思想的改造，世界观的改造，一直深入到感情深处的改造，解决了这个最深刻的问题，才会有动人的作品的出现。"没有彻底的思想批判，不会'自然地'去跟群众结合；同时也只有真正解决与群众结合的问题，才能把思想改造进行得深入彻底。"①他指出对于新歌剧这门艺术歌剧群众化的实现，不能离开这种同群众结合的问题，不但解决新歌剧工作者思想感情的改造问题，主要的方面还是解决思想感情的提高问题。"跟群众结合的重要性还在于：一方面，丰富生活体验——解决新歌剧的内容的来源问题；同时另一方面，向人民群众的艺术创造学习——解决新歌剧怎样来表现内容，即形式和风格的民族化和群众化的问题，也就是在普及的基础上提高的问题"。② 我们可以看到，贺敬之受到了毛泽东关于文艺的普及与提高关系论述的影响，群众化是和民族化、革命化紧密联系在一起的。"当脱离群众、脱离时代的倾向一旦发生的时候，就是新歌剧开始内容空虚而逐渐走向形式主义的时候，也就是新歌剧开始脱离民族传统而被洋教条俘虏的时候。同时这也就是某些新歌剧工作者的'歌剧思想'开始变质的时候，也就是有关方向的一系列争论开始找不到共同语言因而难于求得一致的时候"。③ 不忘歌剧创作是为群众服务的，要与群众相结合，要有自己发自肺腑的对群众的由衷之情，有自己真正的脱胎换骨，才能使创作不与群众分离，不与时代脱节。

如果歌剧作品演出以后，能够得到观众的共鸣，观众真心喜欢它，称赞它，则说明歌剧作品在群众化方面有了实绩。"要适应现代观众心理，适应生活发展的要求，必须在这方面下功夫。这里还有一个同时代精神相结合的问题，要使我们的心和观众连在一起，用我们的艺术激动观众的心。新歌剧要更上一层楼，就要有这样的时代的声音、时代特征。……思想感情跟上了这个时代的脉搏，和群众打成了一片，在艺术上又找到恰当的表现形式，这样，作品才有可能引起群众的共鸣。"④ 编剧、作曲都要深

---

① 贺敬之：《谈十年来的新歌剧》，《贺敬之文集》三·文论卷（上），作家出版社 2005 年版，第 139 页。

② 同上。

③ 同上。

④ 贺敬之：《在 1986 年歌剧交流演出闭幕式上的讲话》，《贺敬之文集》四·文论卷（下），作家出版社 2005 年版，第 182 页。

入到生活中，体现出时代的声音、时代特征。中国无产阶级世界观和艺术观为指导的革命新歌剧不是一开始就出现在中国的，它一旦出现了，就带来了新的气象、新的精神。贺敬之写道："从聂耳的《扬子江暴风雨》开始，特别是毛泽东《在延安文艺座谈会上的讲话》发表后，这种革命的新歌剧发展到今天，作为中国民族的、社会主义的新歌剧，已成为我国整个歌剧艺术发展的主流。它在发展中首先要解决的问题，和整个革命文艺一样，概无例外的是'为什么人'这个根本问题，即：艺术家的艺术创造要与社会责任相连，自觉地为人民的利益及其改造社会的历史使命服务。在'如何为'的问题上同样要解决的则是：学习和掌握马克思主义的世界观和文艺观；熟悉社会生活、特别是人民群众的劳动和斗争生活；在思想感情上和人民群众打成一片；在作品中力求更多地直接反映人民群众的生活和斗争、思想和感情，表现以人民群众为历史主角的新的时代精神和时代风貌。与此同时，还要熟悉并尊重民族的、群众的审美经验和时代的需要，以便能为广大人民群众所喜闻乐见。"[1] 歌剧的群众化关键在于创作者能够满足人民群众日益增长的审美需要，在思想感情上和人民群众打成一片，这是贺敬之多次强调的。表现人民群众的生活和斗争、思想和感情，人民群众才关心歌剧的创作，关心歌剧的发展。歌剧创作者就是人民群众愿望和理想、要求的代言人，充分重视民族的、群众的审美经验去创作，群众也就便于接受，在接受的基础上，才能随着时代的发展而不断提高歌剧创作的质量。

歌剧创作者在跟群众接触中，可以广泛地听取群众意见，吸收更多群众的智慧，也证明了群众在一定条件下，在新歌剧的一些剧目创作中，群众能够发挥一定的作用，给专业工作者以滋养，以启发，从这个方面说，可以说是参与了歌剧的创作。歌剧《白毛女》的创作，源于人民群众的传说故事，贺敬之也念念不忘《白毛女》是在广大群众的批评与帮助之下形成的事实："最重要的一点，《白毛女》除了接受了专家、艺术工作者、干部的帮助之外，它同时是在广大群众的批评与帮助之下形成的。他们是我们的先生，他们教导了我们。必须说，他们的艺术欣赏水平并不低。假使我们的作品反映的是与他们无关的'天上'的事情，那他们也许是'低'

---

① 贺敬之：《走社会主义民族新歌剧的道路——〈西洋著名歌剧剧作选〉序》，《贺敬之文集》四·文论卷（下），作家出版社 2005 年版，第 478 页。

的，若是我们反映的是‘地下’的与他们有关的真实生活，那他们却是可靠的最高级鉴赏者，而且是权威的批评家。《白毛女》的经验说明了这一点。新的艺术为群众服务，反映群众，通过群众，群众是主角，是鉴赏家，是批评家，有时是直接的创造者。"① 鉴赏家、批评家、创造者，都可以落在群众的身上。歌剧工作者放下身架，认真地、虚心地向群众学习，就能够在创作上有生活的实际积累作为支撑，活跃思路，胸有成竹，自己就能够获得进步，而非闭门造车，远离生活。"不同的形式和风格，和它们所表现的思想内容统一起来，成为丰满健康的艺术品，到人民群众中去竞赛，在人民群众的怀抱中成长，一定会产生光彩夺目的社会主义的民族的新歌剧！"② 竞赛才能有比较，竞赛才能有提高。不离人民群众，除了同行可以作裁判，人民群众也可以作为裁判，他们会呵护、关心歌剧的健康发展。调动广大群众对歌剧关注的积极性，焕发起他们的热情，使他们参与到歌剧的欣赏、评论中，能够培养一大批歌剧观众，为歌剧以后的发展培育未来的消费市场。

　　贺敬之看到了中国的歌剧观众有城市观众和农村观众，不同观众的需求会有不同，要满足他们不同的需要。他说："文化部直属院团中有个中央歌剧院，就是要把西洋歌剧、外国歌剧介绍给中国的观众。当然，比较而言，民族新歌剧的观众，特别在广大农村是比较多的。但是，我们不应当闭关自守，我们的文化生活应该是很丰富的，社会主义时代观众的文化素质也需要一定的广阔性、丰富性。"③ 见多识广，观众自身的文化素质就能够得到提高。演出外国歌剧，要考虑中国观众的欣赏习惯、接受程度，"还是要努力使中国观众能听得清、看得懂外国歌剧，这点很重要"。④ 这样就有利于外国歌剧在中国的普及与传播。群众看不懂，可能群众的欣赏能力没有达到相当水平，艺术素质不高，也可能作品在群众化方面做得不够，在一些环节上还存在着问题，如歌剧演出的演唱声音，外国歌剧的语言翻译等，都有可能给群众实际欣赏中造成障碍，影响欣赏，歌剧艺术要

---

① 贺敬之：《〈白毛女〉的创作与演出》，《贺敬之文集》五·歌剧歌词卷，作家出版社 2005 年版，第 230 页。

② 贺敬之：《谈十年来的新歌剧》，《贺敬之文集》三·文论卷（上），作家出版社 2005 年版，第 135 页。

③ 贺敬之：《〈驯悍记〉观后》，《贺敬之文集》四·文论卷（下），作家出版社 2005 年版，第 373 页。

④ 同上书，第 374 页。

充分满足群众看演出合理合情的要求，照顾群众的欣赏水平，采用喜闻乐见的方式最容易为群众所接受。"群众看得懂，符合为人民服务、为社会主义服务的要求。"① 贺敬之对从解放区出来的有重要成就的著名作曲家罗宗贤给予了很高的评价，"他创作的歌剧《刘胡兰》、《草原之歌》、《阿诗玛》，……等等许多作品在广大群众中多年流传，在现当代中国音乐发展史上占有重要位置，至今仍时有演出并脍炙人口"。② 对其的评价是与其作品在群众中的受欢迎的情况联系了起来。可见，罗宗贤虽然去世了，他的作品还为群众传唱，他的剧目还在上演，说明他是受到了群众的欢迎的。他的作品是群众化的作品。贺敬之又对新中国成立初期出现的一位优秀的诗人和作家刘文玉的创作也给予了称赞："数十年来，你一贯坚持民族化、群众化和现实主义的创作道路，在诗歌、歌剧……等多方面都取得了令人瞩目的成就。"③ 刘文玉的创作道路和艺术经验，不光是在诗歌界，即使是在歌剧界也值得同行重视、研究和借鉴。

贺敬之也看到了在有些城市，有些艺术作品虽然具有革命内容，具有民族风格，艺术价值也很高，但上座率却不高的情况，指出了是与社会风气、政治思想工作直接相关的，在社会风气还没有完全好转，在青年中间政治思想工作做得还没有到家的时候，出现这样的情况是不稀奇的。并不是具有革命内容的、民族风格的作品在城市青年中都不受到欢迎，歌剧亦然，对之他是持乐观的态度。"难道我们就找不到观众？没有这部分观众，还有那一部分观众，离开这个城市还有那个城市嘛！更要到广大工厂、农村中去，要到劳动群众和人民中间去。"④ 要改变有些坚持革命传统并有新发展的东西被贬低、被冷落的不正常状态，贺敬之呼吁报刊宣传，形式可以多样化，可以开展群众性的讨论，有些可以请工农兵参加嘛！到群众中去是积极的办法，这样就会缩短与劳动群众的距离，作者和群众之间的共同语言就会有了。贺敬之看来，"我们的作者，我们的剧院，也要在广大的工厂、农村、部队、学校等生活斗争的第一线有它的根据地，这不仅是

---

① 贺敬之：《在 1986 年歌剧交流演出闭幕式上的讲话》，《贺敬之文集》四·文论卷（下），作家出版社 2005 年版，第 181 页。

② 贺敬之：《致孙家正》，《贺敬之文集》六·散文·书信·答问·年表卷，作家出版社 2005 年版，第 299 页。

③ 同上书，第 300 页。

④ 贺敬之：《发展新歌剧的几个问题》，《贺敬之文集》三·文论卷（上），作家出版社 2005 年版，第 501 页。

生活、创作的根据地，也是演出的根据地"。① 这是主动走出去，走到人民群众中间去，而不是为某些小范围的群众所影响，而不面向广大群众，尤其是应该面向基层城乡群众，延续新歌剧密切与群众联系，为人民服务的精神。新歌剧的革命传统还是应该坚持下去。贺敬之说："观众的欣赏风气跟我们本身的风气有关系。我们提倡什么、宣传什么，直接影响着观众。"② 评价歌剧唯票房为标准则是不对的。"这其中有个改变文艺的风气，还有个教育观众，改变观众的欣赏习惯，甚至与某种消极现象进行斗争的过程；即使一个阶段里观众不喜欢、卖不出去票也要演下去"。③ "为什么在我们这一代，在社会主义的新时期，新歌剧就宣告寿终正寝了呢？这是说不过去的。我们新歌剧不能被姓'钱'的打败。"④ 就是说，歌剧工作者也不能一味听从观众，观众的文化水平参差不齐，思想意识被社会风气所裹挟，不一定在审美选择上都能够做到正确无误，况且歌剧界混乱的思想认识也会影响到观众，因此还是要朝主调上引导，才能使观众能够意识到优秀的革命内容为主的民族歌剧的价值，可见，歌剧还是要有正确导向，有艺术追求，而不能一味迎合观众，迎合市场，放任自流，自生自灭。当然，我们也可以觉察到，贺敬之出身于农民家庭，对于劳动群众有着深厚的感情，从他参与新歌剧的实践看，是对农村观众有着好感的，而对某些城市观众受歌剧界崇拜西方歌剧，唯西方歌剧马首是瞻的影响而不认可甚至贬低民族歌剧的观众是持批评立场的。他是着眼于广大的劳动群众的，同时也要影响城市观众中的青年观众，毕竟青年观众是中国歌剧观众未来的主体力量。贺敬之看到，即使是办专业性的刊物，心里也要有群众的意识。本行的专业性刊物，可以"给广大观众和读者，提供表达群众舆论的讲坛"。⑤ 这种方式和手段是其他手段和方式所不能取代的。编刊物也要有群众的反馈，倾听群众的心声，走群众路线。

---

① 贺敬之：《发展新歌剧的几个问题》，《贺敬之文集》三·文论卷（上），作家出版社 2005 年版，第 501 页。

② 同上书，第 505 页。

③ 贺敬之：《关于歌剧〈秦俑魂〉》，《贺敬之文集》三·文论卷（上），作家出版社 2005 年版，第 491 页。

④ 贺敬之：《发展新歌剧的几个问题》，《贺敬之文集》三·文论卷（上），作家出版社 2005 年版，第 503 页。

⑤ 贺敬之：《寄语〈歌剧艺术〉》，《贺敬之文集》四·文论卷（下），作家出版社 2005 年版，第 263 页。

　　对于贺敬之阐发的歌剧革命化、民族化、群众化论，至今歌剧界仍有反对意见，在公开出版的论著中继续对之否定。他们反驳贺敬之歌剧"三化"论的论证，带有先入为主的偏见，硬扣帽子，强贴标签，根本就驳不倒"三化"论，故无法从理论与实践上撼动"三化"论这棵大树，大树经过风雨，依然根深叶茂。只要是实事求是，尊重贺敬之为代表的老一辈歌剧人创作取得的歌剧成就及其对中国民族歌剧今后道路的重大影响，认真研读贺敬之歌剧"三化"论，就不会被那些否定歌剧"三化"论的不实之词所误导。"只有带着中国的特点才能走进世界之林去报到，这是一；第二，只有先走入人民之心，才能走入世界之林。"① 为中国广大人民群众喜闻乐见的具有革命的思想内容和鲜明的民族特色的歌剧，才能走进世界之林，在世界歌剧之林自有自己的位置，真正体现人类先进文化的歌剧能够成为世界的作品，超越了民族、国家的边界，才能成为世界人民共同享有的精神财产。

---

　　① 贺敬之：《繁荣歌剧，开拓前进——在歌剧观摩演出座谈会上的讲话》，《贺敬之文集》四·文论卷（下），作家出版社 2005 年版，第 101 页。

"革命文学论争"与左翼文学的发生

——兼论鲁迅对革命文学的理解

蔡洞峰*

摘要 左翼文学的发生与发展是多方面的。而 1928 年的"革命文学论争"无疑是一个绕不过去的存在。论文围绕革命文学的发生以及对创造社、太阳社的革命文学倡导，鲁迅的文学观以及文学与革命的关系进行梳理分析。揭橥鲁迅以俄国文学观照文学与政治、革命的精神关联。创造社等与鲁迅观点的分歧以及论争对左翼文学思潮的发展的意义，促进鲁迅以文学的方式再次介入时代，但鲁迅并没有转向现实的政治革命。论争客观上促进左翼文学在中国文坛的发展壮大，体现了左翼作家以国家和民族为己任的担当精神。

关键词 左翼文学；革命论争；政治；鲁迅；创造社

中国左翼文学的发生与兴起原因是多方面的，而 1928 年发生的关于"革命文学的论争"对左翼文学的发展来看，无疑是绕不过去的一个存在。革命文学的倡导，从具体内容来看，就是要求突破"五四"文学的表现对象和范围，将五四文学改造为无产阶级文学，五四文学反映的"自我"个性解放主题被"普罗列塔利亚"的现实主义题材所取代。

创造社、太阳社倡导革命文学，正式表征了中国左翼文学创作的兴起，打破了五四文学"为艺术"和"为人生"的主题范式，由此革命文学的创作和理论不断发展，并最终导致 20 世纪 30 年代左联的成立。革命文

---

* 蔡洞峰，男，苏州大学文学院博士，安庆师范学院文学院教师，研究方向：现当代文学、文艺学。

学的发生和发展，是中国社会政治运动发展到一定阶段具备相关条件后必然出现的结果。中国左翼文学在中国文坛的发展、壮大有多种缘由，但发生于 1928 年的"革命文学论争"，客观上成为左翼文学在中国兴起的关键原因和基点。

一

左翼文学在中国的发展，从来就不是独立发展的纯文学史，而是与民族国家政治、现实相纠结的发展史。其功过得失不是本文所探讨的重心。只是想揭橥这样一个事实：中国文学的发展具有一种宿命般的艺术传统，即借助政治发展之途来实现文学发展方向的变迁。这一点在文学社团提倡革命文学运动的过程中体现得尤其瞩目。

早在 1920 年代初，一部分中国共产党人和革命作家要求文学摆脱资产阶级思想的影响，努力为民主革命服务；要求进步作家将自己的文学活动同无产阶级领导的革命斗争结合起来从事革命实践，培养工农感情，并转而引导运用马克思主义的阶级论来解释文学现象和社会问题。创造社成员成仿吾、郭沫若先后发表文章强调文艺的社会功能，文艺要介入社会现实的斗争。成仿吾在《艺术之社会的意义》一文中指出，艺术有"生活的向上"和"同情的呼唤"两种社会价值。① 郭沫若在《文艺之社会使命》的文章中提出文艺的功能在于"统一人类的情感，提高人的精神，使生活美化"，"要挽救我们中国，艺术的运动是决不可少的事情"②。而沈泽民在 1924 年 4 月的《民国日报·觉悟》上刊载了《我们需要怎样的文学？》，文章倡导要建立"革命文学"，《民国日报》为此开展了热烈的讨论，并出版发行"革命文学"专号。从此，革命文学获得社会影响力，倡导者开始用马克思主义理论来阐释文学现象和社会现实问题，创造社力图用文艺实践介入社会现实的动机越发明显。

作为五四文学革命的先驱，鲁迅在这个时期并没有对这些革命文学潮流表现出太多的兴趣，投入革命潮流的代价，是要放弃个人的文学立场与

---

① 成仿吾：《艺术之社会的意义》，《创造周报》1924 年 2 月 24 日，第 41 号，第 3 页。
② 郭沫若：《文艺之社会使命》，《民国日报》副刊《觉悟·文学》，1925 年 5 月 18 日，第 3 期，第 2—4 页。

思想，使自己的思想激进化或党派化。此时的鲁迅关心的还是文艺问题，他把大多的精力都用来翻译和编辑刊物。在来广州之前，他计划与创造社联合起来，写一些文章，继续以前的社会批判工作，但现实的处境完全不像自己所料。长久以来，鲁迅对现实的把握是自信的，他相信自己的判断，觉得中国社会不会有太大的变化。但国民党清党的血腥之举让他对革命的本质充满恐惧和悲哀，使他对"革命"一词有了新的认识。那种以为真理在握的，大多是值得怀疑的。但自身的问题还无法解决的时候，怎能变革社会和改造他人？以前的中国是以礼教杀人，那是无声无息的，让人暗暗地死。而现在却是以"革命"的名义赤裸裸地杀戮。联想到太平天国的流血，义和团的斩杀，它们之间是否有某种必然的联系？然而造化又为庸人设计，那些教授，名人和绅士们对现实的残酷却无动于衷，仍然微笑地挥手，一切都那样地从容、坦然自若。血淋淋的现实使他进入了新的苦闷彷徨：曾经的"新青年"阵营已溃不成军，有的高升，有的退隐；而鲁迅曾十分向往和努力追求的个性解放思潮，在现实面前竟然如此苍白和无力。

还是在日本留学的时候，鲁迅就注意到俄罗斯文学作品。在《域外小说集》中，就有多篇俄国作品，受俄罗斯文学影响，在鲁迅以后的小说创作中，有很大一部分是受了俄罗斯文学的影响，陀思妥耶夫斯基的惨烈，安德烈夫的阴冷，等等这些都让他感动，他承认俄国文学是他的导师和朋友。文学的思想可以潜移默化地影响人生，在黑暗和绝望中，文学的感性世界能给人提供抗争的力量和勇气。生命由此能显得崇高和悲壮，人生便有了别样的意义。

鲁迅在精神上似乎永远是一个孤独者，那时他还沉浸在《野草》和《彷徨》时期，20年代初期他接触日本和俄国作品时，还未曾感受到政治意识。从作品中了解的政治革命并不系统，1925年，他接触到《苏俄的文艺论战》的译作，这个时期，开始了对文学与政治关系的思考。他开始关注普列汉诺夫、卢那察尔斯基等人的文艺理论著作，并将这些思考同当时的文学作品的现实状况联系起来，探寻中国人能从那里学到什么？鲁迅在那个时期所感兴趣的不是无产阶级革命问题，而是知识分子在革命中的作用以及革命后的命运。从那些革命"同路人"的命运中寻求与中国知识阶级的内在的精神互映。

苏俄的文学带给鲁迅的思想是："改革者先把光明带给民众的时候，他们却遭受流放和杀戮的命运。这是历史的残酷，而文化演进与社会进化的并不同步性，则更让人惊心动魄。"① 自由的到来只有经过流血。鲁迅从俄罗斯的文学作品中看到了知识分子为争取自由和反抗阶级压迫时所遭受的苦难和放逐，以及知识阶级在真正的血与火的革命中的有限和无奈，在血色模糊的微茫中，他洞见了人性的本然和精神的局限，俄罗斯作家在黑暗中考问灵魂的悲怆之美与鲁迅反抗绝望的心灵是有着相通的地方的。

在直面惨淡人生和淋漓的血迹之后，精神革命的局限性的认识使他对革命与文学关系的理解更显透彻，国民党的清党屠戮，让他提倡那种"铁与血"的真正的革命文学，并且将民族振兴的希望转向了以工农为主体的武装斗争，他承认反动军阀是被武力赶走的，而不是诗人用诗能赶走的。在文学观上，他呼唤真正的革命文学，一种由"真的人"发出的"真的声音"的文学图景。在别样的世界里借来火种，做一个燃灯者来秉照四周。他明白要寻求中国的未来出路，只有借助别处的经验来探索。而他理解的革命与当时创造社、太阳社对革命的见解是大相径庭的，鲁迅对革命文学观的见解是饱蘸着自身的深切体验的：

各种文学，都是应环境而产生的，推崇文艺的人，虽喜欢说文艺足以煽起风波来，但在事实上，却是政治先行，文艺后变。尚以为文艺可以改变环境，那是"唯心"之谈，事实的出现，并不如文学家所预想。所以巨大的革命，以前的所谓革命文学者还须灭亡，待到革命略有结果，略有喘息的余裕，这才产生新的革命文学者。为什么呢，因为旧社会将近崩坏之际，是常常会有近似带革命性的文学作品出现的，然而其实并非真的革命文学。例如：或者憎恶旧社会，而只是憎恶，更没有对于将来的理想；或者也大呼改造社会，而问他要怎样的社会，却是不能实现的乌托邦；或者自己活得无聊了，便空泛地希望一大转变，来作刺激，正如饱于饮食的人，想吃些辣椒爽口；更下的原是旧式人物，便在社会里失败了，却想另挂新招牌，靠新兴势力获得更好的地位。②

而中国那些所谓的革命者，大多不会真正深入思考问题的，他们只是将马克思主义当作招牌，内心里却不信仰什么，仅此而已，这是鲁迅时时警惕的。对此，鲁迅就感叹中国有许多"做戏的虚无党"。思想、主义常换常新，而普天下的人，却依然如故，这样的"革命"与"革命文学"，似乎与现实

① 孙郁：《鲁迅与陈独秀》，现代出版社 2013 年版，第 170 页。
② 《鲁迅全集》第 4 卷，人民文学出版社 1981 年版，第 134 页。

的人生并无多大益处。在苦苦思索个人与社会，文学与革命的问题上，在血写的事实面前，他期待文艺家能跳出"个人"意识，和实际的社会斗争接触，明白革命的实际情形，了解革命必然有污秽和血，不完美。革命既要有破坏，但更要有建设。十分明显，他将革命看成一种人生的态度，将革命与人的精神生成联系起来，从而探索革命时代文学的新出路，思考和实践时代对文学的要求与期待。而 1927 年国民党反动当局的倒行逆施，为新文学的从文学革命到革命文学的转变提供了契机，"革命文学"运动得以最终实现。

二

源于中国左翼文学发展过程中形成的文学与政治革命的特殊关系与传统，革命文学的兴起毫无疑问地受到"五四"文学传统的影响。创造社与太阳社发起革命文学运动的同时，很快就发现了五四文学革命对当时文坛的影响非常深刻。而要"别立新宗"，就要消除五四文学的影响。这样就导致了左翼文坛上著名的"革命文学论争"。

1928 年的"革命文学论争"在中国现代文学史和政治史上有着巨大而深远的影响，其中以创造社和太阳社与鲁迅之间展开的论争最为瞩目。关于这场论争的缘由，一方面认为是创造社太阳社的成员的小资产阶级的身份导致他们不能正确理解马克思主义理论，不了解当时的社会阶级状况。另一方面则是大革命失败后文艺界普遍受当时"左"倾思想影响，导致宗派主义思想严重。但这种解释似乎没有回归到当时历史的场域进行合理分析，作为多元共生的文学史现象，从历史层面对这场论争的真实情境进行认识和深入分析，对我们客观了解鲁迅与创造社太阳社论争发生的缘由，还原这段历史的真相是十分必要的。

创造社和太阳社成员如郭沫若、成仿吾、钱杏邨、李初梨等基本上是留日学生，"它们置身于日本无产阶级文艺运动的浓郁氛围中，很容易捕捉到各类文艺信息，并及时将它们翻译过来，以指导我们本国的文学运动。就日本无产阶级文艺理论对当时中国革命文学的影响来说，最主要的就是福本主义与藏原惟人的"新写实主义"。[①] 而郭沫若认为，"中国文坛

① 王智慧：《二十世纪二十年代"革命文学"研究》，中国社会科学出版社 2013 年版，第57 页。

大半是日本留学生建筑成的。……就因为这样的缘故，中国的新文艺是深受了日本洗礼的。而日本文坛的毒害也尽量地流到中国来了。"① 日本的福本主义，即日共领袖福本和夫的思想，其核心思想就是"分离结合"。福本主义非常重视理论批判和思想斗争，目的是希望借此达到纯粹的无产阶级意识。在他看来："从现在开始，联合是形成全国的一大政党成立的必然面临的问题。因此，我们必须首先'分裂'马克思主义的要素，然后再结合。"② 这样，以马克思主义的形象出现的福本思想，为许多人所接受，同样对在日本的创造社成员产生巨大影响。创造社成员冯乃超后期回忆"当时日本左翼文坛主张'既成作家'都一定要'转换方向'，这一点，后来竟成为我回国以后批评鲁迅的张本"③。而创造社另一成员李初梨在回国后也加入论争："中国的革命，应当而且必然的，由经济政治的斗争，扩大到意识的斗争。现实地，这种斗争已经开始了。"④ 因此提出"在无产阶级的阵营中，理论斗争是刻不容缓的一件急务。"在文艺领域，福本主义对创造社成员的影响是"将马克思主义与资产阶级民主主义、无产阶级文学与五四文学、新作家与旧作家、文学的阶级性与文学的自身性不容调和地对立起来，结果导致了对鲁迅、茅盾等作家的错误批判"。⑤

除福本主义以外，他们还受到了当时党内"左"倾思想对革命形势的影响，将资产阶级与小资产阶级一并作为斗争的对象。首先，他们认为小资产阶级的特性是可以倾向革命也可以倾向保守的，在革命形势转变的时候，他们有的投身革命，有的没落。郭沫若说："小资产阶级的根性太浓重了，所以一般的文学家大多数是反革命派。"⑥ 而鲁迅又被他们当作小资产阶级作家的代表。因此鲁迅遭到了他们首当其冲的攻击。认为鲁迅落伍，跟不上时代，不认识革命形势的迅速发展；作品晦暗，完全没法表现革命光明的一面。他创造的"阿 Q 时代早已结束，他的著作内含的思想，

---

① 麦克昂（郭沫若）：《桌子的跳舞》，《创造月刊》1928 年第 1 卷第 11 期。

② ［日］福本和夫：《方向转换要经过哪些过程》，转引自［日］斋藤敏康《福本主义对李初梨的影响》，《中国现代文学研究丛刊》1983 年第 3 期。

③ 冯乃超：《革命文学论争·鲁迅·左翼作家联盟》，《新文学史料》1986 年第 3 期。

④ 李初梨：《请看我们中国的 Don Quixote 的乱舞——答鲁迅〈"醉眼"中的朦胧〉》，《文化批判》第 4 号，1928 年 4 月 15 日。

⑤ 艾晓明：《中国左翼文学思潮探源》，北京大学出版社 2007 年版，第 81 页。

⑥ 麦克昂（郭沫若）：《桌子的跳舞》，《创造月刊》1928 年第 1 卷第 11 期。

也不足以代表十年来的中国文艺思潮！"① 鲁迅所表现的，甚至不是"五四"的时代，而是清末的时代思想。鲁迅仅是"如天宝宫女，在追述着当年皇朝的盛事而已"②。将鲁迅视为"封建余孽"、"二重反革命"。而其他五四作家也被判定为"有产者与小生产者"，要"替他们打包，打发他们去"。

前面说过，鲁迅对革命文学的认识是渐进式的，在这个过程中，他融汇了中外先进思想，特别是俄国"同路人"的文学作品。而对国民性的批判、传承中华文化"固有之血脉"是承接五四时期的"立人"思想的。鲁迅对革命文学认识的一个核心看法是：只有真正的革命的人创作的作品，才是真正的革命文学。从以下一段话中，可以窥见他对革命文学的接受和对中国问题的体认：

我以为根本的问题是在作者可是一个"革命人"，倘是的，则无论写的是什么事件，用的是什么材料，即都是"革命文学"。从喷泉里出来的都是水，从血管里出来的都是血。"赋得革命，五言八韵"，是只能骗骗盲试官的。但"革命人"就稀有。俄国十月革命时，确曾有许多文人愿为革命尽力。但事实的狂风，终于转得他们手足无措。最明显的例子是诗人叶遂宁的自杀，还有小说家梭波里，他最后的话是："活不下去了！"在革命时代有大叫"活不下去"的勇气，才可以做革命文学。叶遂宁和梭波里终于不是革命文学家。为什么呢，因为俄国是实实在在革命。革命家风起云涌的所在，其实是并没有革命的。③

鲁迅对革命与文学关系的理解有自己独到的见解：革命与文学的繁荣，并无一定的关系，知识分子在革命之后的新的社会有大的苦恼和大的幻灭。要革命，必须能直面流血和牺牲，如果没有这样的心理准备而奢谈革命，则是"做戏的虚无党"的伎俩，革命是可疑的。

对于创造社、太阳社成员的指责，鲁迅当初并没有将"革命文学"的概念作为一个理论问题来对待，他从当时中国文坛实际出发，对无产阶级革命发展状况以及历史演进的客观规律进行仔细分析，并考察苏俄的文学与文化理念，借此介入中国当时的社会。有意思的是，这时他的论争对手

---

① 钱杏邨：《死去了的阿 Q 时代》，《革命文学论争资料选编》，第 183 页。
② 同上。
③ 《鲁迅全集》第 3 卷，人民文学出版社 1981 年版，第 544 页。

们又以通晓苏俄艺术自居。他们当中有许多人认为鲁迅落伍了，中国要革命，首先要搬走的就是鲁迅这样的人。但读了那些相关马克思文艺理论的著作后，感觉到那些攻击自己的人，似乎并不了解中国，对创造社和太阳社的理论主张不敢苟同，不认同他们对革命文学的本质、对五四文学和当时中国革命形势的看法和判定，反对他们的世界观改造上的盲目性以及过分宣扬文学的社会作用和政治工具性。并且严肃地批评了他们不能直面残酷的社会现实，只是在纸上写下的"打打"、"杀杀"。究其双方论争的问题和分歧，主要集中在以下两点：首先是文学在参与革命实践的方式上，文学是否还是文学，或者文学与政治、革命是否融为一体？也即是文学是否应当保持其自律性？在这个问题上，创造社和太阳社突出强调文艺的"宣传"作用和政治的"工具"作用，而鲁迅则强调文学有它自身的特质，认为"一切文艺固是宣传，而一切宣传却并非全是文艺，这正如一切花皆有色（我将白也算作色），而凡颜色未必都是花一样"。① 在这里，鲁迅强调了文艺与宣传两者之间的同质与异质的关系。文学之为文学，是由其自身的范式决定的，宣传功能不是其本质特征，只是文艺与外在社会发生联系的一种样式。也就是说，文学在一定的历史背景下，确实可以发挥宣传功能的工具作用，但它又不仅仅是工具，而是以对人的感情和精神产生作用的一种特殊方式，这就要求文学作品要给人以审美的方式将读者吸引到作品中来，否则不会有宣传的效果。关于这一点，鲁迅在《南腔北调集·漫与》中作了恰当的比喻："鼓鼙之声要在前线，当进军的时候，是'作气'的，但尚且要'再而衰，三而竭'，倘在并无进军的准备的处所，那就完全是'散气'的灵丹了，倒使别人的紧张的心情，由此转成弛缓。所以我曾比之于'嚎丧'，是送死的妙诀，是丧礼的收场，从此使生人又可以在别一境界中，安心乐意地活下去。"文学艺术对人们发生作用的多数情况下是潜移默化，润物无声的场合和平常的时候。因此战斗思想的浸染只能通过美感的，而单纯的"鼓鼙之声"怎能将战斗思想深入人心，起"作气"的作用呢？要是这样，只能将文学功能和战斗意义一并散失。正是对文学功能的精确而独到的见解，促使鲁迅极其反对那种"组织生活论"、政治"工具论"，在他看来，将文艺等同于政治不过是一种"心造的幻影"，最后还是进入到唯名论的窠臼中去。

---

① 《鲁迅全集》第 4 卷，人民文学出版社 1981 年版，第 84 页。

关于文学的阶级性问题。如果说创造社等将文学作为宣传的工具使文学的艺术生命力消失殆尽，那么以阶级划分革命文学的属性会使文学无法反映生活的本质内容，成为形式主义的。鲁迅承认人的阶级性。他认为："文学不借人，也无以表示'性'，一用人，而且还在阶级社会里，即断不能免掉所属的阶级性，无需加以'束缚'，实乃出于必然。自然，'喜怒哀乐，人之情也'，然而穷人决无开交易所折本的懊恼，煤油大王那会知道北京捡煤渣老婆子身受的酸辛"①。

但鲁迅从来不认为人可以永垂不朽的，阶级也只存在于一个时段，在阶级社会里，人性常常表现在阶级性中，他从俄国作品中"看见了被压迫者的善良的灵魂，的酸辛，的挣扎；还和四十年代的作品一同燃起来的希望，和六十年代的作品一同感到悲哀。我们岂不知道那时的大俄罗斯帝国也在侵略中国，然而从文学里明白了一件大事，是世界上有两种人：压迫者和被压迫者"。② 因此，他不相信永恒的人性。这就是鲁迅的思维方式。由此看到鲁迅对阶级社会中文学的看法，以及文学的社会功能和自身的特性，都融汇了自身的深刻理解和独特的发现，从而纠正对革命文学的教条理解和不切实际的幻想，这从后来左翼文学发展的情形来看，这种对文学的阶级性观点具有相当的普适性，符合文学发展自身的特质。

三

毫无疑问，在革命文学实践中，创造社和太阳社那种敢于冲破五四文学传统，迎接政治革命的风雷，将文学作为社会革命的手段加以倡导，从某种意义上适应时代对文学的要求。因为对马克思主义缺乏科学的认识，并且将文学作为斗争工具介入革命太过迫切和轻率，使一些创造社成员对如何看待五四文学以及文学理论的许多重大问题时，造成明显的失误和遗憾，这样的结果使这种文学实践对新文学的现代演进过程造成了许多阻碍甚至挫折，并且影响到革命文学本身的健康发展，甚至往后的 20 世纪 30 年代至新中国成立后的文学，都受其影响并为此付出惨痛的代价。

---

① 鲁迅：《二心集·"硬译"与"文学的阶级性"》，《鲁迅全集》第 4 卷，人民文学出版社 1981 年版，第 204 页。

② 鲁迅：《祝中俄文字之交》，《鲁迅全集》第 4 卷，人民文学出版社 1981 年版，第 460 页。

相比较而言，在革命文学论争中，以鲁迅、茅盾为代表的一派，在新文学的革命转向中，显得更冷静、更理性。鲁迅对革命文学理论的批评、涉及的一些重要的文艺思想都是独到深刻的，与创造社他们的观点相比无疑要缜密周到得多。这在后来革命文学自身即左翼文学发展过程中，以及今后的文学创作中，越发呈现出来。然而当我们从文学历史的场域来看这一时期的文坛现状，面对从五四的文学革命到后期的创造社和太阳社的革命文学，五四时期文坛相对沉闷的氛围由于创造社的加入和突进而注入了勃勃生机，并促进了马克思文艺理论的积极引人和不同流派之间的互动。更重要的在于，正因为创造社青年的加入，新文学的长河中加入了一种急切变革，求新创变的情绪而搅动了新文学文坛"一池春水"。

就鲁迅而言，随着五四落潮，由于兄弟失和和家庭变故等原因，使他的精神陷入了"第二次绝望"的危机之中，而作为五四文学革命时期中的同僚，则有的高升，有的退隐。李大钊、陈独秀直接参加政治革命，胡适则专心"整理国故"，成为大学者。

而鲁迅，在1922年年底为《呐喊》作序的时候，他陷入"荷戟独彷徨"的绝望之中，那种梦醒了无处可走的悲哀，和绝望虚无的感受发展到极致。这一时期《野草》的诞生是其精神危机和反抗绝望情境的真实写照。但这毕竟与现实的人生与时代有隔。正如钱杏邨说它"不是苦闷的人生，就是灰暗的命运；不是残忍的杀戮，就是社会的敌意；不是希望的死亡，就是人生的毁灭。"女师大事件后他离开北京南下厦门、广州"躲进小楼成一统"，就是为了逃避社会和人生，远离文坛和庙堂，将自己变成"边缘存在"。这种生存方式，用他自己的话说是一个时代"落伍者"。成仿吾曾攻击鲁迅："坐在华盖之下"，"这种以趣味为中心的生活基调，它所暗示的是一种在小天地中自己骗自己的自足，它所矜持的是闲暇，闲暇，第三个闲暇"①。指摘鲁迅跟不上时代和社会的步伐。

对鲁迅而言，有两类敌人他都需要对付，一是统治者，二是同一营垒的人。对付第一类敌人的专制和独裁，因此往往遭通缉、与其周旋，处境是艰难的。对内则要与各类"工头"、"元帅"疲于应对，有时简直陷入了"无物之阵"。特别是后者，耗去更多的精力。在他的文章中，字里行间常常感到一种莫名的惆怅，看到心的颤动，大概是如此吧！鲁迅是敢于

---

① 成仿吾：《完成我们的文学革命》，《洪水》第3卷第25期。

解剖自己的，他始终警惕自己的灵魂被"毒气和鬼气"所异化，迎接新时代的风雷。于是，人们在理想与现实，过去和未来之间，作为存在的"中间物"，精神生发出两种维度：一面是对着天地追问，一面是让精神和灵魂受难，从而直达精神的内核。

鲁迅在俄国文学的浸淫下，理解了革命和"人"的观念。他对革命以及革命文学的理解有着自己独特的看法，并且带着深刻的思想远见认识中国革命。然而鲁迅并不是赤膊上阵的猛士，他虽然在思想情感上常常会表现出大欢喜，大憎恶。然而，身边的人真要行动起来，他却犹豫起来。心目中的革命与现实中的流血，并不是一回事，他不太相信那些将革命挂在嘴边的人，因为无论从中国人的精神世界还是中国的现实情况，革命的理想往往与最终结果有时是有着巨大反差的。

20 世纪 30 年代，鲁迅参加左联并成为实际上的一面旗帜之后，看到同一阵营里的人只会恐吓和辱骂时，他感到一种无言的悲哀。中国人的所谓革命，很带有先前流寇的作为，斩尽杀绝，党同伐异。面对此情此景，他近乎失望地感慨："无产阶级的革命，乃是为了自己的解放和消灭阶级，并非为了杀人……，而我们的作者，却将工农用笔涂成一个吓人的鬼脸，由我看来，真是卤莽之了。"① 因此，鲁迅无论接受何种新思想的时候，首先是要对人的尊重，这是他矢志不渝的基本准则。只有真正关注"人"的自由，个性的解放的革命，才有益于社会和现实的人生，才是真的革命，因此革命不是抽象的理论和空泛的口号运动，鲁迅是深切地知道"精神"的改变的重要性的，正如胡风所说"那些思想运动者只是概念地抓着了一些'思想'，容易记住也容易丢掉，而鲁迅却把思想变成了自己的东西。思想本身的那些概念词句几乎无影无踪，表现出来的是旧势力望风崩溃的战斗方法和绝对不被旧势力软化的他的战斗气魄。"②

在论争时期，鲁迅为真正了解马克思主义思想，认真研读了马克思主义文艺理论方面的书籍，想弄清原本的意义。并且亲自翻译普列汉诺夫、卢那卡尔斯基的文艺理论著作，因为鲁迅在左派的论著里，感到的仅仅是概念，只是把俄国的理论机械地移植过来，并未弄清问题的实质。鲁迅认识到在中国，真正需要解决的不是那些理论口号的问题，而是人的问题，

① 《鲁迅全集》第 4 卷，人民文学出版社 1981 年版，第 452 页。
② 《胡风全集》第 2 卷，湖北人民出版社 1999 年版，第 50 页。

特别是国民的精神的变革。他深知自己从旧的营垒过来，自身难免有"毒气和鬼气"，于是想借俄国的火种，烘烤自己的旧躯体，而他也希望中国的革命青年，摆脱古老中国那种积习，成为新人。这些马克思主义的文艺论著确实引起鲁迅的共鸣和认同，并化作了自己的精神血肉，使自己的思想和观念得到升华。正如孙郁教授所说："鲁迅理解的文学的阶级性和大众性，是建立在对'人'的本性的思考的基础上的。他不会也不可能从党派和国家政权以及管理者的角度看待事物的。"[①]鲁迅从那些所谓的革命者的各种口号和主义中，看到了不变的东西，即国民劣根性的存在。即将革命理解为阿Q式的造反。

四

鲁迅与创造社、太阳社的论争，客观上激活了左翼文学的兴起和发展壮大，使革命文艺喷发出勃勃生机。对鲁迅而言，这次论争使他走出野草时期的"第二次绝望"，将孤独的个体与现实世界进行撞击、被激活而走向革命文化，焕发出新的活力和朝气，并最终从只相信进化论到辩证地认识进化论，认同马克思主义文艺理论，成为左翼文学革命的一面旗帜。而鲁迅为国家和民族的命运上下求索，在这场革命文学的论争中，第一次喊出了"普罗列塔利亚文学"的口号，开始了无产阶级文学在中国发展的崭新时代，并以此为契机引导文学走上一条新路，通过与政治的联姻来实现对社会革命的参与。这是左翼文学早期左翼文人在新的时代面前对五四精神的传承与建构，是贯穿左翼文学运动发展始终的一笔精神财富。而鲁迅在这场论争中，对革命文学有了重新的认知，并更加坚定地以文学作为行动投身到中国的革命事业中，为民族的前途命运殚精竭虑，身体力行，从而成为中国社会的良知。但鲁迅并没有完全认同创造社等左翼作家的政治理论和文学观。鲁迅只是按照自己对文学、政治的理解对中国的黑暗进行着韧性的战斗。这和后来加入左联并与当时左联的领导者之间的关系可以明白。

革命文学论争的终极目标，不在文学自身而在国家和民族的未来走向。论争双方的激烈碰撞，体现了革命知识分子和鲁迅以国家和民族为己

---

① 孙郁：《鲁迅与陈独秀》，现代出版社 2013 年版，第 177 页。

任的担当精神，这是时代的要求，也是对五四以来文学革命观念的一次全新扬弃。因此，尽管中国 20 世纪文学在其沧桑发展历程中被赋予太多社会使命而显得异常艰辛，但是有着千年"文以载道"传统文艺思想的中国，文学被赋予时代和社会使命，对其自身的发展而言，也意味着一种涅槃与新生。

《金色笔记》中马克思主义理论
观照下的女性生存思考

毕素珍[*]

摘要 《金色笔记》刻画了当代女性在社会生活、婚姻情感、精神意识上的种种真实生存困境，对女性的生存状态作了深入的反映和思考，集中体现了作者莱辛涉及自我意识、两性关系、社会角色等方面的女性生存观。莱辛深受马克思主义总体观的影响，把女性人物置于社会历史大背景下进行考察，对女性生存的思考跨越了性别的疆界，呈现出普遍性、深刻性与包容性的特点，体现出对人类生存的深邃思考和总体关怀。

关键词 女性生存；马克思主义理论；总体性思想

诺贝尔文学奖获得者多丽丝·莱辛在长达半个多世纪的创作生涯中，以不断开拓创新的作品"深入反映了上个世纪以来人类在思想、情感以及文化上的转变，她的创作成为时代气候转变的记录。"[①] 莱辛的创作始终关注西方社会众多严肃问题，其中一个重要主题就是对女性生存状态与命运发展的关注和探索。诺贝尔文学奖评委认为她"用怀疑、激情与想象的力量来审视一个分裂的文明，其作品犹如一部女性经验的史诗。"发表于1962年的《金色笔记》是被评论家一致公认的代表作。这部作品讲述了以安娜·伍尔夫为代表的知识女性为寻求自由和完整而在男权文化为主体的社会里所经历的坎坷生活，刻画了当代女性在政治上、生活上及工作上

---

* 毕素珍，中华女子学院外语系教师，中国社会科学院研究生院博士研究生，主要研究方向为英美文学与文学理论。

① Jean Piekering, *Understanding Doris Lessing*, Columbia：University of South Carolina Press, 1990, p. 6.

的种种真实生存困境，对女性的生存状态作了深入的反映和思考，集中体现了莱辛的女性生存观。小说内容丰富，表现手法独特，奠定了莱辛在英国文坛上的重要地位。

莱辛早期是一位马克思主义者。她在青年时代曾参加罗德西亚左翼政治运动，第二任丈夫是一名德国共产党员。莱辛曾在回英国定居后加入了英国共产党。莱辛在政治上深受马克思主义的影响，这让她能够从马克思主义的立场出发，去审视社会现状和反思种种问题，马克思主义的辩证法思想、总体性思想、历史唯物主义、有关经济与阶级的论述以及共产主义的远景等都深刻地影响着莱辛，莱辛认为，"马克思主义是我们这个时代对世界性思维、世界性伦理的首次尝试。"① 她的作品在诸多方面无不充分体现了她对马克思主义的独到理解，著名莱辛评论家莫娜·奈普曾明确指出：马克思主义理论是莱辛思想和作品形成的基础。② 在《金色笔记》的前言中，莱辛提到："马克思主义与它的各种支派已将思想迅速而有效地播布到世界各地，……它成了主导的力量，在我着手撰写的这部小说中，还得作为中心而存在。"③

一 《金色笔记》中的女性生存困境

马克思主义经典理论指出妇女受压迫是人类社会历史发展到一定阶段的产物，"妇女受压迫并不是个人蓄意行动的结果，而是个人生活于其中的政治、社会和经济制度的产物。"④ 马克思主义妇女观承认，妇女解放是一个长期的历史过程，妇女的社会地位随着社会、政治、经济的变化而变化。从法律上的两性平等到事实上的男女平等，任务庞杂而艰巨。女性虽然在 20 世纪获得了许多前所未有的经济权利和社会地位，她们的思想和行为也得到了极大的解放，然而，《金色笔记》中女性的生存状态表明，现代女性依然处于各种各样被歧视、被压制与丧失自我之外的困境之中。

---

① ［英］多丽丝·莱辛：《金色笔记》前言，陈才宇、刘新民译，译林出版社 2014 年版，第 9 页。

② Mona Knapp, *Doris Lessing*, New York: Frederick Ungar Publishing Co., 1984, p. 9.

③ ［英］多丽丝·莱辛：《金色笔记》前言，陈才宇、刘新民译，译林出版社 2014 年版，第 6 页。

④ ［美］罗斯玛丽·帕特南·童：《女性主义思潮导论》，华中师范大学出版社 2002 年版，第 141 页。

主要表现在社会、家庭与精神几个领域：

1. 父权文化的束缚与敌视

在《家庭、私有制和国家的起源》中，恩格斯通过对原始社会生产力和生产关系矛盾运动的揭示，论证了妇女沦为社会与家庭双重奴隶的原因。社会分工模式使得丈夫占据了统治地位，从而充分利用家庭与社会资源，异化为妇女和社会的"主人"。女性从此一直被迫服从男尊女卑的性别秩序。莱辛说，"在很多国家，都有人口口声声说妇女是二等公民"①，与"第二性"一样，"二等公民"昭示了女性在男权社会中所处的严重不平等地位，是社会、历史与文化人为建构的产物。随着社会的进步和西方第一次女权运动的开展，妇女教育和就业状况明显改善，越来越多的妇女获得了财产权和选举权，社会地位有了相当的提高。然而此时男性仍然牢牢占据社会主导地位，妇女在很多方面仍未实现独立与平等。即使她们在经历了上百年的斗争后获得了某些宏观层面上的权利，但几千年的文化心理和传统习俗等因素却使她们不可避免地遭遇父权文化的束缚与敌视。

小说的主人公安娜及其好友摩莉具有很强的独立意识，渴望自由与平等。她们摆脱了不美满的婚姻，独自抚养孩子。她们享有自由，经济独立，可以自由选择职业和政治信仰，自由地与情人交往。表面看来可谓新时代的"自由女性"。然而在20世纪五六十年代的伦敦，身处父权文化统治的世界，她们因为反传统的生活方式而受到人们的质疑和敌视，包括传统女人们的嫉妒和仇视以及男人们的玩弄和歧视。她们为获得独立和自由付出了巨大的代价，甚至走到了精神崩溃的边缘。在家庭中，安娜和摩莉突破传统赋予她们的社会角色，却把生存的矛盾和迷惑状态传递给孩子，没能成为成功的好母亲：安娜的女儿简纳特坚持要进寄宿学校，目的是寻求社会认同与安全感；摩莉的儿子汤姆自杀未遂，导致失明。她们对传统家庭角色的排斥根本无法抗拒整个社会的顽固力量。在感情上，她们敢于拒绝常人的道德准则，为了获得所需要的爱情，自由地与各种类型的男性交往甚至随意地与他们发生性关系，在两性关系上享有很大的自由度，但她们所追求的是灵肉合一、身心交融的性爱。而在当时父权文化依然占统治地位的环境中，她们不仅追求不到理想的性爱，还成了男人们可资利用

————————

① ［英］多丽丝·莱辛：《金色笔记》前言，陈才宇、刘新民译，译林出版社2014年版，第2页。

和消遣的对象，受到情感的伤害，失去了对世界的安全感，经受着身心崩溃的痛苦。她们标新立异，质疑和挑战父权文化社会，在追求所谓自由的过程中，经历着人格的分裂和自我的丧失，发现生活远非她们想象的样子。

2. 婚姻困境与情感危机

《金色笔记》刻画了两类女性形象：以玛莉恩和穆莱尔为代表的传统婚姻的受害者以及以安娜和摩莉为代表的自由女性。玛莉恩在刚结婚时被丈夫当作性对象，有了孩子后则被当作孩子的保姆或出席商务活动时的摆设，丈夫的风流韵事接连不断。她只有通过每天喝得酩酊大醉、人事不省来摆脱无爱被管束的婚姻的痛苦，"为了那个畜生，我已毁掉了自己的生活。"① 穆莱尔的丈夫保罗五年来在外面与爱拉过着同居生活。寂寞的穆莱尔每晚无法入眠，守住丈夫的办法就是从来不去过问他，尽量抹杀自己。对丈夫的依赖使他失去了独立的力量和勇气，正如保罗所说："离开我她就不知道自己该怎么办好了。"② "她什么事都得依赖我。"③ 总之，这两个传统女性由于缺乏人格（玛丽恩）和经济（穆莱尔）上的独立，不得不长期忍耐着婚姻带来的痛苦。

《金色笔记》中的另一类女性是摆脱了婚姻束缚的安娜和摩莉。表面上看，她们无视传统的道德准则，不停地更换情人，拥有自由的两性关系，而实际上，她们生活得并不快乐。这样的两性关系不过是她们无奈的选择，内心世界都遭受着感情带给她们的种种危机与困扰。她们强烈地渴望着因爱结合、两性和谐的爱情和婚姻。而传统的婚姻模式是男性中心社会的产物，其婚姻秩序是"利他"的。"婚姻对于男人和女人，一向都是完全不同的两回事。男女两性是彼此必需的，但这种必需从未在他们之间产生过相互性的地位。"④ 她们虽摆脱了传统婚姻的束缚，却又陷入情感的困境，她们能够在经济上摆脱对男性的依赖，实现独立自主，却无法在情感生活上摆脱对男性的依附。她们逃避婚姻并不是她们真的不需要婚姻，而是对现实中婚姻感到极端失望。她们用性自由来暂时缓解自己的焦虑感，不仅无济于事，反而增加了她们内心对人的疏离感和自我的无价值

① ［英］多丽丝·莱辛：《金色笔记》，陈才宇、刘新民译，译林出版社2014年版，第389页。
② 同上书，第217页。
③ 同上。
④ ［法］西蒙娜·德·波伏娃：《第二性》，陶铁柱译，中国书籍出版社1998年版，第488页。

感，陷入了感情危机，从而产生分裂、空虚和孤独感。"她们虽然为能见到的刚刚冒出地平线的各种自由进行艰苦的斗争，但并未从对男人的依赖中真正获得自由。"①

3. 精神压抑与自我分裂

古往今来，女性一直是历史"空洞的能指"，是历史长河中的失语者，在心理和社会层面自始至终都处于压抑状态。为了从传统的羁绊中解放自我，安娜毅然抛弃传统社会赋予女性的封闭家庭角色，意欲在广阔的社会领域有所发展，实现自我价值，寻求更有意义的生活。然而，现实生活中遇到的种种矛盾和困惑使她的个体产生分裂，分裂的自我意识带给她的是痛苦和疑虑。她在情人、孩子和外人面前不停地转换身份，在作家、单身母亲、情人三重角色中苦苦挣扎，由于找不到自己的恰当位置而开始变得冷漠、偏执甚至有些极端，陷入空虚和自闭状态，于外在的困扰与内心的混乱之中不能自拔。

20 世纪五六十年代是一个混乱的时代：各种意识形态、各种运动和声音、各种主义和精神、南非种族隔离、斯大林肃反、不断出现的局部性战争和运动、广岛长崎原子弹爆炸、核危机的阴影……在这个充满暴力和恐怖的世界里，价值与信仰被重构，秩序和混乱并存，现实与虚幻混杂，呈现出一种非理性的无序状态。动荡的时局深深影响着大千世界里每一个人的生活，各种主义和各种组织的出现没有给混乱的社会带来丝毫转机。混乱的外部环境对女主人公的内心造成巨大的冲击，安娜处于分裂和没有目标的生活状态。政治理想的破灭使得安娜内心失去政治依附而变得恐慌不安，人格分裂加剧，并患上了写作障碍症，在文学创作上举步维艰。情人迈克尔的离开，感情生活的失败使她彻底失去了对世界的安全感，生活在精神行将崩溃的边缘。

二　多丽丝·莱辛的女性生存观

《金色笔记》中对女性生存状况的描写包含了莱辛对女性外在生存状况的细腻考察，也融入了对女性内心世界的深刻探索，体现了莱辛对当代女性生存境遇、女性自由与解放等问题的思考，诠释了莱辛独有的涉及自

---

① 林树明：《自由的限度——莱辛、张洁、王安忆比较》，《外国文学评论》1994 年第 4 期。

我意识、两性关系、社会角色等方面的女性生存哲学观。

1. 保持经济独立与自我主体意识

马克思恩格斯在《德意志意识形态》中指出，"不是意识决定生活，而是生活决定意识。"唯物史观基本原理表明，社会存在决定社会意识，个体的生存与发展离不开最起码的物质基础，个体的生存状况与社会经济状况密切相关。始于18世纪末的"第一波"女性主义浪潮使得妇女获得了法律上平等的公民资格。然而，"妇女的社会经济地位却依然没有得到实质意义的改变。选举权带来的更为广泛的平等依然等于零。"① 可见，缺乏经济地位保障的平等，只不过是缺乏实质的形式上的平等，女性要突破生存困境，首要的问题就是要实现经济独立。在《金色笔记》中，安娜身为女作家，以文学创作作为工作内容和谋生手段，有稳定的收入来源，不需要在物质上依附男人，实现了经济上的独立，提升了自身生存竞争力。这在很大程度上为她摆脱传统婚姻的束缚，敢于面对残酷的社会现实和重重困境提供了坚实有力的物质保障，使她坚持女性自由理想的追求成为可能。

此外，女性作为独立的生命个体，必须具有独立的自我主体意识，除了经济上，更重要的是在精神上和人格意义上保持独立，才能在社会生存中真正掌握话语权，享有与男性平等的权利与机会、人格与需求、尊严与价值，获得幸福。安娜在面对方方面面的重重困境、坚持追求女性自由的过程中表现出鲜明的主体意识，小说中五种颜色的笔记不仅构成了安娜走出分裂状态的心路历程：由矛盾走向融合、由理想走向现实、由残缺走向完善，最终获得新的创造力，达到一种自由的生存状态，它更是对女性外在与内在问题发现和思考的探索过程。透过这一过程，莱辛认为真正的独立源于心灵，是一种精神境界和自我主体意识，是人格意义上的独立，是摆脱精神的奴役与观念的束缚，在生存中发展，以求心灵的解放与自我的超越。

2. 建立相互尊重、和谐共处的两性关系

马克思主义妇女观认为，妇女解放的本质是人的解放，是作为人的价值与意义的充分、自觉地实现。在社会对女性的重重压迫之中，最直接的是男性压迫，因此女性的自由独立首要的目标是要在情爱、家庭、社会、

---

① Juliet Mitchell, *Woman's Estate*, New York: Vintage Books, 1971, p. 120.

精神等领域实现男女平等，与男性站在同一地平线上。这并不是说性别问题是非此即彼的男女两极对立的问题，马克思主义一贯承认性别差异、避免将男女平等视为抽象的绝对平等。实际上，性别问题绝不仅仅是一个单一的问题，而是始终与阶级、种族、民族等诸多因素纵横交错，构成一个多维复杂的体系。"人是一切社会关系的总和"，是实践着的、活生生的人，是现实的人、社会的人。推崇两性平等、改善女性生存状况、强调女性的自我、追求妇女解放并非要抹煞男女两性在性别特征上的差异，实现性别地位的调换，形成一种新形式的"女尊男卑"的对峙状态。这绝不是改善女性生存的有效方针，也绝不是女性解放的奋斗目标。女性要突破生存困境、获得解放不能单纯采取同男性斗争的途径，更重要的是要建立一种新型的男女关系：相互理解，彼此尊重、和睦共处。

在《金色笔记》中，安娜的感情经历走过了一个曲折的过程，最终遇见了索尔，二人逐渐产生了爱情，慢慢摆脱了对立与敌视，最终得以坦诚相待、相互扶持，各自帮助对方走出了精神分裂状态，克服了写作障碍，发现了两性间和谐相处的快乐："我们始终互相依赖。"① 对安娜与索尔间关系的描写显示了莱辛对两性理想境界的思考。女性解放运动的目标不是"自我"和"他者"位置的对调，不是创建女性压迫男性的女权社会，而是男女平等的和谐社会。"对女人们来说，重要的不是把她们从婚姻中解救出来，而是要提高婚姻的质量。"②莱辛认为，男女间的世界不应对立，而应相辅相成，性别间的差异永远存在，两性关系的缓和与改善需要理解和沟通。一种真正寻求女性生存和发展的精神，应该是努力顺应时代的进步和社会发展，让男性和女性都能找到自己的位置，找到与异性和谐相处的方式。性别平等，在某种意义上说是对两性的共同释放。只有建立互相理解、互相尊重、互相帮助和谐共处的新型两性关系，人们才能共同走出时代的困境。

3. 把握具有建设性的社会角色定位

马克思恩格斯充分肯定了妇女在历史发展进程中的伟大作用。马克思曾指出，"没有妇女的酵素就不可能有伟大的社会变革。社会的进步可以

---

① ［英］多丽丝·莱辛：《金色笔记》，陈才宇、刘新民译，译林出版社 2014 年版，第 632 页。
② Ruth Whittaker, *Modern Novelist Doris Lessing*, New York：St. Martin's Press, 1988, p. 78.

用女性（丑的也包括在内）的社会地位来精确地衡量。"① 社会的发展离不开女性的贡献，女性的生存也不可能脱离社会。只有扎根于社会，置于群体之中，与社会结成建设性的联系，女性才会有生存的改善与发展的可能。个体不是孤立的存在，需要与他人的互动和与社会的联结，在沟通与实践中有效地融入社会生活，才能体验正向情感、获取积极力量，发展自我，实现价值。个体与整体既有区别又有不可分割的统一性，"自由的个体必须是社会整合的。"②

在《金色笔记》中，安娜经历的几种分割身份从分裂到组合，从觉醒到成熟的自我重组过程，正是通过不断调整社会角色定位、逐渐把握自我情形来实现的。小说最后，摩莉重新嫁了人，安娜虽然没有再婚，但也已从封闭的自我走出。莱辛把女性的生存问题放置到社会的宏观环境中进行辩证的分析和思考，探讨了女性社会角色这一问题。女性的生存和解放不仅包括对外在束缚和传统权威的反抗，推动社会对女性问题的关注，积极争取女性权益，还应具有清醒的自我意识，注重个体与社会的联系，准确把握自身应承担的社会角色。莱辛在探讨女性生存的主题时，除了坚信个体的重要性，提出还应该处理好个人与社会的关系。"马克思主义所坚信的辩证对立关系，始终存在于个人的独特生存状况和其所生存社会及经济制度的性质之间。"③ 女性个体是社会中的一个环节，与他人有千丝万缕的联系，因而不能与世隔绝，需要从社会中汲取养分，在与他人的互动中激发、成长，与社会有无建构性联系甚至能够决定女性生存状况和追求自我的成败。

三 女性生存思考的总体情怀

莱辛作品中的女性主题经常与反种族主义、反殖民主义、心理探索、自我追寻、人类命运等其他主题交织在一起。莱辛深受马克思总体观的影响，在一次采访中，她说道："马克思主义……是把世界看作一个整体，

---

① 《马克思恩格斯选集》第 4 卷，人民出版社 1995 年版，第 586 页。
② 叶浩声：《西方心理学的历史与体系》，人民教育出版社 2006 年版，第 594 页。
③ Michele Wender Zak, "*The Grass Is Singing*: A Little Novel about the Emotions." *Contemporary Literature*, Autumn 1973, p. 481.

而其中每一部分都互相关联。"① 她以人文主义思想为基点，把人与宇宙、人与社会，乃至人本身都看作一个整体，一个互相联系、相互依存的整体，把任何个人、任何国家、任何种族的行为都看作人类历史发展的一个环节和自然世界运行的一部分。莱辛认为，人是与自然、社会、他人相互联系、相互作用的人，是马克思"人是一切社会关系的总和"以及人的能动性思想的具体实践。没有什么问题是个人的问题，只有打破界限，包括国家、种族以及意识形态等各种界限和障碍，人类才能更幸福。她在自传中重申《金色笔记》的主题是关于部分和整体的关系，是时代的纪录。② 梁永安认为，马克思关注的焦点是人的社会总体，是如何把"总体性和人的全面解放结合在一起"的问题。③ 莱辛坚持总体性思想，认为女性命运与妇女解放问题绝非孤立存在，女性的最终解放，需要也离不开男性的参与，是与社会的发展同步的，与全人类的解放密切关联。诚如书中人物所言："自由！要是他们不自由，我们自由了又有什么用？"④ 在她看来，男性不自由，女性也无真正的解放可言；女性不解放，男性永远也不会获得真正的自由。女性生存状况的改善与妇女解放是世界总体进步中的一个部分："我们正生活在一个大动荡的时代，整个世界因这动荡而改变了模样。这一点一目了然。如果这场动荡能有个了结，到了那一天，也许妇女解放的目标已显得渺小而怪异了。"⑤

　　莱辛对女性生存的思考内涵深厚而宽广，跨越性别疆界，呈现巨大的包容性，在《金色笔记》中融入了对政治、经济、社会、文化和心理等问题的关注和探索，对人类社会的发展与人类的总体命运进行了深切反思。如"红色笔记本"中安娜的政治经历是对社会政治和意识形态的考问；"黑色笔记本"中安娜在非洲殖民地的经历实质上是对殖民主义和种族主义的反思；通过安娜的梦幻视角展现的人类共同推石上山的意象具有积极的象征意义，是对女性以至人类生存意义在于人类共同的不懈努力之中观点的阐述。莱辛反对将《金色笔记》作僵化的实用主义解读，当作性别之

---

① Michael Thorpe. "Running Through Stories in My Mind" in *Doris Lessing*: *Conversations*. ed. Earl G. Ingersoll. New York: Ontario Review Press, 1994, p. 97.

② Doris Lessing. *Walking in the Shade*. London: Flamingo, 1998, pp. 314 – 315.

③ 梁永安：《重建总体性：与杰姆逊对话》，四川人民出版社 2003 年版，第 12 页。

④ ［英］多丽丝·莱辛：《金色笔记》，陈才宇、刘新民译，译林出版社 2014 年版，第 452 页。

⑤ ［英］多丽丝·莱辛：《金色笔记》前言，第 3 页。

战的武器，反对把女性的问题和痛苦与人类的问题与发展的宏观主题割裂开来。莱辛认为，对《金色笔记》优秀的评论来自于过去或现在信奉马克思主义的人。这是因为马克思主义第一次尝试从总体上看问题，认为"发生在西伯利亚的某个事件会影响到生活在博茨瓦纳的某个人"①"正是这种辩证的整体观，使她避免陷入女权主义的片面性。"② 她的小说从关注女性生存开始，将女性人物置于社会历史大背景中，其思考跨越了性别的疆界，继续深入到复杂的多重层面，由小到大，由此及彼，由个性到共性，由特殊到一般，呈现出普遍性、深刻性与包容性的显著特点，其最后的旨归是对人的关怀，对人类生存的深邃思考。

"莱辛的小说带有强烈的现实主义倾向和鲜明的时代特色，立足于人和社会，反思当代政治和文化思潮，并从不同的角度反映人和社会的真实状况。"③《金色笔记》从人本主义出发，对生活在其中的女性的生存状态做了一次探索和思考，在新的历史语境下向女性问题的最深处掘进。小说以人物性格的复杂性，思想的深刻性，以及艺术的审美性，在马克思主义理论尤其是马克思主义总体性思想的观照下，辩证地透视和分析了当代社会女性的生存状况，对女性解放、两性关系做了深入思考，作者更是跨越性别疆界，超越了所谓主义的窠臼，通过理性的批判和分析，把对女性生存的思考和探索融入对两性未来甚至整个人类问题和未来的深邃思考之中，充分体现了她的广阔视野和人类情怀。

---

① ［英］多丽丝·莱辛：《金色笔记》前言，陈才宇、刘新民译，译林出版社 2014 年版，第9 页。

② 瞿世镜：《当代英国小说》，外语教学与研究出版社 1998 年版，第 273 页。

③ 王守仁：《英国文学选读》（第二版）序言，高等教育出版社 2005 年版，第 9 页。

劳动美学、休闲美学与文学艺术

王东昌*

摘要　在当今中国新的工业化时代背景下，中国传统马克思主义劳动美学自身的边界和局限变得日益明显，因此，必须发展出一种与时俱进的新的美学形态——马克思主义休闲美学。这种新的美学形态和劳动美学既相对应又相互补：劳动美学是一种基础形态的美学，休闲美学是一种高级形态的美学。它顺应了当今中国社会主义工业化的实际，为劳动美学和文学艺术之间的过渡提供了中介，更接近文学艺术的审美本性，为更恰当地解释文学艺术提供了一个更好的平台，从而为它在中国美学界和文艺学界的生根发芽奠定了坚实的基础。

关键词　马克思主义劳动美学；休闲美学；文学艺术

一　马克思主义劳动美学的边界以及休闲美学在这一边界处产生

劳动美学是马克思主义理论的重要组成部分，从马克思主义的创始人马克思恩格斯起，就极其重视劳动的重要作用，马克思的经典巨著《资本论》，虽然主要在于揭示资本家对工人劳动所创造的剩余价值的剥削，批判资本主义劳动对工人造成的异化和伤害，但是他仍然充分肯定了劳动创造的价值，包括审美价值。劳动创造了价值，劳动对人类社会的发展进步

---

* 王东昌，男，1980年10月生，华中师范大学文学院文艺学专业博士研究生，主要从事马克思主义文学理论及批评研究。本文系国家社科基金重大项目"马克思主义文学批评的中国形态"（项目批准号：11ZD078）的阶段性成果。

起根本的推动作用。正是由于这个原因，劳动被作为马克思主义美学理论的重要根基，以此为基础创立了马克思主义劳动美学理论。这一理论创立后，为以后历代马克思主义理论家继承下来等，并得到进一步的阐发、完善、丰富，形成了一个积淀深厚的马克思主义劳动美学传统。中国作为一个社会主义国家，极其重视劳动（是实践的重要组成部分，在有的理论家那里，实践甚至被看成是物质生产劳动本身）的根本作用，认为劳动是美产生的源泉，甚至是美的本质，出现了一系列马克思主义劳动美学理论家，如五六十年代的朱光潜、李泽厚，八九十年代的蒋孔阳、刘纲纪、周来祥、陆贵山，以及九十年代以后的朱立元、张玉能等。他们虽然见解各异，理论体系自成一家，但是他们在对马克思主义劳动美学理论的肯定和坚持上则基本一致，从而形成了劳动美学在中国美学界不可动摇的地位。但是正如有的理论家所指出的那样，天下没有万能的理论，任何理论都存在自己的边界和局限，即使是马克思主义美学理论，也在某些情况下包含着悖论。例如就劳动美学而言，马克思一方面充分肯定了劳动对美的创造作用，但是劳动也不可避免地带来了丑陋的、消极的后果，他在《1844年经济学哲学手稿》中指出："当然，劳动为富人生产了奇迹般的东西，但是为工人生产了赤贫。劳动生产了宫殿，但是给工人生产了棚舍。劳动生产了美，但是使工人变成畸形。劳动用机器代替了手工劳动，但是使一部分工人回到野蛮的劳动，并使另一部分工人变成机器。劳动生产了智慧，但是给工人生产了愚钝和痴呆。"① 因此，无论对劳动，还是对劳动美学，我们都必须用辩证、动态的眼光来看待，既看到这一理论的丰富、发展带来的积极的、进步的作用，又必须看到因它们自身的边界和局限所必然带来的更新与发展，以及随之而来的新形态的出现，正如朱立元、章文颖在《实践美学的重要推进》一文中所说："物质生产实践是根本、基础和本原，这并不是说人和人的生活只包含同劳动有关的东西，也不是说所有的美的内容都必须处处归结为劳动。恰恰相反，随着生产力水平的提高，人类闲暇时间的获得，物质生产劳动在人类生活中所占的地位和比例越来越小，精神生活的比重却逐渐加大。……美根源于劳动实践，并通过进一步

---

①　马克思：《1844年经济学哲学手稿》，中共中央编译局译，人民出版社2000年第3版，第54页。

的实践有了新的形态和性质。"① 在我看来，随着人类生产力水平的提高和闲暇时间的增多而出现的新的美学形态之一就是马克思主义休闲美学。

随着现代科学技术的高速发展，社会劳动生产率极大地提高了，用更少的劳动时间创造巨额的物质财富越来越成为可能。特别是，因现代科学技术的进步而导致的自动化生产在各个工业领域里日益普及，人们的劳动时间逐步缩短，劳动强度也稳步降低，大量的劳动者从以往沉重的体力劳动中解放出来，这是人类历史的巨大进步。在这种全新的工业和科技背景下，劳动在当今人们的日常生活和精神领域中的地位不像以往那样重要了。而与此相对应的是，曾经被马克思、恩格斯以及以后的马克思主义理论家所强调的劳动在今天的理论家的视野中发生了相对的弱化，用劳动解释现实社会生活以及文学艺术作品虽然仍然有效，但是显得有些力不从心。理论界在不动声色中淡化劳动美学理论的同时，正在探索新的能够有效解释现实和文学艺术作品的理论形态，以之作为自己从事文学批评的出发点。而中国工业和科技发展的新事实触发了人们进行新美学形态探索的灵感。随着当今人们劳动之外的闲暇时间日益增多，如何打发、消磨闲暇时间，从而让人们度过一个合理而有意义、丰富而完美的时光，越来越成为理论家们思考和关注的重要课题。正是在这样一种普遍性的社会心理和社会思潮的作用下，"休闲学"正在悄然成长为学术界的一门显学，而作为休闲学重要组成部分、追求高层次的精神文化层面的休闲美学也风起云涌，成为理论关注的重要对象。事实上，以休闲美学作为理论上的出发点，似乎更能解释当今现实社会生活和文学艺术现象，似乎更能切入文学艺术的审美本质。那么究竟什么是休闲美学？在中国休闲学的重要开拓者之一马惠娣看来，它是休闲的文化和精神的层面，它研究如何以审美的方式度过闲暇时光。具体地讲，也就是研究有关闲逸情致的美学。"闲情逸致"，顾名思义，"闲"就是"清闲、悠闲"，"逸"就是"安逸、超逸"。从总体上来讲，也即"闲逸"中的"情致"，更进一步来讲，也即"悠闲超逸"中的"兴致、情趣、滋味"。因此，休闲美学从内涵上来讲，它是个体生命处于舒展状态的自然流露，是一门使生活处于悠闲的心境、超逸的情致的状态的美学，它是人们日常生活的高层境界和理想状态。休闲美学作为一门生命的留白艺术，它要求人们在自己的各种活动中，恰当地处

---

① 朱立元、章文颖：《实践美学的重要推进》，《文艺理论研究》2013 年第 1 期，第 73 页。

理"忙"和"闲"的关系，能够从奔波劳碌的工作事业中，从身心疲惫的辛苦劳动中，从劳心费神的追名逐利中，从心力交瘁的你争我夺中，从戕害人的生命的一切思想或理论传统中解放出来，去过一种符合自己自由本性的生活，它是生活处于优裕富足、自由安乐状态的重要表征。这是一种非功利的艺术化、审美化和精神化的生活，它更多地存在于日常生活的细枝末节处，以及从对这些细枝末节的体验中所获得的情趣和欢乐，美国的亚历山德拉·斯托达德指出："人生是百无聊赖还是充满活力，其中的区别在于日常生活能否使人心情爽朗，而日常生活如何升华成为一种更为充实的人生体验，则取决于其细微之处能否令人愉悦。"① 索贝尔和奥恩斯坦也指出："许多人苦苦追寻幸福和地位，而他们往往是被人误导才这样做的。其实，能给人带来快乐的并不是那些难以忘怀的、轰轰烈烈的、可歌可泣的大事件；也不是那些堪成追忆的成功和炙手可热的权力。相反，许多经常被忽视的日常小事，甚至是一些琐事和一些显而易见的经验，却能带给人更长久的怀恋。"② 休闲美学的重要目的之一，就是教人学会如何在身心方面"养育自身"，保护自身，使自身免遭外部世界的不必要的伤害，从而实现个人生活的幸福。匈牙利女学者阿格妮斯·赫勒在其著作《日常生活》一书中指出：社会的变革无法仅仅在宏观尺度上得以实现，人自身的改变、人的态度的改变无论如何都是一切变革的内在组成部分。而作为人的活动的重要时空——日常生活的价值内涵必须有所改善。她认为："这一价值内涵在习惯'文化'中已经可以发现。我们如何养育自己，我们食用何物和如何进餐，我们居住何处以及如何布置我们的房间，所有这些，都表达出类的人道化。"③ 我们生活的重要目标，就是获得更多的闲暇时间，做自己喜欢做的事情，去享受生活中的乐趣。当一个人失去了生活的激情，失去了对世界的兴趣，失去了对闲逸情致的追求，而变得心如死灰的时候，他的生命将会失去意义，那几乎意味着一个人生命的终结，正如托马斯·古德尔所说："如果人们不能培养起对某种活动的兴趣，不能培养起对世界和寓于其中的生活的兴趣，那么，自由就将是空洞的。如果

---

① ［美］亚历山德拉·斯托达德：《雅致生活》，曾森译，中国广播电视出版社 2006 年版，第 9、10 页。

② ［美］戈比：《21 世纪的休闲与休闲服务》，张春波、陈定家、刘风华译，云南人民出版社 2000 年版，第 199 页。

③ ［匈］阿格妮丝·赫勒：《日常生活》，衣俊卿译，重庆出版社 1990 年版，第 60 页。

人们失去了兴趣，那么意义也将不复存在，而这正是今天休闲所面临的最大的障碍。"① 当今人们的实际生存状态是，在对金钱和权力的追求中，失去了乐享人生的冲动，失去了对自然万物的兴趣，于是存在的价值和意义也就丧失了，人生的虚无感也就产生了，正如弗洛姆所说的："人们劳动是为了赚更多的钱，花钱还是为了赚更多的钱，真正的目的——生活的享乐则被抛到九霄云外去了。……我们已经完全被手段的网络纠缠了，目的置之脑后。"② 正是在这样的社会状态下，休闲美学的提出具有重要的时代意义。

二 休闲美学与马克思主义劳动美学的关系

当今美学理论研究的中心从劳动美学逐渐向休闲美学迁移，并不意味着劳动美学已经过时或者说失效，可以被废弃或者遗忘。因为劳动美学是休闲美学的根基和源泉，失去这个根基和源泉，休闲美学将成为无根之木、无源之水，成为随时都有可能坍塌的空中楼阁。从这个意义上说，劳动美学是一个理论的原点，也是一个理论的制高点，休闲美学只有在它所奠定的根基上才能茁壮成长，枝繁叶茂。因此，劳动美学并不会过时和失效，它占据着美学领域的关键位置，而休闲美学只能是它的补充，只能是在它的基础上的生发和延伸。但是与此同时，休闲美学也并不是无足轻重或可有可无的，它的产生是顺应时代发展的趋势与时俱进的结果，它有自己独特的价值和功能。

（一）劳动美学和休闲美学都出自人的生命本能的需要。按照马克思主义劳动美学的观点，"劳动创造了美"，劳作是一个社会得以存在和发展的前提和基础，它创造了外部世界的美的存在，为人们闲情逸致的实现提供了丰富的对象和活动空间；在劳动过程中实现了人的本质力量的对象化，使人可以在外在世界中发现自我，审视自我，确证自我，从而产生了发自生命深处的喜悦，因此在劳动中可以产生闲情逸致是毫无疑问的；劳动过程推动了人们感受美的感官和能力的形成和发展，这为闲情逸致的实

---

① ［美］托马斯·古德尔：《人类思想史中的休闲》，成素梅等译，云南人民出版社 2000 年版，第 280 页。

② 陈学明：《痛苦中的安乐》，云南人民出版社 1998 年版，第 220 页。

现提供了主体素养和条件。劳动美学作为一种处于基础地位的美学，它是世间美的源泉，为闲情逸致的滋生和孕育提供了土壤和环境，构成了休闲美学的基础和前提。而休闲美学则是以劳动美学为基础的一种更高形态的美学，其原因有三：劳作之外的闲暇时间为闲情逸致的实现提供了时间保证。我们可以在闲暇时间里，从容地审视、发现、欣赏、玩味人类创造的美的世界，去回味、反思、咀嚼人类的劳动过程，去欣赏人类生命力的释放，进而感受到自己的本质力量，从而感到由衷的喜悦。闲情逸致作为一种高级的精神文化现象，它有利于人自身的素养的提高，它为形成、发展感受美的器官和能力提供了必备的条件，使我们的感觉更敏锐。无论是劳动还是劳动之外的闲情逸致，都是自我的本质力量的对象化，都有利于自我的实现，劳动是自我实现的一种方式，而闲情逸致则是自我实现的另一种方式，它们都利于去发现本真的自我，进而去发展和完善自我。因此，两者在某种理想的情况下是完全可以重合起来的：在劳动中可以有闲情逸致，在劳动之外的闲暇时间里同样可以产生闲情逸致，甚至在某些情况下，劳动自身就是闲情逸致的重要载体，它们都对维护个体和社会的生命健康具有重要的意义，正如马惠娣所说的："没有休闲、娱乐与游戏的社会，必定是沉闷的社会；但没有劳动和工作作为基础，休闲就会成为生命中不能承受的空闲（如：失业者）。"① 劳动和闲情逸致都出自人的本能需要，肖恩·塞耶斯指出："工作和休闲，尽管是历史地发展的，在当今世界，却是人们真正的、基本的需求，这种需求已经成为人性不可缺少的一个部分。"②

（二）劳动和闲情逸致可以统一起来，甚至可以相互转化，劳动中完全可以有闲情逸致的因素，这更多是现代社会的情况；在闲情逸致中也可以包含着劳动的因素，在闲情逸致的实现的同时也是在劳动和工作，也是在创造着可以推动社会和文明进步的财富和价值，这更多是未来理想社会的状况。

劳作对于人的需要来说，就像吐丝结茧对于春蚕来说，那是出于人的本能。拥有劳作不仅意味着收入有了保证，生活有了着落，更重要的是，

---

① 马惠娣：《休闲：人类美丽的精神家园》，中国经济出版社 2004 年版，第 55 页。
② ［英］肖恩·塞耶斯：《马克思主义与人性》，冯颜利译，东方出版社 2008 年版，第 71 页。

它使人的本质力量得到对象化，人的自我价值得到实现，正如马克思所认为的，自由的劳动是富于吸引力的美好的事情，原因在于，"生产劳动是最重要的人类活动，它是人类发展、自我创造和自我实现的主要途径。"①它提供了个人满足的主要源泉。肖恩·塞耶斯发展了马克思的观点，他认为，工作在人类社会的存在具有必然性，它可能给人类社会带来自由，"在各种方式之中，工作是必然性的活动，但并非因此就不可避免地异化和不自由。与此相反，工作的必然性正是工作潜在自由特征的基础。"②工作在现代社会可能满足人们的需要，给人们带来自我实现、自我完善、自我满足，他说："人们需要工作来自我完善，工作本身就是目的。因为，在现代世界，自我实现已经越来越成为一种需求，这种自我实现只有在工作中并通过工作才能得到满足。"③正是在劳动过程中，劳动者获得了一种满足感、尊严感、成就感。如果失去了工作，就违背了人的天性，会产生一系列的问题，"没有工作就会使人自尊受挫、精神不振，并且会导致自杀率的上升和精神病患者的增多。"④"工作，在自尊、自我认同和使命感的形成过程中起着至关重要，而且可能是无可比拟的心理作用。"⑤可以说自由自觉状态的劳动是一种理想状态的劳动，就是一种包含着闲情逸致因素的劳动。这样的观点与弗洛伊德等人认为工作就意味着压抑和不自由的错误观点截然相反。

　　在原始共产主义社会，劳作和休闲之间并没有严格的区分，两者通常是融合在一起的，即在劳动中包含着闲逸的因素，在闲逸中也包含着劳动的因素，正如肖恩·塞耶斯所说："在以打猎和采集为生的早期共有社会诸形式中，不可能明显区分工作和休闲，它们或者存在于整个社会或者存在于诸如个人的生活之中。"⑥"在这些社会中，需求很少，生活很简单，工作从现代标准看是休闲式的，这不仅指工作的速度和节奏，而且体现在工作期间"⑦。这虽然说的是原始共产主义社会的状况，却可能包含着未来

---

　　① ［英］肖恩·塞耶斯：《马克思主义与人性》，冯颜利译，东方出版社 2008 年版，第 41 页。

　　② 同上书，第 88 页。

　　③ 同上书，第 6 页。

　　④ 同上书，第 49 页。

　　⑤ 同上书，第 50 页。

　　⑥ 同上书，第 91 页。

　　⑦ 同上书，第 92 页。

的理想社会的某种萌芽。随着经济的日益发展，人们的工作时间将会越来越短，自由的时间将会越来越多，所以就可以更多地考虑"自主的事情"，所以高兹和其他"后工业"社会的理论家就认为："休闲已经取代工作，它已经成为人类优先考虑的主要事情和目标。"① 高兹似乎对人类发展的现状有些过于乐观，人类社会的发展阶段似乎还远远没有达到"休闲已经取代工作"的地步，但是高兹有一点还是正确的，他看到了人类历史未来的发展趋势：休闲在人类生活中的地位将会变得越来越重要，它必将向工作领域里渗透，使工作越来越带有了休闲的性质，在工作中也将会产生更多的快乐和闲情逸致，正如美国著名的休闲学家戈比所说："人们越来越清醒地认识到，满意的工作与满意的休闲活动之间有许多共同之处。这些共同之处，就是'畅'（flow）的感觉。"② 他也敏锐地察觉到了人类历史的这样一种发展趋势，他指出："在即将到来的新世界中，休闲将不断地演变为人类生活的中心内容。"③ 而闲逸情致，作为休闲高层次的文化层面的追求，必然居于人类未来生活中的核心位置。

（三）劳动与闲情逸致的分裂造成的必然结果是，在劳动中只能导致清教徒式的禁欲主义倾向，毫无快乐和闲情逸致可言；相反，脱离劳动，而一味地追求生活中的闲情逸致，必然滑向享乐主义的深渊，造成人生意义的丧失，这是当前我们需要警醒的一个重大问题。

将劳作和闲逸完全对立起来，是一种非常有影响的观点。卢梭就将工作和休闲对立起来，推崇原始自然人的包括"懒惰"在内的休闲，而贬抑现代文明社会的劳作，他认为"文明的人总是在迁徙、流汗、辛苦工作，并且绞尽脑汁去寻求更多的劳动机会"，他"把现代忙碌的、生产性的需求视为'人造的'的需求、错误的需求——并认为这些需求危害和破坏人性的发展。"④ 莎林斯和其他许多著作家与卢梭的观点相似，他们对欧洲人在工作中过度劳累的现象表示不满，对"原始人"的工作态度表示了理解和同情，认为"不能用那种令人担忧的欧洲式强制所带来的优势，来评判

---

① ［英］肖恩·塞耶斯：《马克思主义与人性》，冯颜利译，东方出版社 2008 年版，第 97 页。

② ［美］戈比：《21 世纪的休闲与休闲服务》，张春波、陈定家、刘风华译，云南人民出版社 2000 年版，第 201 页。

③ 同上书，第 2 页。

④ ［英］肖恩·塞耶斯：《马克思主义与人性》，冯颜利译，东方出版社 2008 年版，第 67 页。

狩猎者与采集者的工作习惯和态度。"① 高兹发展了他们的观点，他认为："工作的需求是错误的，它是现代工业社会人为的创造。而在其他的非工业社会，我们看到了不同的——更真实和更自然的——工作态度。"② "他们对工作和希望在工作中获得满足的需求都是一种错觉，是社会调控下的人为的产物，应该被丢弃。"③ 弗洛伊德的观点和他们的观点一脉相承，在弗洛伊德看来，劳作就必然造成压抑，劳作虽然造成了压抑，却推动了文明的进步。弗洛伊德把劳作与压抑，与文明的进步联系起来，把一切文明都归结为这样一种逻辑："本能压抑——于社会有用的劳动——文明"，认为劳作就一定是苦役，没有任何乐趣。这样的观点是片面的，如果把它仅仅用于资本主义的异化劳动以及由此带来的苦役和压抑，以及资本主义的文明进步，还有一定的合理性。马尔库塞批评了弗洛伊德的观点，将压抑分为基本压抑和额外压抑，认为在资本主义劳动中的本能压抑是一种没有必要而应该取消的额外压抑，他说："消除额外压抑本身将导致使人类生存成为劳动工具的社会组织，而不是导致劳动的消除。如果确是如此，那么，一种非压抑性的现实原则的出现就将改变而不是破坏劳动的社会组织，因为爱欲的解放可以创造新的、持久的工作关系。"④ 马尔库塞希望通过非压抑性的现实原则实现对爱欲的解放，从而创造一种新的工作关系。马尔库塞虽然批评了弗洛伊德的观点，但是他似乎又沿袭了弗洛伊德的形而上学的思维方式，将现实原则和快乐原则、工作和闲暇对立起来，认为在工作中就没有乐趣，现实原则中就没有欢乐，在他看来，工作日的长度体现的是现实原则，自由闲暇时间的长度体现的是快乐原则。对工作日长度的强调表现了现实原则对快乐原则所实施的压抑。工作日长度的缩短表现了自由闲暇时间的增长，表明了快乐原则对现实原则的胜利，虽然它可能造成"工业发达国家普遍的生活标准的大幅度降低"，却有利于自由的进步。发达资本主义国家经济和金融的危机有利于非压抑文明的实现，有利于满足的实现，并且在发达工业社会，提倡过简朴生活、清洁生活，丰

---

① ［英］肖恩·塞耶斯：《马克思主义与人性》，冯颜利译，东方出版社 2008 年版，第 68 页。

② 同上书，第 68 页。

③ 同上书，第 72 页。

④ ［美］赫伯特·马尔库塞：《爱欲与文明》，黄勇、薛民译，上海文艺出版社 1987 年版，第 112 页。

富的精神生活的呼声越来越高，这都有利于消除额外压抑。① 把这样一种
观点限定在资本主义异化的现实世界里，则是有很强的说服力的，在发达
的资本主义社会里，人们常常对劳动领域感到不满，因为这个领域都完全
异化了，它和闲暇分裂开来，没有任何创造性可言，正如阿格尔所说：
"在发达资本主义社会中，异化也表现为人们对劳动领域感到不满，……
人们为闲暇时间而活着，因为只有这时他们可以逃避高度协调的和集中的
生产过程（不管是蓝领工人还是白领工人都是如此）。"② 但是把这样一种
观点加以绝对化，认为任何类型的劳动必然给人带来压抑、不幸和痛苦则
是完全错误的。正如我们在前面所指出的，人是一种积极主动的动物，他
要在自己的活动中展现出自己的生命之美，而并非像有些人认为的是一种
一味贪图生命中的安逸而拒绝劳动的被动的、消极的、惰性的动物。当今
社会中一些退休的老人，虽然拿着高额的退休金，没有缺衣少食的忧虑，
但是由于从劳作领域中退出，似乎使他们失去了确证自我的方式，人生没
有了意义，很快便走向了生命的终结。由此可见，有益的劳动对一个人的
生命是何等的重要，他们也许从劳作中发现了存在的理由。这样的例子都
是对将劳作和休闲完全对立起来的观点的有力反驳。

三 作为理想状态下的劳动的休闲美学与文学艺术

在现代工业、科技社会，劳动给人的感觉似乎并没有那么美妙，反倒
成了使人痛苦和厌倦的事情。原因在于，在现代社会，大多数的劳动方式
都是异化的和破坏性的，就像马克思从不忘强调的："在奴隶劳动、徭役
劳动、雇佣劳动这样的一些劳动的历史形式下，劳动始终是令人厌恶的事
情，始终是外在的强制劳动，而与此相反，不劳动却是'自由和幸
福'。"③ 劳动和闲情逸致完全走向了互不相容的分裂，劳动沦落为摧残人
的异化劳动，没有任何闲情逸致可言，而闲情逸致也只能在劳动之外的闲
暇时间里才能实现，这造成的必然结果是，人们都厌恶劳动、追求人生的

①　[美] 赫伯特·马尔库塞：《爱欲与文明》，黄勇、薛民译，上海文艺出版社 1987 年版，
第 110 页。
②　[加拿大] 本·阿格尔：《西方马克思主义概论》，中国人民大学出版社 1991 年版，第
495 页。
③　《马克思恩格斯全集》第 46 卷（下），人民出版社 1980 年版，第 112—113 页。

享乐，甚至成了享乐主义者。马克思后期的理论基于资本主义现实，认为两者确实存在着对立，正如阿格尔所概括的："社会必要劳动（依据马克思所说的使用价值的生产来确定的，它是人的再生产所必不可少的）需要抛弃作为本能的思想和行动的个人创造力和与同伴的非极权的关系。"① 当马克思把社会必要劳动与人的本能、个人创造性以及与同伴的平等关系对立起来的时候，实际上也就意味着与闲情逸致对立了起来。在现代社会的异化劳动中，人们很少能在工作中体会到丝毫的欢乐和趣味，而更多是在异化消费中寻找人生的意义和幸福，感受片刻的刺激和满足，这也是一种异化状态。在以往马克思主义传统看来，只有劳动美学才属于无产阶级的美学，但是随着中国现代化事业的不断推进和工业、科技时代到来，这一观点必须得到纠正，越来越多的理论家认识到：劳动未必就必然创造美，创造美好的未来，当今社会越来越多的工作狂和"过劳死"现象正是对劳动美学的尖锐的讽刺，正如鲁枢元先生在《陶渊明的幽灵》中所说的："'劳动光荣'，'劳工神圣'，'劳动创造了人'，'劳动创造了世界'，'不劳动者不得食'，这些提法固然不错，但也都是一定语境中的命题。换一种语境，劳动也可以是屈辱；劳工也可以很卑微；……劳动创造了人也可以最终毁掉人"。②

而与此相反，马克思早期对劳动与闲暇的关系的看法就非常辩证，代表了他对劳动和休闲统一的关系的普遍的看法或者说理想状态的看法。在早期他认为两者是可以统一的，在劳动的同时也可以是闲暇，人类完全可以在非异化劳动中实现自我表达，自我外化，进而实现自由和必然的统一。阿格尔进一步发展了马克思的这一思想，他期望改变资本主义社会的"异化消费"，进而改变资本主义社会的"异化劳动"，从而产生一种新性质的生产劳动，即"生产性闲暇"和"创造性劳动"。"人们可以在社会有用的生产活动中实现自己本身的基本愿望和价值（而且，这无疑将改变社会公用事业的意义，包括改变像艺术这样的某些非物质性事业的意义）。"③ 将社会必要劳动与消遣、闲暇联系在一起，使社会必要劳动带有

---

① ［加拿大］本·阿格尔：《西方马克思主义概论》，中国人民大学出版社1991年版，第498页。

② 鲁枢元：《陶渊明的幽灵》，上海文艺出版社2012年第1版，第264页。

③ ［加拿大］本·阿格尔：《西方马克思主义概论》，中国人民大学出版社1991年版，第497页。

更多的消遣、闲暇的因素，使消遣、闲暇中也带有自我实现的理想的劳动的性质，这样才能给人以更多的满足。在这种新性质的生产劳动中，也即"生产性闲暇"和"创造性劳动"中，包含着自我实现这种高层次的需求，也许还包含着更多的闲情逸致的因素，这才是生产劳动的理想状态。在理想状态下的劳动完全可以是自我实现的一种方式，是对本真自我的发现，是自我本然性情的流露，正如陶渊明所说的："晨兴理荒秽，草盛豆苗稀"，在劳动中体味到的完全是生命的欢愉和乐趣，是生活中的闲逸之美，而非本能的压抑。马克思在《资本论》中也对生产劳动和闲情逸致合一的理想状态做过描述："使我有可能随我自己的心愿今天干这事，明天干那事，上午打猎，下午捕鱼，傍晚从事畜牧，晚饭后从事批判。"[①] 不过他认为，这种充满自由的充满闲情逸致的理想劳动状态在他生活的时代是不多见的，它更普遍地存在于未来理想的共产主义社会。实际上当今中国的语境已经发生了很大的改变，进入了一个崭新的工业、科技时代，传统上认为休闲美学是剥削阶级的美学，充满了"小资"情调，是一种腐化堕落的人生观和美学观的观点必须改变。工业和科技对现代人身心的伤害迫切需要休闲美学修复和维护，这样，休闲美学对现代人的身心健康和社会的稳定发展，都具有重要意义。更重要的是，休闲美学为文学艺术的发展提供了一个更好的支撑平台，在现代社会，具有闲情逸致性质的劳动或者说"生产性闲暇"较为普遍地存在于文艺创作中。从传统的马克思主义劳动美学的观点出发，认为劳动创造了美，创造了文学，从本源的意义上来说，这一观点并没有错。但是，如果从更切合文学艺术审美本性的角度来看，美和文学确实是在休闲状态下创造的，或者说休闲创造了美，创造了文学，似乎具有更大的合理性。休闲美学作为一种更切合文学艺术审美本性的理论形态，作为一种从劳动美学向文学艺术过渡的重要桥梁，为文学艺术的创作、欣赏提供了坚实的理论基础，它更符合作家艺术家的创作实际和读者欣赏者的接受实际，因此更容易得到他们的认同。林语堂就认为，"文化本来就是空闲的产物。所以文化的艺术就是悠闲的艺术。"[②] 正是在闲暇或者说悠闲中，人类创造了文化，创造了艺术。因此，在林语堂看来，文艺创造活动是人类在闲暇或悠闲的时光中的闲情逸致的产物，它

---

① 《马克思恩格斯全集》第 3 卷，人民出版社 1960 年版，第 37 页。
② 林语堂：《中国人的生活智慧》，陕西师范大学出版社 2007 年版，第 167 页。

是闲情逸致的实现或载体。虽然在这种活动中，包含着紧张的精神活动和忙碌的体力劳动，但是劳动者却是自由的、轻松的、愉悦的，是充满着闲情逸致性质的。在《诗经·国风·周南》里，有这样一首为数不多的优美诗篇《芣苢》："采采芣苢，薄言采之。采采芣苢，薄言有之。采采芣苢，薄言掇之。采采芣苢，薄言捋之。采采芣苢，薄言袺之。采采芣苢，薄言襭之。"① 描述了劳动妇女采摘车前子时的劳动情景，那轻松明快的节奏，回环往复的韵律，清新质朴的语言，充分表现了劳动者轻松愉悦欢快的心情。这哪里是劳动，完全是一种享受，一种闲情逸致的实现，劳动在这里完全成了闲情逸致的重要表现方式，在古代奴隶社会不自由的异化劳动普遍存在的情况下，这样一种自由的劳动，充满闲情逸致的劳动，这样一种"生产性闲暇"，确实是不多见的，它带有未来理想社会的自由劳动的性质，是生产劳动和闲情逸致趋向重合的一个典型例证。

在中国新的社会主义工业时代背景下，在坚持传统的马克思主义劳动美学的基本观点的前提下，必须与时俱进，创立休闲的新形态即休闲美学以及与其相关的新的文学艺术，以实现对马克思主义劳动美学的有益补充，这是时代赋予我们的光荣使命。

---

① 袁愈荌等译注：《诗经今译》，贵州人民出版社 2000 年版，第 11 页。

编 后 记

《马克思主义文艺研究》辑刊终于诞生了！

本辑文章主要是根据 2015 年 7 月在山东威海召开的"中国社会科学院马克思主义文艺理论论坛"会议所提交的论文选辑而成。这里有必须说明的是，本辑中的文章有些是首发，有些已经在其他刊物上发表过。这是一种无奈的选择。我们既需要尽快将这样一个辑刊办起来，同时由于人手的有限与时间紧迫，又不容我们从本辑开始就要求所有的文章都是首发。

这需要有一个过程。而对我们来说，更为重要的是希望能借此凝聚更多的人参与到马克思主义文艺理论与文艺批评的研究中，希望能给从事马克思主义文艺研究的学者们提供一个可供发表和传播成果的平台。

除从每年组织的论坛会议中选取比较好的论文外，本辑刊常年接收各位专家学者的来稿，来稿请发至本刊专用邮箱：marxismwenxue@ 126. com。

本刊编者

2016 年 5 月 30 日